MONTESSORÍzate

Beatriz M. Muñoz

MONTESSORÍzate

Criar siguiendo
los principios Montessori

Grijalbo

A mis niñas,
por hacerme ver que las pequeñas cosas
son las realmente importantes,
por impulsarme a mejorar y ser la persona que yo hubiera necesitado,
por recordarme que sois vosotras las que habéis venido
a enseñarme a mí y no al revés,
por descubrirme que cada día es un nuevo día
y ayudarme a disfrutarlo sin juzgar,
por animarme a hacer yo el cambio que quiero ver en el mundo,
por vuestra paciencia, compasión y comprensión,
por buscar juntas todas las respuestas,
por vuestro amor incondicional,
por vuestros abrazos eternos,
por vuestra risa sanadora,
gracias

Es necesario reconstruir una educación nueva, que empiece ya desde el nacimiento. Es necesario reconstruir la educación basándola en las leyes de la naturaleza, y no en ideas preconcebidas o en los prejuicios de los hombres.

Maria Montessori, La formación del hombre

Primera edición: abril de 2018
Primera reimpresión: junio de 2018

© 2018, Beatriz M. Muñoz, por los textos y las fotografías
Autora representada por IMC Agencia Literaria.
© 2018, Penguin Random House Grupo Editorial, S. A. U.
Travessera de Gràcia, 47-49. 08021 Barcelona

Printed in Spain – Impreso en España
Diseño y maquetación: Penguin Random House Grupo Editorial

ISBN: 978-84-16895-62-5
Depósito legal: B-3024-2018

Compuesto en M. I. Maquetación, S. L.

Impreso en Gráficas 94
Sant Quirze del Vallès (Barcelona)

DO 9 5 6 2 5

Penguin
Random House
Grupo Editorial

ÍNDICE

PRÓLOGO

Hoy estoy feliz, tremendamente feliz, de poder estar hablando sobre este libro que tan magistralmente ha escrito Beatriz Muñoz.

La historia empezó cuando una servidora necesitó asesorarse sobre el método Montessori para un libro en el que estaba trabajando. Y di con Beatriz. Nunca agradeceré bastante este encuentro fortuito que me llevó a conocer mejor el universo Montessori.

Y es que Beatriz es pura pasión cuando habla de Montessori. Agrupa en el mismo discurso una enorme cantidad de conocimientos y sabiduría, sus grandes dotes pedagógicas y esa emoción que solo ella sabe transmitir a padres y profesionales. Porque el libro que tienen en las manos interesará tanto a padres que se acerquen a él con el ánimo de encontrar recursos para practicar en el hogar, como a aquellos que lo consulten para informarse sobre un método que ha superado la barrera de los tiempos y de las modas.

En los años setenta tuve la suerte de estar escolarizada con el método Montessori. La mía no era una escuela Montessori en el sentido estricto de la palabra. El equipo directivo del colegio había conocido el método durante un viaje a Italia e intentaba adaptarlo a sus aulas. De aquellos tiempos solo conservo recuerdos felices. Yo tenía unos nueve años cuando empecé. Recuerdo el respeto de nuestros profesores, la búsqueda de información por nuestra parte, los debates y las puestas en común sentados en círculo en una especie de alfombrillas. Todavía hoy me emociono cuando abro el armario en el que guardo las piezas de madera con las que hacíamos matemáticas. Esas piezas, viejas y desgastadas, saben devolverme como nadie a mi infancia escolar.

A los pocos años volvimos al «sistema tradicional». Así que, cuando ahora alguien me pregunta: «Y los niños que han seguido este método ¿se adaptan bien al sistema tradicional cuando son más mayores?», puedo contestarle con toda seguridad: «Sí, sin ningún problema». Ni yo ni ninguno de mis compañeros tuvimos dificultades y nos adaptamos. Quizá preferíamos el estilo anterior, pero nada más.

Actualmente el sistema escolar está experimentando un renacimiento de los centros Montessori. Y eso se agradece. Supongo que quien más lo agradece son los alumnos, pero estoy segura de que toda la comunidad escolar (padres, profesores y alumnos) disfruta de ello.

Una vez alcanzado este momento de auge de los centros Montessori, Beatriz, que ha hecho tanto por difundir este método a través de conferencias, webs y otros trabajos, va y nos sorprende con un nuevo planteamiento: cómo aplicar los principios Montessori en el hogar.

Esa idea conlleva una reflexión: el hogar y la crianza también son pedagógicos. Las madres y los padres son los primeros maestros para sus hijos. Antes que la educación formal, los niños reciben la educación que se da en la familia, tanto o más importante que la formal.

Muchos de los pilares de la metodología Montessori no es que puedan ser trabajados en casa, sino que deben ser tenidos en cuenta en el hogar. Entre ellos destacaré el respeto de los padres por los hijos, la libertad de los niños para explorar el entorno y fomentar su autonomía, el uso de los sentidos para comprender mejor lo que los rodea y la voluntad de la familia de pasar más tiempo juntos.

A lo largo de estas páginas van a descubrir lo muy positivo que es criar a nuestros hijos siguiendo el método Montessori porque, como decía su creadora, no es un método, sino una ayuda para la vida con un criterio que puede mantenerse más allá del ámbito escolar. La verdad es que si se enfrascan en la búsqueda de bibliografía sobre el método Montessori van a encontrar gran cantidad de material acerca de cómo aplicarlo en la escuela, pero muy poco (o prácticamente nada) que trate la manera de adaptarlo al hogar o en el día a día. Y Beatriz Muñoz hace una aportación no solo valiosísima, sino innovadora en este sentido.

Capítulo a capítulo encontrarán información sobre cómo llevarlo adelante, acompañada de casos prácticos y sugerencias que no dejan indiferente a nadie. Lo que hace Beatriz no es simplemente «dar ideas», sino ayudarnos a romper moldes en la crianza de los niños para cambiar el paradigma.

Sí, hoy estoy feliz, como decía al principio, porque sé que a partir de ahora en los hogares de muchos lectores se va a producir un cambio. Un cambio que mejorará sus vidas y las de sus pequeños. Eso se lo debemos al trabajo, el esfuerzo y la constancia de Beatriz. Gracias, Bei, por contribuir a que hagamos entre todos un mundo mejor.

Rosa Jové

PREFACIO

Dicen que las cosas llegan cuando tienen que llegar. La primera y la segunda vez que me propusieron escribir este libro no era el momento adecuado. Tenía una idea vaga de lo que quería que fuera, pero no me veía preparada para escribirlo. ¡Qué responsabilidad tan grande! ¿Quién soy yo para escribir un libro? ¿Y de dónde iba a sacar el tiempo necesario sin desatender a las niñas? Sentía miedo, vergüenza, culpa...

Dicen que a la tercera va la vencida. Entonces, embarazada de mi tercera hija y con dos niñas pequeñas a mi cuidado, me pareció una idea estupenda. Esta intuición tal vez procedía de la bebé, que es sin duda decidida y obstinada. No obstante, el libro que yo había tenido en mente ya no me gustaba. «¿Para qué un libro así? —me preguntaba—. Si ya tienen los libros de la doctora Montessori, si ella lo cuenta todo, si ella era maravillosa.» Y me di cuenta de que lo que yo quería contar, lo que yo quería transmitir era lo que había supuesto para mí el método Montessori.

Yo tenía que contar otra cosa, no cómo entretener a los niños sino cómo darles el protagonismo que les habíamos robado.

Yo tenía que ir más allá de la teoría y de las palabras contundentes pero que chocan con nuestro día a día abrumador para decir bien alto: ¡sí se puede!, cada uno a su manera.

Yo tenía que afirmar que es posible otro método Montessori, de casas pequeñas, cabezas despeinadas y niños que no fueran vestidos al estilo de Pinterest.

Yo tenía que reconocer que es posible encontrar la paz, la belleza y la alegría en el caos, así como servir de modelo a tus hijos. Que sustituir la ira y el orgullo por la paciencia y la compasión es posible y que además es lo que te da serenidad.

Yo tenía que recordar que los niños son maravillosos y que, en esta vida, nuestra función primordial como padres es proteger su esencia. Y aunque nadie protegiera la nuestra, podemos cumplir esta función si nos dedicamos a ello.

Yo tenía que agradecer que los niños nos den la oportunidad de recomponer nuestra infancia rota en trocitos, pues al mismo tiempo que nos recomponemos, de repente vivimos nuestra existencia con más plenitud, no por el mero hecho de tener niños, sino porque en el proceso de recomposición damos sentido a nuestras experiencias previas, y así es como construimos, sin saberlo, nuestra mejor versión, renovada y pulida.

Yo tenía que proclamar que estos primeros años son únicos, irrepetibles y los más importantes, pero también que sin equilibrio y armonía no hay respeto mutuo. Y que ponerte en primer lugar no es egoísmo sino ejercer tu responsabilidad consciente y un acto de generosidad.

Yo tenía que confesar que he mandado lejos a la culpa, porque me impedía ser feliz. Y que si en algún momento asoma la nariz, lo que hago es cuidarme mucho, porque si no te cuidas, no puedes cuidar y sobre todo no puedes ser feliz.

Y es que este libro va de ser feliz, en casa, con tus hijos, con lo que tengáis, sin comprar cosas. Solo sintiendo, amando, descubriendo. Solo siendo tú, con una nueva mirada hacia ellos, porque tu mirada es una varita mágica, igual que tus besos son un botiquín.

Que tengas este libro en las manos me hace muy dichosa, porque sé que me vas a dedicar los ratos en que te propones cuidarte. Y esto basta para que haya merecido la pena escribirlo: que tú pases un rato con la persona más importante de tu vida, tú mismo/a, reflexionando sobre cómo mejorar tu vida con los seres a los que más quieres. Ojalá puedas acompañarlo con baños de espuma, siestas improvisadas, pequeños cuerpecitos que duermen a tu lado, tazas de té caliente, descansos tomando el sol o pausas para oler la hierba y las flores del campo o mirar las estrellas. O simplemente escuchando el silencio. Disfruta mucho los momentos que te cuidas y no te olvides de respirar lenta y conscientemente mientras lees este libro.

Gracias por tomarte este tiempo para ti y gracias por invertirlo en tratar de ser mejor, por ellos, por ti, por el mundo.

INTRODUCCIÓN:
¿CÓMO USAR ESTE LIBRO?

Esta es nuestra obligación hacia el niño: darle un rayo de luz, y seguir nuestro camino.

Maria Montessori

Mi experiencia

Cuando pienso en la maternidad y en lo que quiero guardar en la memoria de los años transcurridos desde que soy madre, siempre me viene a la cabeza una primera imagen. Cierro los ojos y me veo a mí misma abrazando a mi bebé recién nacido, que huele a vida. Hoy de ese olor intenso apenas queda el recuerdo, pero la sensación que me embarga es la misma que tuve entonces: responsabilidad absoluta. Quería hacerlo bien, quería ser una buena madre y no quería equivocarme. Varios años después tengo sentimientos encontrados respecto a estas afirmaciones. A veces pienso que lo hago bien y a veces, todo lo contrario. Me equivoco muchísimo, pero esto es lo único que me permite aprender de mis errores y mejorar. Y aunque yo no lo vea igual que ellas, para mis hijas siempre, o casi siempre, soy una madre estupenda, la estrella más brillante de su universo. ¡Qué responsabilidad!

En estos años ha habido mucho ensayo y error, y así fue como llegamos al método Montessori, tras un error: necesitaba potenciar la autonomía de mi hija mayor a la hora de jugar, ya que con su hermana recién nacida yo no podía dedicarle mucho tiempo, y pensé que sería una buena idea redecorar la habitación de juegos. Ahora se me ocurren un montón de posibilidades no basadas en la decoración de interiores para integrar a mi hija y acompañarla en ese proceso, pero en aquel momento empecé la casa por el tejado, comprando muchas estanterías, y así fue como, gracias a la casualidad, llegué al método Montessori.

De pequeña quería ser maestra, entonces ya me encantaba compartir y enseñar; sin embargo, no soportaba la idea de jerarquía, superioridad y control que planeaba en la escuela. Decidí tomar otro camino cuando se presentó la ocasión, y opté por algo que me encantaba, aunque no era mi pasión. Después fui reorientándome hacia la formación de adultos. Con la maternidad de repente algo en mí cambió, volví a conectar con la niña que había sido y le prometí ciertas cosas: le prometí que yo sería la persona que ella hubiera necesitado en cada momento crítico de su vida.

Mi marido es docente, así que conocíamos el sistema Montessori como método pedagógico, pero para nosotros la verdadera revolución fue adoptarlo también en casa. Empecé a profundizar en este sistema y me enamoré de su manera respetuosa de entender la educación, de la fe absoluta que tiene en el niño, del cambio de paradigma que supone que el niño pueda aprender por sí mismo con un buen ambiente preparado, de la no intervención del adulto, de su apuesta por las relaciones horizontales. En definitiva, me fascinó.

Tras aterrizar en el método Montessori y empezar a asimilar lo que era realmente, me di cuenta de que, si-

Una idea sumamente útil para los niños muy pequeños es poner un lavabo a su altura, en el bidé, en un mueblecito o en espacios reducidos con un añadido para la bañera.

guiendo mi instinto, aplicando lo que yo veía que funcionaba con mi hija gracias al ensayo y error y observándola mucho, yo ya había interiorizado todos y cada uno de los principios de este sistema sin darme cuenta.

Los últimos seis años han pasado en un suspiro, y de lo único que me arrepiento es de que en algunos momentos disminuyera mi confianza en ellas y no me escuchara a mí misma o me desconectara. Llegó un día en que mis hijas dejaron de ser bebés para convertirse en niñas, y fue entonces cuando comprendí lo maravilloso que había sido criarlas sin premios ni castigos en su primera infancia, ofreciéndoles autonomía y libertad, tanta como, a nuestro juicio, pudieran manejar. Y contra todo pronóstico —el pronóstico de los opinadores, pues me decía el corazón que ocurriría así—, ahora son niñas con las que se puede dialogar, negociar y llegar a acuerdos. Son compasivas y empáticas y saben calmarse cuando se enfadan, no porque el enfado sea una emoción negativa, sino porque son conscientes de que no nos lleva a tomar buenas decisiones a largo plazo. Saben expresar cómo se sienten y también pedir disculpas y aceptarlas sin rencores. Por mi parte, volvería a hacerlo todo igual, no porque haya comprobado que el método funciona, sino porque es lo que creíamos que debíamos hacer: tratarlas a ellas como nos gustaría que nos tratasen a nosotros. Nos queda mucha crianza por delante, pero ahora tengo la certeza de que hemos sentado una sólida base de respeto y cooperación. Mis hijas tienen un librito precioso que dice que los únicos regalos que necesita un niño son tiempo y amor. Y eso es lo que les hemos dado.

El porqué de este libro

Este libro es el que me hubiera gustado tener a mano el día anterior al del nacimiento de mi hija mayor, o incluso antes de quedarme embarazada. Gestar y criar tienen mucho que ver con soltar, ceder y relativizar. Ahora sé que educar no es conseguir, ni verter, ni controlar. Educar viene del latín *educare*, es sacar desde dentro, educar es liberar todo lo que los niños llevan dentro, proteger su tiempo y su espacio e interferir lo menos posible en sus actividades. No podemos controlar a los niños ni decidir por ellos, igual que no es posible escoger cuándo queremos que les salgan los dientes de leche o comiencen a perderlos. Ellos siguen su proceso. No tenemos competencia para hacer su trabajo, que es crecer, solo podemos acompañarles en este proceso.

He querido ser rigurosa y flexible, he querido ser precisa y concisa, he querido buscar un equilibrio entre la teoría y la práctica. Por eso este no es un libro más sobre la pedagogía de Maria Montessori (hay muchos, pero estoy convencida de que lo más enriquecedor es leer directamente las

Si tenemos suficiente espacio, podemos prepararles una mesita donde puedan lavarse las manos y la cara y, además, tener a su alcance sus útiles de aseo.

obras de la doctora, de las cuales tienes un resumen al final del libro). Tampoco es un libro más sobre crianza, pues es una guía diferente, en la que encontrarás lo que yo hubiera querido saber antes de ser madre, no para evitarme frustraciones innecesarias, sino para encontrar consuelo cuando estaba perdida. Al mismo tiempo, he querido que sea un libro práctico porque sé que cuando probamos algo nuevo necesitamos toda la información posible. Sin embargo, no te daré recetas universales, aunque te animaré a buscar las tuyas, las vuestras.

En este libro he recogido lo que me gustaría transmitirles a mis hijas, con la intención no de que me hagan caso o repitan mis pasos cuando sean madres, sino de encenderles una luz si en algún momento la necesitan. El libro es el abrazo que me gustaría darte en persona si se te está haciendo cuesta arriba la crianza, para decirte: «Tú puedes», «Cuídate», «Esto también pasará», «Disfrútalo, que es muy corto» y «Al final del viaje solo importan las risas», todo a la vez.

Es un compendio de todo lo que hemos vivido estos años, de nuestra experiencia de crianza. Si pudiera volver al pasado, seguramente lo habría leído y pensado «otro libro más», y después lo habría dejado olvidado en un cajón. Y así es como debe ser, porque cada uno tiene que cometer sus propios errores, lo cual no convierte a los hijos en cobayas, sino en hijos.

Pero para esto es preciso ser conscientes, sinceros y valientes y saber decir «Lo siento, me he equivocado, esto es lo que voy a poner en práctica para que no vuelva a ocurrir, me encantaría que me ayudaras». Si tú, lector o lectora, mientras lees este libro sientes en algún momento que lo que digo no te convence, te chirría o te plantea dudas, ¡genial! Significa que estás desarrollando tu espíritu crítico, algo esencial para la crianza, junto al amor, que viene de serie. Las otras tres cosas esenciales son la paciencia, el humor y el chocolate.

He tratado de plasmar en estas páginas mi máxima «No hagas a los demás lo que no te gustaría que te hicieran a ti», que es un principio universal y está presenta en todas las religiones (Mary Ellen Maunz, guía Montessori, lo llama «la regla de oro» en su libro *Cuidar de la vida interior de tu hijo*). Para ponerla en práctica necesitamos empatía, y para desarrollar la empatía necesitamos nuestro cerebro racional, y para usar nuestro cerebro racional necesitamos cuidarnos. Así, el autocuidado es esencial en la crianza, y espero poder comunicar lo importante que es esto a lo largo del libro.

Este es un libro en el que he puesto todo mi ser, todas mis ganas, todo mi cariño y empatía. Es un libro también para recordarme que los días son eternos cuando tienes bebés, pero que los años son muy cortos, si no efímeros. En un suspiro tu hijo camina; en otro, sabe hablar, en otro más, ha aprendido a escribir. La primera infancia de los hijos es una etapa tan breve como intensa, durante la que es fácil caer en el bucle de la desesperación y dejar de cuidarse. Espero que este libro te sirva de guía, de faro y de estrella en esos días de oscuridad. Espero que este libro te ayude a ser tu propio gurú («lo que nos lleva de la oscuridad a la luz»). Y también espero que te arranque una sonrisa o incluso una carcajada. Nunca se oyen suficientes risas en el mundo.

¿Por dónde empezar?

Déjame que te diga algo: no podemos cambiar la conducta de los demás, y mira que lo he intentado; lo único que podemos hacer es cambiar nuestra forma de comportarnos para inspirar un cambio en los demás. Seguramente no puedes evitar que tu bebé llore por la noche, pero sí tienes la posibilidad de conocer los ciclos de sueño de un recién nacido y buscar los momentos en los que cuidarte y descansar para actuar con más paciencia. Nadie consigue impedir que un niño de dos años tenga rabietas, pero es posible buscar información sobre cómo prevenir una parte de ellas y qué herramientas son útiles para gestionarlas como un aprendizaje a largo plazo para padres e hijos. No lograrás que tu niño de cuatro años haga exactamente lo que tú le has pedido, pero sí está en tu mano trabajar una manera de acordar las co-

sas importantes en familia para que todo fluya más fácilmente.

Quizá has adivinado ya que el objetivo de este libro no es cambiar a tus hijos, sino cambiarte a ti, inspirarte, alentarte, comprenderte y animarte a cambiar el mundo partiendo de tu opción de crianza. Llegué al método Montessori por mis hijas, pero me quedé por mí, porque me ayuda a ser la madre que quiero ser, una persona capaz de observar sin emitir juicios, de actuar con bondad y respeto mutuo, y de esforzarse por ser mejor para poder servir de ejemplo. Me motiva, como se cree que decía Gandhi, a ser el cambio que quiero ver en el mundo.

¿Por qué empezar a «montessorizarse»?

De la filosofía Montessori me enamora el respeto profundo que tiene por los niños, por su autonomía, por sus procesos de aprendizaje, por su criterio, por sus necesidades. Me cautiva el hecho de que el método pedagógico ofrezca también mucho orden y estructura a la par que autonomía y libre elección. Además, con las lecciones de gracia y cortesía, que enseñan cómo tratar a los demás, se les muestra a los niños el respeto hacia los otros como un principio inquebrantable.

El método Montessori da resultados sorprendentes en el plano emocional, pero además tiene una ventaja clara para nuestra organización en casa, ya que nos anima a hacer de nues-

Con un imán y algunos pequeños objetos podemos preparar su primer experimento de física: clasificar entre magnético y no magnético.

tro hogar un espacio ordenado, minimalista, bello y lleno de calma —adaptándonos siempre a las peculiaridades de nuestra familia y nuestra cultura—, que permite a nuestros hijos sentir que son autónomos, responsables y que forman parte de nuestra vida diaria. En esencia, el método Montessori es esto, y no tiene nada que ver con comprar muchos materiales carísimos, colocarlos en las estanterías de casa y esperar que el milagro suceda por arte de magia.

Los mitos que conviene desterrar

En este libro trataré de desmentir ciertas afirmaciones que suelen reiterarse acerca del método Montessori y que, según mi punto de vista, son simples mitos.

1. Es elitista y caro. Debido a que, en España, de momento, el método Montessori solo se puede aplicar fuera del sistema educativo público, es inevitable que sea caro, pues es preciso sufragar los gastos de una iniciativa privada. No obstante, existen pequeñas escuelas para familias humildes en las que se trabaja con este sistema, así como docentes de centros sostenidos con fondos públicos que buscan la forma de implementarlo en sus aulas (desde aquí les doy las gracias). Maria Montessori empezó su proyecto con niños de familias humildes, no podemos olvidarlo, y su objetivo no era formar una élite sino cambiar la educación para lograr un mundo mejor. En cualquier caso, en casa solo hace falta una banqueta, un delantal y un montón de ganas por parte de los adultos. El respeto, la libertad y la autonomía no cuestan dinero.

2. Es rígido. A simple vista puede parecer que el método Montessori dirija demasiado al niño, limitando su creatividad y capacidad de actuación, debido al orden y las presentaciones, pero en realidad el niño puede jugar libremente con los objetos que, eso sí, nosotros le ofrecemos y proporcionamos en el ambiente preparado. La presentación es tan solo una manera de educar con el ejemplo, de mostrarles una de las mil formas de hacer que pueden existir. El ambiente, la estructura, permiten establecer los límites dentro de los cuales los niños pueden ser libres a la hora de aprender. Aun así, ser más o menos directivo es una elección personal de los guías que acompañan a los niños en sus procesos: no todos los guías estamos en el mismo punto de equilibrio entre amabilidad y firmeza, y el método Montessori ayuda a encontrar ese punto. No obstante, es preciso no tener miedo a la firmeza, puesto que nos da estructura, y esto nos permite movernos y encontrar el equilibrio de nuestra familia.

3. Todo o nada. Se puede seguir la filosofía Montessori en casa sin ningún tipo de material y aunque los niños asistan por las mañanas a un colegio tradicional. El método Montessori para el hogar se basa en el respeto mutuo, la libertad y la autonomía. Siempre merece la pena cooperar con nuestros pequeños y alentarlos a ser la mejor versión de sí mismos.

4. Presiona a los niños hacia la intelectualización temprana. Con el sistema Montessori los niños pueden aprender a leer pronto, pero solo lo hacen los niños que quieren, puesto que el ambiente está preparado de forma que desarrollen sus capacidades cuando lo requieran. Como no se los fuerza a aprender algo determinado, sino que se tiene absoluta confianza en el niño, cada uno aprende lo que necesita y cuanto necesita. Es verdad que los periodos sensibles son contagiosos y que el hecho de estar juntos niños de tres edades diferentes supone un incentivo muy importante, pero si el interés parte del niño no tiene nada de perjudicial intentar saciar su curiosidad. Si un niño tiene sed, ¿no le damos agua?

5. No favorece la creatividad. Es cierto que, antes de usar un material concreto, el sistema Montessori establece el requisito previo de hacer una presentación. Pero la presentación es tan solo eso, mostrar una forma de hacer una actividad determinada (algunos guías Montessori empiezan a plantearse el uso sistemático de las presentaciones). Por otro lado, como nunca se juzga o critica el trabajo del niño, este método le permite encontrar nuevas formas de hacer las cosas, que es en definitiva en lo que consiste la creatividad. Además, en casa no es necesario ser dogmáticos, la máxima «sigue al niño» debe prevalecer por encima de todo.

6. No puede aplicarse en casa si ambos padres trabajan. Montessori es una forma de vida, una filosofía. Aunque los padres trabajen fuera de casa, pasarán mucho tiempo con los niños, y tanto los días laborables como el fin de semana están repletos de oportunidades para conectar con los pequeños, alentarlos y ofrecerles la posibilidad de ser autónomos e independientes. Es más, si el tiempo que les dedicamos es corto, ¿qué mejor forma hay de utilizarlo que disfrutando y conectando en vez de discutiendo inmersos en luchas de poder que no benefician a nadie?

7. No sirve si ambos padres no están de acuerdo. Sin duda estar en desacuerdo con el otro progenitor es una situación difícil de gestionar, pero siempre podemos modelar al niño con el ejemplo, protegerlo cuando sea necesario y dialogar, con respeto y empatía y mediante la comunicación no violenta, para llegar a acuerdos. El ejemplo es más poderoso que las palabras. Dicen que el movimiento se demuestra andando, de modo que, si tú estás convencido, ¡sigue adelante! No podemos cambiar a los demás, pero ellos sí pueden cambiar de opinión cuando les demostramos que una cosa funciona. Y en cada intercambio de opiniones estamos enseñando a los niños cómo expresar el desacuerdo respetando a los demás.

8. No es válido para casas pequeñas. Realmente lo ideal sería tener una casa espaciosa con acceso a un gran terreno natural, pero esto no significa que no sea posible aplicar el método Montessori en nuestra casa. El método requiere grandes dosis de orden, organización, simplicidad y minimalismo (rotación de materiales), además de adaptar el hogar. De hecho, es una buenísima idea organizar la casa de acuerdo a los principios montessorianos para lograr una mayor armonía, pero para ello simplemente hace falta reorganizar armarios, comprar solo lo necesario y usarlo rotativamente, y apostar por un orden muy cuidado.

9. No prepara a los niños para la vida académica y al dejar el sistema Montessori fracasan. El sentido común siempre me ha dicho lo contrario, que cuanto más sólidas sean las raíces, cuanto más fuertes sean los niños al haber seguido su naturaleza, su maestro interior, más capacidad de resiliencia tendrán y mejores habilidades demostrarán para enfrentarse a las dificultades de un sistema educativo obsoleto. En el libro *Montessori: The Science behind the Genious* (también en la biografía de Maria Montessori de Renato Foschi, si no leéis en inglés), la autora, Angeline Stoll Lillard, expone un estudio realizado en las escuelas públicas Montessori de Milwaukee, según el cual los niños, al llegar al instituto y ser evaluados mediante pruebas estandarizadas, obtuvieron calificaciones iguales o superiores que las de otros compañeros no provenientes de escuelas Montessori. En cualquier caso, creo que educar y aprender tiene poco que ver con las notas de los exámenes y consiste, en cambio, en desarrollar competencias y habilidades para la vida. Las funciones ejecutivas siempre se desarrollan mejor en entornos que permitan el error y la libre elección.

10. No sirve para todos los niños. Es indiscutible que hay niños que tienen una serie de características determinadas y necesidades especiales, pero podemos adaptar el método Montessori para ellos. Quizá en un aula será preciso repensar el modo de presentarles los materiales o de trabajar las relaciones sociales, pero eso no impide que se beneficien de todo lo positivo que puede proponerles el sistema Montessori. Cualquier actividad relacionada con la autonomía y la motivación intrínseca, el movimiento libre y la elección será positiva para ellos.

La naturaleza es también fuente de múltiples aprendizajes.

Cómo usar esta guía

Este libro trata de dar unas pinceladas, una visión general a partir de la cual puedas profundizar siguiendo tus intereses, por eso está dividido en varias partes:

- Una primera parte más bien teórica sobre el método Montessori, donde se explican sus principios y pilares, y cómo adaptar un sistema pedagógico pensado para la escuela a una casa.
- Una parte dedicada a entender el desarrollo infantil, así como cuáles son las necesidades de un niño en la primera infancia. En esta sección también se trata la manera de trabajar y hacer un cambio en nosotros, los padres, para alcanzar la mejor versión de nosotros mismos y así poder ofrecérsela como ejemplo al niño. Asimismo, se ahonda en las cuestiones relacionadas con nuestro papel como adultos, en la disciplina, los límites y la manera de evitar el uso de premios, castigos, chantajes y amenazas.
- Una sección destinada a comprender en mayor profundidad y de forma más práctica cuáles son los periodos sensibles de los niños y a conocer las estrategias para ayudarlos y alentarlos, y las actividades que se les puede proponer.
- Una sección centrada en la observación del niño, que debe ser objetiva y sin emitir juicios, como forma de conectar con él y entender sus verdaderas necesidades y motivaciones. La observación también nos ayudará en el momento de intervenir cuando existan comportamientos que a nuestro juicio sean inadecuados.
- Una sección sobre el ambiente preparado, las áreas que podemos —y deberíamos— adaptar para que nuestro hijo se pueda desenvolver con la máxima autonomía posible en casa.
- Una sección para acompañar al bebé en las transiciones hacia la niñez de la forma más autónoma y respetuosa posible. Autonomía y respeto no deberían ser antónimos, sino todo lo contrario.
- Una sección sobre los niños de tres a seis años y cómo acompañar también a nuestros hijos cuando crecen, con explicaciones sobre el material que podemos ofrecer.
- Una sección con ideas y ejemplos de actividades. La recopilación me ayudaron a hacerla mis hijas, pues consiste en las actividades que a ellas más les gustaban. Está dividida en dos por necesidades de estructura, no porque la edad sea algo determinante en el método Montessori, y está organizada de forma alfabética por el mismo motivo. Hay que tener en cuenta que existen muchas más actividades; las recogidas en esta sección son solo una muestra, no algo por lo que tengan que pasar todos los niños.

- Una sección de anexos para ampliar el conocimiento de los distintos temas tratados en el libro, con bibliografía, un glosario y varias tablas y gráficos que recogen la esencia de estas páginas.

El libro está planteado para que hagas una lectura lineal, pero yo también soy madre con poco tiempo y he crecido en la era de Google (por cierto, sus creadores, Larry Page y Sergey Brin, estudiaron con el método Montessori), y sé que cuando necesitas saber algo miras el índice, buscas las páginas donde está la información que te hace falta y las lees. A veces pones en práctica lo que has leído y te resulta útil. Entonces deseas profundizar en el tema y en algún momento tranquilo lees el resto del libro. A veces la información que encuentras no te sirve y te frustras. Yo he querido ponértelo fácil, y por eso al final del libro encontrarás un listado de los términos que considero que pueden ser más útiles y las páginas donde hablo de ellos.

Habrá quien empiece leyendo algún capítulo suelto sobre el tema que le preocupa, quien comience por el principio y siga hasta el final y quien vaya a las secciones que necesite en cada momento. Algunos leerán el libro de un tirón, otros tardarán meses o lo simultanearán con distintos libros. Si en algún momento te agobias, no te olvides de echarle un vistazo al capítulo final. Puedes empezar por la decora-

ción, como hice yo, pero no olvides leer la parte teórica para no quedarte a medias. He puesto todo mi ser en organizarlo de forma que te sea lo más útil posible, cualquiera que sea tu necesidad en ese momento.

El libro está lleno de fotografías para que te inspiren a poner la teoría en práctica. Lo ideal sería empezar por la filosofía, continuar por el ambiente y terminar preparando actividades, pero si quieres cambiar el orden, ¡hazlo! Es tu proceso, tu vida, y cuando algo no funcione como esperabas, tendrás una oportunidad única de ver cuál ha podido ser el fallo. No dejes que ningún libro, y mucho menos este, te diga lo que tienes que hacer.

Además, seguramente, si observas con atención y sin enjuiciar, dejando atrás el ego y el control, cuando ofrezcas a tu hijo un material o una actividad y no la utilice como esperabas, descubrirás nuevas cosas sobre tu hijo y, manteniendo la conexión, sabrás cómo ayudarlo.

Maria Montessori habla de normalización cuando los niños siguen su plan de desarrollo, es decir, cuando su mente logra trabajar de forma significativa, cuando se sienten integrados y pueden contribuir a su entorno. Cuando no consiguen sentirse parte del entorno, cuando no les permitimos que conecten su naturaleza con la nuestra es cuando se producen desviaciones de la normalidad. El modo que tenemos de llegar a la normalización de los niños es reorien-

El molinillo de café suele ser una actividad que todos los niños adoran y es un gran ejercicio de motricidad para pequeñas manitas.

tarlos para que puedan volver a seguir su proceso de desarrollo, darles trabajo en un buen ambiente preparado (con tareas que les permitan recuperar su esencia) y darles aliento (hacer que se sientan capaces y valiosos). ¿Cómo podemos conseguirlo? Con respeto, con amor y conexión: respetando las situaciones —y por tanto los límites— y a los niños —y por tanto sus necesidades—; dando amor incondicional, sin premios, ni castigos, ni chantajes, ni amenazas; y conectando con ellos en todo momento, averiguando el origen de estas conductas disruptivas y qué es lo que hay debajo de la punta del iceberg que es el comportamiento.

Este libro, además de mi máxima personal, contiene una sola norma: «Sigue al niño, sigue a tu familia», uno de los principios del método Montessori, de modo que no es dogmático. Mi intención no es decirte lo que tienes que hacer, porque tú, tu familia, tu hijo y tus circunstancias no son las mías.

En estas páginas no pretendo darte respuestas, sino información orientada a que construyas tus propias respuestas, pues mi objetivo es ayudarte a hacer las cosas por ti mismo. Te contaré mi experiencia por si te ayuda, te inspira, te conecta, te remueve o te hace, incluso, cuestionarte cosas, sin decirte cómo debes actuar. Date permiso para equivocarte, a veces poco y a veces mucho, pues es el único camino que nos permite aprender en el proceso de ser padres, dando raíces y alas, como se suele decir.

Cuando nació mi hija mayor y la familia empezó a bromear sobre lo que iba a ser de mayor la niña, mi marido, lleno de ternura y amor, dijo: «Yo solo quiero que sea buena persona». En ese momento no di importancia a aquella respuesta, pero ahora veo lo bonito y acertado que fue su deseo.

Pienso en los conflictos que hemos tenido y en los que tendremos —y mi anhelo es que no caigamos en el control, ni en sus amigos, la vergüenza, el miedo y la culpa—, que ninguna de nuestras acciones o palabras deteriore nuestro vínculo, que jamás perdamos de vista el horizonte, el futuro, el sentido de ser padres.

Ahora cierra los ojos y toma aire poco a poco. Abre los ojos e imagina que han pasado veinticinco o treinta años; imagina que alguien llama a tu puerta, que abres y ves a tu hijo o tu hija con tu nieto o tu nieta en brazos. ¿Qué tipo de adulto te gustaría que fuera? Piensa en qué clase de padre o madre desearías que tuviera tu nieto.

Me gustaría puntualizar algo: por favor, no supongas que creo que nuestros hijos deben ser lo que nos gustaría a los padres, que deben acomodarse a nuestros deseos y preferencias o que deben hacernos felices, más bien pienso justo lo contrario. No se trata de eso, se trata de reflexionar sobre lo que nos gustaría aportar al mundo a través de los seres humanos que son nuestros hijos.

Existen cuchillos especiales para niños muy pequeños que son muy seguros y cuentan con un mango para poder utilizarlos más fácilmente. Los niños disfrutan mucho ayudando en la cocina a preparar comidas sencillas gracias a este tipo de instrumentos.

El planteamiento Montessori no es ni un método para aplicar ni puede ponerse en práctica desde una posición de fuerza o poder sobre el niño. El niño es un igual y nuestro deber no es «domarlo», sino no perjudicar su desarrollo como embrión espiritual. Nuestro deber no es transformarlo en el niño ideal que queremos que sea, sino permitirle que se expanda y se moldee a sí mismo como realmente es.

Su mente absorbente asimilará, sin filtros, nuestra forma de ser y de comportarnos con él. Es ahí donde quiero poner el foco, en nosotros.

Y ahora sí, ¿cómo te lo imaginas? Asertivo, respetuoso, seguro de sí mismo, humilde, generoso... Si tienes un papel a mano, haz una lista y pégala en la contraportada del libro. Si no, cierra los ojos. ¿Lo visualizas? Grábate esa imagen en la memoria, piensa en ese adulto del mañana y piensa en el ejemplo que le estás dando tú hoy.

Ahora concéntrate en los retos diarios (los conflictos por los juguetes o la comida, la prisa por la mañana, el cansancio acumulado a la hora de ir a dormir...) y analiza cómo los estás gestionando. ¿Te gusta? ¿Contribuye TU comportamiento a formar ese adulto del mañana que te gustaría que fuera tu hijo? Si queremos dar al mundo hijos respetuosos tendremos que empezar por respetarlos. Ríete a carcajadas de las situaciones límite y fomenta así su sentido del humor. Sé flexible para transmitir la flexibilidad que necesitará a la hora de enfrentarse a los retos que le ponga la vida. ¿Y quieres que sobre todo sea bondadoso? Sé amable con él o ella, con todo el mundo y especialmente contigo mismo. Perdónate lo que tengas que perdonarte y empieza a querer a tus errores, pues son los que te han ido modelando a lo largo de los años, los que te han enseñado todo lo que sabes, los que te han convertido en la persona que eres ahora mismo.

El ejemplo es más poderoso que las palabras ¿Estás dando a tu hijo *un rayo de luz y siguiendo tu camino*? Espero ayudarte a conseguirlo en los próximos capítulos.

¿Me acompañas?

MARIA MONTESSORI Y SU MÉTODO

Si se aboliera no solamente el nombre, sino también el concepto común de «método» para sustituirlo por otra designación; si hablásemos de «una ayuda hasta que la personalidad humana pueda conquistar su independencia, de un medio para liberarla de la opresión de los prejuicios antiguos sobre la educación», entonces todo estaría claro. Es, pues, la personalidad humana lo que hay que considerar, y no un método de educación; es la defensa del niño, el reconocimiento científico de su naturaleza, la proclamación social de sus derechos lo que debe suplantar a los modos fragmentarios de concebir la educación.

MARIA MONTESSORI, *La mente absorbente del niño*

Quién era María Montessori

María Montessori nació en Italia en 1870, en el seno de una familia acomodada, y fue una de las primeras mujeres en estudiar medicina. Inició su vida laboral como psiquiatra y aplicó la vertiente médica de la observación científica a los niños que acompañaba. Gracias a sus indagaciones, descubrió ciertas necesidades de los niños: los periodos sensibles; asimismo, comenzó a intuir, sobre todo, el verdadero ser del alma infantil. Influida por otros pedagogos y por sus propias observaciones, preparó materiales pedagógicos específicos.

Todo lo que aprendió de estos niños lo continuó desarrollando en la Casa de los Niños, una escuela para pequeños de tres a seis años de familias humildes, que se abrió en 1907. En 1913 viajó a Estados Unidos, donde dio a conocer su método pedagógico y difundió su nueva forma de entender la educación ofreciendo formación para los maestros y, especialmente, aprendiendo de los niños, de sus nietos y de los que asistían a sus escuelas. Por motivos políticos (la dictadura fascista en Italia) se estableció en España, y aquí divulgó ampliamente su método hasta que en 1936, cuando empezó la Guerra Civil y se trasladó a los Países Bajos.

En 1939 estalló la Segunda Guerra Mundial y María Montessori, junto a su hijo Mario, quedó atrapada en la India, y allí se dedicó a investigar cómo po-

día la educación ayudar a construir una nueva generación de hombres y mujeres que trajeran la paz al mundo. Cuando terminó la guerra regresó por un breve periodo de tiempo a Europa, para volver después de nuevo a la India.

Fue en este país donde ella y Mario idearon y diseñaron lo que hoy conocemos como educación cósmica, que es la manera que tuvieron de animar a los niños a buscar sus orígenes y a la vez encontrar una tarea con la que pudieran contribuir a mejorar su ambiente y su mundo. En la India también desarrollaron su teoría pedagógica y evolutiva para el periodo de los cero a los tres años. Viendo que el final de su vida estaba cerca, encargó a sus colaboradores más cercanos que investigaran esta y otras cuestiones. Murió en 1952 mientras planeaba un nuevo viaje, esta vez a Ghana.

Los viajes de María Montessori, unidos a su prolífica obra literaria, en la que explica los principios de su método pedagógico, lograron que su visión de la infancia y la educación para la paz se extendiera por todo el mundo, a pesar de que también encontró una amplia oposición. Montessori creía fervientemente que una nueva generación de niños, criados con respeto y no mediante el castigo, con amor y no mediante la violencia, con la verdad y no mediante la mentira, serían los que nos salvarían del gran problema de la humanidad: la guerra.

Con un cuchillo adecuado, que corte fruta pero con el que no se puedan hacer daño, los niños pueden cocinar con un mínimo de supervisión; preparar zumo de naranja suele encantarles.

Apostar por el planteamiento de Montessori en casa es hacerse unas preguntas sencillas: ¿qué puedo hacer yo para mejorar el mundo?, ¿cómo puedo criar a mis hijos para que cuando crezcan busquen la paz? O podemos preguntarnos, más bien, cuál es la manera de interferir lo menos posible en el desarrollo de los niños para que cuando estos crezcan continúen siendo bondadosos y justos, sigan a su maestro interior y eviten lo que no les proporciona serenidad ni paz, y, en definitiva, puedan ser quienes son. Asimismo, es esencial plantearse qué ejemplo les daremos para inspirarles el deseo de ser seres humanos del cambio.

Maria Montessori no creó sus materiales pedagógicos para que los niños fueran más inteligentes o aprendieran a leer antes que los demás, sino porque observó que eso era lo que necesitaban. Ella consideraba que los niños están en un plano espiritual más elevado que el de los adultos, creía que no nacen incompletos y no tenemos que enseñarles nada. Según Maria Montessori, nuestra función solo es «darles luz y seguir nuestro camino», lo cual significa principalmente ofrecerles la combinación de un adulto preparado (nosotros mismos, alentados por su presencia a ser mejores cada día) y un ambiente preparado en el que poder desarrollar todas sus habilidades a través de la cooperación y la contribución a la sociedad a la que pertenecen los niños.

Se les ofrece este entorno de libertad y aprendizaje para animarlos a descubrir cuál es su «tarea cósmica», que no tiene nada de místico, sino que más bien se refiere a la tarea con la que colaborarán en la empresa de conseguir que realmente exista un mundo sin guerras, un mundo mejor, un mundo en paz.

Los materiales constituyen solo el veinte por ciento de su método. Maria Montessori los pensó como materiales de desarrollo, no como meros juguetes didácticos, pues respondían con coherencia a lo que ella había observado que eran las necesidades de los niños para favorecer el autoaprendizaje. El ochenta por ciento restante del método consiste en que el adulto interiorice que el niño o la niña es un ser capaz de aprender solo, que merece el más absoluto respeto y cuanta libertad pueda manejar. Cuando yo empecé a conocer el planteamiento de Maria Montessori creía que los materiales lo eran todo. Por suerte, en aquella época estaba en excedencia y había que controlar al milímetro los gastos, así que decidí comprar unas estanterías nuevas y empezar por la filosofía, que además era bastante parecida a mis creencias. El resultado de aquellas pesquisas lo tienes en tus manos ahora mismo.

El método de la pedagogía científica

En 1909 Maria Montessori escribió *El método de la pedagogía científica*, libro en el que explicaba lo que sucedía en las escuelas que había creado. Sin embargo, el término «método» no era una denominación que le gustara a la doctora Montessori, que prefería hablar de su sistema como de «una ayuda hasta que la personalidad humana pueda conquistar su independencia, de un medio para liberarla de la opresión de los prejuicios antiguos sobre la educación», en definitiva, una ayuda para la vida, algo que acompaña el desarrollo de los niños durante todo el camino hacia su madurez. El método Montessori era un método educativo pensado para las escuelas, pero la doctora Montessori también dio una serie de directrices para los padres, de las que habla en todos sus libros, pero especialmente en *El niño en familia* y en *What You Should Know About Your Child*. Aplicado a los hogares, es un estilo de vida que se basa en el respeto y la libertad, y en la confianza en el niño, su autonomía y su poder, al tiempo que permite crear un verdadero sentimiento de comunidad en la que todos los miembros de la familia cooperan y contribuyen.

Lo que me enamora ahora es el respeto profundo que tiene por los niños, por su autonomía, por sus procesos de aprendizaje, por su criterio, por sus necesidades.

Los escritos de María Montessori nos hacen ver la infancia con otros ojos y darnos cuenta de que los niños son seres excepcionales que merecen todo nuestro respeto y comprensión. Debemos tener fe en los niños, confiar en su maestro interior y en que si les facilitamos un entorno adecuado podrán aprender exactamente lo que necesiten sin nuestra intervención.

Nuestra función como adultos no es mandar sino guiar, no es dirigir sino facilitar, no es reprimir sino orientar, no es rescatar sino ayudar, no es decir sino preguntar. Nuestra labor consiste en confiar, amar y dar un ejemplo inspirador. Raíces y alas.

Para ello son esenciales el respeto —para que sea respeto de verdad tiene que ser mutuo—, la libertad —para que sea realmente libertad debe tener unos límites claros—, la autonomía —para que sea autonomía verdadera es preciso que haya voluntad— y, por supuesto, la confianza —para que sea confianza verdadera debe existir amor incondicional—.

En este libro trataré de centrarme en la forma en que hemos interiorizado los principios de los libros de Maria Montessori en casa. En la crianza diaria hemos tratado de hacerlo de la manera más práctica posible.

Las actividades que les ofrezcamos a los niños en el ambiente preparado son importantes, pero lo que realmente es fundamental, lo que los marcará durante el resto de su vida, es el amor.

Una escuela Montessori

He gozado del privilegio de observar a los niños de algunas escuelas Montessori, y si tuviera que definir a esos niños con una palabra escogería el término «plenitud». Felices, armoniosos, equilibrados, así recuerdo a los niños de estas escuelas. Forman una verdadera comunidad en la que todos participan y se sienten integrados. Una escuela Montessori se distingue de una escuela tradicional en numerosos aspectos, por ejemplo:

> **No hay evaluaciones numéricas.** El guía registra el proceso evolutivo de sus alumnos, y les muestra a cada uno unas u otras presentaciones en función de sus periodos sensitivos. El progreso de cada niño se considera como algo único, pues el niño sigue a su maestro interior.

> **Se ofrece libertad de movimiento.** Los alumnos tienen libertad de movimiento y elección. Si hay un jardín cerca pueden salir a trabajar o a realizar tareas de vida práctica. Mientras tanto, los guías van presentando de manera individual o en pequeños grupos conceptos y materiales adecuados al nivel de desarrollo y al interés de cada niño.

> **No se ponen deberes.** El aprendizaje se realiza a través de la vivencia y la manipulación, no se usan fichas. Suele suceder, sin embargo, que el niño desea continuar en casa el aprendizaje que está realizando en el colegio, y por eso es importante la implicación de la familia (con salidas, excursiones, visitas a la biblioteca...).

> **No se dan premios ni se imponen castigos.** Se intenta no intervenir, incluso cuando dos niños tienen un conflicto; el guía solo se interpone si hay violencia, a fin de protegerlos y recordarles que confía en ellos para que zanjen la discusión por sí mismos. Cuando se trata de niños pequeños, el acompañamiento emocional es más intenso, mientras que a los niños mayores los podemos invitar a usar una «mesa de la paz» o cualquier otro espacio de calma y diálogo.

> **El ambiente preparado y el guía están al servicio del niño.** La función de ambos es acompañar el proceso de aprendizaje, sin protagonismo, con humildad y paciencia. El respeto es primordial.

Un día en una escuela Montessori

En algunas escuelas se inicia el día con una pequeña actividad de relajación o unos ejercicios de yoga. Estos momentos de meditación propician la calma necesaria para el aprendizaje.

La primera parte de la mañana está dedicada al trabajo Montessori. Se trata de un ciclo de trabajo de tres horas en el que los niños, solos o en grupo, hacen tareas con el material, cuidan de las plantas, preparan alimentos, leen cuentos... Durante este ciclo se celebra una pequeña asamblea en la que, según la edad de los alumnos, se ofrecen lecciones, se resuelven conflictos, se cantan canciones, se conversa en grupo aprendiendo a respetar el turno de palabra y a escuchar. Los adultos y los niños tienen una relación horizontal.

En algunas escuelas los niños picotean a lo largo de la mañana y luego comen todos juntos, en otras se establece una pausa a media mañana y toman un desayuno, traído de casa (una pieza de fruta cada uno) o preparado en la escuela (por ejemplo, pan recién hecho o la comida resultante de las presentaciones de vida práctica).

Después del ciclo de trabajo de tres horas los niños salen al patio. El ciclo de trabajo de los niños pequeños de comunidad infantil suele ser más corto, y en él se incluyen otras actividades, como cuidar del huerto o cocinar.

Una vez finalizado el rato al aire libre, que suele ser largo, los niños preparan en pequeños grupos las mesas para comer, sirven la comida y se sientan todos a comer. En ocasiones se agradecen los alimentos que se van a consumir con una canción o unas palabras. Estos momentos son una buena oportunidad para ofrecer lecciones de gracia y cortesía.

Siguen unos minutos dedicados a trabajar la vida práctica (aseo personal) y a continuación, dependiendo del horario de la escuela, los niños se van a casa o se echan la siesta y, los más mayores, participan en talleres, leen cuentos o incluso siguen trabajando en el ambiente si así lo desean. A algunos les gusta tanto su escuela que no se quieren marchar...

Un ambiente de taller (primaria) de la Escuela Kaizen Montessori.

Montessori en la escuela pública

Parece que la filosofía Montessori está muy presente en las familias, pero el sistema educativo no la adopta a la misma velocidad. Cuanto más grande es una organización más lentos son los cambios. La escuela tiene un triple desafío: es una organización muy grande, está encuadrada dentro de la administración pública, que es especialmente inmovilista, y vivimos en un contexto en el que es difícil colaborar (a veces porque no existen los medios, a veces porque no existe la voluntad, a veces porque no sabemos cómo hacerlo, pues no nos han educado para escucharnos y cooperar y no tenemos las habilidades necesarias bien entrenadas, y en la mayoría de las ocasiones se debe a una amalgama de todos estos factores). Los verdaderos héroes de la situación son los maestros que apuestan por el cambio, los que se enfrentan a la dirección, a los compañeros, a la administración, al inmovilismo y a menudo también a la desconfianza de las familias. Y lo hacen por los niños, porque saben que tienen un tesoro entre las manos, que la infancia solo se vive una vez y que pasa volando, y que un buen —o mal— profesor lo es todo para un alumno.

Solo podemos agradecer su entusiasmo.

Muchas de las ideas del método Montessori se pueden llevar a la escuela pública de forma más o menos fácil. Para algunas bastarían cambios sencillos, pero legalmente complicados, por ejemplo, organizar clases con niños de las tres edades (lo cual fomenta la cooperación, la autonomía, el aprendizaje colaborativo y la responsabilidad); otras propuestas, como no centrarse tanto en los libros de texto y facilitar un ambiente preparado a los niños en todos los niveles, requerirían intervenciones más complicadas, pero se podrían suplir con formación y tiempo extra para los docentes.

Por último, algunos de los principios los veo directamente imposibles en este contexto: por ejemplo, es muy improbable que nos olvidemos de las notas, las reválidas y la competitividad, o que los adolescentes puedan estar en una granja practicando lo que han aprendido en vez de encontrarse aburridos en un aula preparando reválidas y selectividades.

Como dije antes, el planteamiento Montessori no es una cuestión de todo o nada, y se puede hacer mucho implantando solo pequeñas mejoras para que los niños se sientan más cómodos y libres. Esto redundaría en el aprendizaje porque ya se sabe que aprendemos mejor lo que encontramos significativo y que la memorización es algo secundario (no digo que no sea importante, digo que el bienestar emocional y las habilidades sociales y de vida que pueden practicarse en la escuela deberían tener prioridad, precisamente por el objetivo de equidad social de la escuela pública).

En el método Montessori se fomenta la motivación intrínseca de los niños y su capacidad para resolver problemas y pensar por sí mismos. Se les ofrece a la vez libertad y respeto, y al no usar premios ni castigos se los motiva a formarse su propio criterio. El error no es algo que conviene evitar sino el motor del aprendizaje, y no se promueve la competitividad sino la cooperación.

El entorno Montessori desarrolla la autonomía de los niños, les hace sentirse capaces y que forman parte de la familia o de su clase, se les alienta a participar cuando se toman las decisiones que les afectan. Todo esto se puede llevar a un aula: aporta emoción, libertad, vivencia, manipulación, cooperación, respeto, trabajo en equipo, compasión, humildad, curiosidad,

equidad, significado, contribución y, en definitiva, felicidad. Es necesario introducir la filosofía Montessori en la escuela pública porque permite mantener la estructura que necesita la escuela tradicional y a la vez funciona bien con grupos grandes de niños y presupuestos bajos. Además, aunque los programas de formación son estrictos y costosos, como funcionan bien de manera flexible, pueden proporcionar un beneficio significativo a todos los niños, especialmente si se tiene en cuenta que el primer objetivo de la escuela pública es la equidad.

La llegada del sistema Montessori a la escuela pública no es una cuestión de inversión, sino de cambio de paradigma. Y es inminente. Soy optimista y creo que mis nietos se sentirán orgullosos del sistema educativo en el que se construirán ellos mismos para convertirse en los hombres y las mujeres del mañana, y serán nuestros hijos los que impulsarán el cambio, y lo harán porque les hemos dado raíces y también alas. Y porque es lo que hacemos los seres humanos cuando nos sentimos plenos: mejorar nuestro ambiente. Y lo veremos. Y sonreiremos. Y solo podemos dar las gracias por haber participado en el cambio.

Junto con el amor, el aliento es lo que modelará su cerebro. Y para poder criar con conciencia y no simplemente dejándonos llevar, para ser un buen modelo para nuestros hijos, los padres tenemos que hacer un trabajo inmenso.

Los cuatro planos del desarrollo

Mientras que otros métodos educativos solo son aplicables a una etapa concreta de la infancia, el método Montessori, pensado para la educación infantil, de los tres a los seis años, se ha extendido a otras etapas, tanto hacia abajo (existen escuelas de cero a tres años que lo aplican; Maria Montessori no tuvo tiempo al final de su vida de desarrollarlo enteramente pero encargó esa misión a sus colaboradores) como hacia arriba (primaria y secundaria).

La doctora Montessori dividió los primeros veinticuatro años de vida de la persona en cuatro fases, que llamó los cuatro planos del desarrollo: infancia, niñez, adolescencia y edad adulta.

Según este planteamiento, el niño pasaría del nacimiento a la vida adulta a través de cuatro periodos, los cuatro planos del desarrollo, cada uno diferente del anterior. El desarrollo del niño no sigue una estructura lineal, pero los cuatro planos forman parte de un proceso indivisible y es muy importante no dejar de lado ninguna de las necesidades de desarrollo que tiene el niño en cada momento.

Conviene recordar que cada niño se desarrolla a su propio ritmo y que el cambio de un plano a otro no tiene por qué coincidir con la fecha de su cumpleaños. Estos periodos son parámetros que nos ayudan a identificar en qué fase se encuentra el niño.

En cada uno de ellos las necesidades son distintas. En el primer y tercer plano (infancia y adolescencia) se producen muchos y vertiginosos cambios, mientras que la niñez y la edad adulta son épocas más tranquilas y calmadas, en las que la persona asienta los conocimientos de las etapas anteriores. Ca-

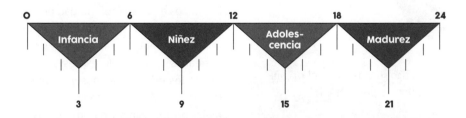

Gráfico inspirado en el original realizado por la Asociación Norteamericana de profesores Montessori (NAMTA).

da uno de los planos tiene unas características que ayudan al niño a adaptarse, a conocer el mundo, a buscar su lugar y a pertenecer a él.

Maria Montessori describió los cuatro planos mediante la analogía de un bulbo de tulipán. En la siguiente imagen se aprecia que para la doctora el periodo anterior a los seis años era aún más esencial que la adolescencia. Asimismo, se observa que otorgaba un papel fundamental al periodo prenatal —en negro—, junto con los primeros tres años de vida, durante los cuales se conforman las bases de la personalidad del niño. La etapa de los tres a los seis años también es de gran importancia, al igual que la adolescencia, mientras que la niñez y la madurez son periodos más tranquilos, de calma, en los que asentar y consolidar todos los conocimientos y emociones.

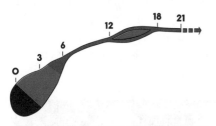

Gráfico inspirado en el original realizado por la NAMTA.

No existe pues un desarrollo gradual de las capacidades de los niños, sino las siguientes fases:

Primer plano: infancia

Este es el plano en el que la mente del niño es absorbente, y puede impregnarse de todas las características de su ambiente e interiorizarlas.

Se subdivide en dos periodos. La doctora Montessori distinguió dos periodos embrionarios: el físico, que transcurre dentro del cuerpo de la madre, y el psíquico, que es exterior y se divide a su vez en dos fases. En la primera fase todo se asimila de manera inconsciente, es la etapa del embrión espiritual, y en la segunda, esta información se vuelve consciente para el niño, es la etapa del embrión social. Es un momento clave en el desarrollo porque va a permitir la adaptación del niño a la familia y, por ende, al grupo cultural al que pertenece.

Para Maria Montessori, «el pequeño fuera del cuerpo materno todavía no está separado de él», por eso consideraba especialmente importante la etapa de los cero a los tres años de edad, aunque no le dio tiempo a estudiarla tan a fondo como la etapa de los tres a los seis años. Ambos periodos los vamos a ver en profundidad en capítulos posteriores, sobre todo en lo relativo a «traducir» las diferentes necesidades y formas de expresión que tienen los niños pequeños y a conectarnos con ellos para acompañarlos lo mejor posible, sin olvidarnos de nosotros mismos, buscando el equilibrio entre las necesidades de ambos.

Si ofrecemos al niño un entorno pleno que permita el desarrollo de sus tendencias y periodos sensibles e intentamos ser unos padres conectados con las verdaderas necesidades emocionales de los pequeños, el niño terminará este plano del desarrollo habiendo adquirido autodisciplina y voluntad, y también lenguaje, memoria y movimientos refinados.

Segundo plano: niñez

En este segundo plano del desarrollo, el niño, mediante la imaginación y el pensamiento racional, logrará explicarse el mundo que lo rodea. Ahora ya no necesita tanto lo concreto, puesto que ha adquirido el pensamiento abstracto, por lo que podemos ofrecerle todo el universo mediante pequeñas fábulas, las grandes lecciones, y materiales de apoyo para que pueda descubrir los misterios de la naturaleza y cuál es nuestro lugar cósmico en el universo. La propuesta de Maria Montessori consiste en una educación integral, la educación cósmica, que es básicamente una visión holística de la educación en la cual todos los estudios están relacionados y que busca con humildad la conexión del ser humano con el resto de los seres del universo.

Ahora el niño está preparado emocionalmente, ya que de los seis a los doce años tiene una mente razonadora que le permite imaginar —ahora que ya tiene clara la realidad—, pensar de forma abstracta y adquirir la cultura y, por supuesto, el sentido de la moral. El niño en esta etapa aprende muchísimo, su interés por el aprendizaje es mucho mayor que en el siguiente plano.

El niño aprende mediante la experiencia, la plenitud, la emoción y la vivencia. El nuevo principio es guiarlo para que aprenda a aprender o, mejor dicho, aprenda a aprehender.

Tercer plano: adolescencia

En la etapa de los doce a los dieciocho años, la mente del adolescente está muy interesada por lo social; el niño deja la infancia para convertirse en un miembro más activo de la sociedad, empieza a buscar su lugar en el mundo y a pensar cómo quiere ganarse la vida. Busca, en definitiva, su identidad. El adolescente trata de ubicarse en la sociedad, y mientras lo hace nuestra función no es «colocarlo», sino acompañarlo en su camino hacia su verdadera identidad, lo más lejos del ego que su proceso le permita. Es decir, no podemos controlarlo, ni indicarle qué debe hacer, al contrario, tenemos que aceptarlo como es, igual que aceptábamos que nuestro bebé se despertara por la noche.

La pubertad, como sucede en los tres primeros años de vida (he ahí otro paralelismo), necesita de gran contención emocional, que es algo que suele fallar bastante tanto en institutos como en hogares. Esta es para el adolescente una necesidad tan grande como la del movimiento para un bebé. Nacer implica dejar atrás la comodidad del útero y la pubertad implica dejar atrás la comodidad y la sencillez de la infancia, por eso es un periodo de crisis, entendida como cambio.

Según el planteamiento de la doctora Montessori, el tercer plano es el momento en que el joven adolescente buscará cuál es su vocación, logrará descubrir cuál es su tarea cósmica y de qué forma puede servir a la humanidad. Es por ello por lo que quizá su rendimiento académico sea inferior, pues su mente está en otro lugar.

En consecuencia, Maria Montessori concibió esta etapa de un modo puramente práctico, similar a una formación profesional, y propuso que los chicos vivieran en una granja en la que pudieran desarrollar sus proyectos en común y ser autosuficientes. Orientar sus estudios e investigaciones hacia la función social, con materias como economía, filosofía y ciencia además de actividades culturales y sociales, sería lo ideal para este plano del desarrollo. Las labores de voluntariado serían, asimismo, un medio excelente para lograr los objetivos de esta etapa.

Realmente los jóvenes de esta edad quieren contribuir y aportar valor a la sociedad. Tienen la misma sed de autonomía que un niño de dos años; así, al igual que cuando eran pequeños les ofrecíamos la banqueta para que pudieran lavarse las manos solos, en este etapa debemos apoyarlos y acompañarlos para que encuentren su sitio.

Cuarto plano: madurez

Por último, la mente de un adulto de entre dieciocho y veinticuatro años experimentará un periodo de calma, en el que asentará lo aprendido en la etapa anterior. En este plano el niño termina por fin su desarrollo y se convierte en un hombre, pleno de derechos y obligaciones, con gran capacidad y ganas de trabajar y formar parte de la sociedad. Si el joven ha culminado el resto de los planos adecuadamente, habrá logrado desarrollar todo su potencial y estará listo para servir a la humanidad con la tarea cósmica que haya elegido. Finalmente, el adulto terminará de encontrar su espacio, su misión. Emocionalmente es una etapa tranquila, en la que el aprendizaje es inmenso.

Cada una de estas fases tiene unos periodos sensibles determinados, ventanas de oportunidad que llevan al niño a hacer algo de forma constante y repetida, con mucho entusiasmo y sin fatiga, ni apenas esfuerzo y con gran creatividad. Impulsan el desarrollo físico y mental de los niños durante un periodo de tiempo concreto, y esto sucede de forma universal en todos los niños del mundo.

Maria Montessori profundizó especialmente en los periodos sensibles del primer plano del desarrollo, de los cero a los seis años. Son los siguientes: orden, lenguaje, refinamiento del movimiento y refinamiento de las percepciones sensoriales. Volveremos a ellos más adelante.

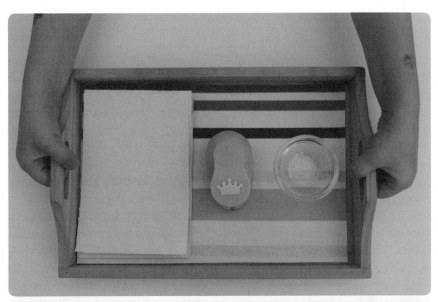

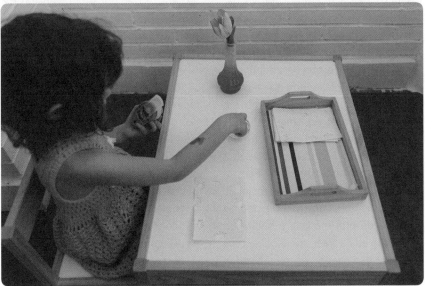

Presentar las actividades en bandejas ayuda a favorecer el sentido del orden y la recogida posterior de los materiales usados.

Lo más importante de estos periodos sensibles es que nunca regresan. Durante el tiempo en que ocurren sucede que unas neuronas están más activas que otras y es más fácil que se formen unas determinadas conexiones neuronales. La primera vez que me topé con esta frase, «nunca regresan», la leí varias veces, me embargó la culpa y pensé: «¿Habré hecho todo lo posible? ¿Todo lo que estaba en mi mano? ¿Le he dado exactamente lo que necesita? ¿No aprenderá nunca inglés?». Si te estás preguntando lo mismo que yo, te diré una cosa: es importante que conozcamos el desarrollo de los niños y los ayudemos a aprovechar su potencial, y debemos ser conscientes de que no podemos llegar a todo. Y no pasa nada.

Mi hija mayor acaba de cumplir seis años, y debo confesar que no he podido dedicarle tanto tiempo como me hubiera gustado a lo largo de estos años, que son críticos para la formación de la personalidad. Parece que nunca es suficiente, ¿verdad? Pero la miro y veo un ser humano excepcional, a pesar de que quizá habría podido educarla de otra manera, o hablar en inglés con ella o traer un *au pair* a casa o haber espaciado los nacimientos de sus hermanas para dedicarle más tiempo en exclusiva. Cuando lo pienso, lo único que tengo claro es que lo que más recordará de su primera infancia es el amor que le hemos dado. Amor incondicional.

Si estás leyendo estas palabras y te sientes abrumado por la responsabilidad, respira. Es una responsabilidad enorme, y también es posible que sea la más trascendental de las que asumas en tu vida, pero cuando das amor sin restricciones solo puedes crear cosas buenas.

Los periodos sensibles: cubrir las necesidades de nuestros pequeños

Tal y como avanzaba en el apartado anterior, en los primeros años de su vida, los niños aprenden a través de los periodos sensibles. Dichos periodos se caracterizan por ser universales para todos los niños que se encuentran en ese periodo, tener una duración de terminada, ser selectivos y ser una fuente de gran creatividad.

Los periodos sensibles pueden solaparse y alargarse más o menos tiempo, dependiendo de las necesidades del niño y de lo que tarde en aprenderlos y asimilarlos. En las aulas Montessori, donde las edades están mezcladas, se ha observado que los periodos sensibles son contagiosos. En las casas donde hay hermanos muy seguidos pasa algo parecido.

Existe cierto debate respecto a la duración y el número de periodos sensibles que se pueden identificar, así que yo, de acuerdo con mi formación, he decidido dividirlos en cuatro. Vamos a desgranarlos uno por uno:

> **Periodo sensible del orden** (desde el año hasta los tres años, tiene la cúspide alrededor de los dos años). Los niños son muy sensibles al orden exterior desde que nacen, pues es lo que les permite entender el medio ambiente al que han llegado. Gracias al orden pueden asociar, clasificar y dar un lugar a cada cosa y cada persona en el tiempo y en el espacio. Un medio ambiente ordenado ayuda a los pequeños a construir su pensamiento y comprender el mundo, al tiempo que les proporciona seguridad y facilidades para orientarse, pues el orden exterior se refleja en su orden interior.

A los niños les gusta mucho este orden y lo necesitan hasta que terminan su construcción mental interna. A partir de entonces deja de molestarles tanto que las cosas no siempre sean las mismas. El orden está muy relacionado con la armonía. Los niños no lo entienden tal como lo entendemos los adultos, en el sentido de «limpieza», sino como estructura, como algo que se repite y les da seguridad, pues les permite situarse en el tiempo y el espacio.

Recuerdo un paseo con mis hijas, cuando la mediana tenía dos años, época de máximo apogeo del periodo sensible del orden. En lugar de hacer el camino de siempre, tuvimos que cambiar el recorrido debido a unas obras en una glorieta y pasar por otro paso de cebra. Mi hija mediana lloró, gritó y pataleó, y lo único que podía hacer yo era mirarla, hablarle bajito y abrazarla cuando se dejaba, procurando no abandonar mi burbuja de paz, contra la que rebotan los comentarios de los extraños.

Aquella noche, cuando la niña se había dormido, la que lloró fui yo, sin dejar de repetirme lo difícil que era ser madre e intentar no perder la paciencia, porque lo que había hecho mi hija no tenía ningún sentido. No tenía ningún sentido para mí, su madre; a ella, su mundo se le había desmoronado.

Otro aspecto del orden son las rutinas, que procuran seguridad a la mayoría de los padres y los niños. Dichas rutinas no tienen por qué ser estrictas, basta con repetirlas de forma similar para ofrecer confianza a los niños. En el fondo se trata de aportarles cierta constancia y estabilidad para que, desde ahí, los pequeños puedan seguir comprendiendo el mundo al que han venido a adaptarse.

El periodo sensible del orden está ligado al periodo sensible de las cosas pequeñas, que se muestra en el niño de entre uno y tres años y tiene la cúspide alrededor de los dos años de edad. A lo largo de este periodo no podremos hacer otra cosa que proteger y redirigir.

> **Periodo sensible del movimiento** (desde el nacimiento hasta los dos años y medio se produce un periodo sensible del movimiento grueso, y de los dos años y medio hasta los cuatro, se da un refinamiento de esos movimientos, que tiene su cúspide antes de los tres años). El movimiento es

algo natural para los niños pequeños, algo que les guiará en una doble vertiente: hacia la locomoción y hacia el perfeccionamiento del movimiento de las manos. Al principio, la sensibilidad motriz les ayudará a mover las manos y, poco a poco, aprenderán a darse la vuelta, girar, gatear y caminar, sin que nadie les enseñe. A partir de los dos años y medio es cuando empezarán a controlar y refinar estos movimientos, lo que también les ayuda a construir su pensamiento, les proporciona autonomía, y, sobre todo, los lleva a desarrollar la inteligencia y la voluntad. Es decir, cuando impedimos a los niños moverse, les impedimos que construyan su inteligencia y su personalidad.

> **Periodo sensible de las percepciones sensoriales** (desde el nacimiento hasta los seis años, tiene la cúspide a los cuatro años). La mente absorbente del niño se nutre de la información que le llega mediante los sentidos. Esta información le ayuda a conocer el mundo, sobre todo la que obtiene a través del tacto de las manos. «No le des al cerebro más de lo que le das a la mano» es otra de las máximas de la filosofía Montessori. Gracias a todas las impresiones que recibe del medio, el niño descubre el ambiente al que ha venido a adaptarse, y lo hace clasificando estas impresiones, dándoles un orden y un sentido. Haciendo esto construye también su inteligencia, con un «mero» juego de niños.

Una vez fui con mi hija mayor a comprar un soporte para sus macetas. Encontramos uno que yo consideraba pequeño, pero ella insistía en que era perfecto. Tan segura parecía que lo compré, pensando que tendríamos que devolverlo, y al llegar a casa vimos que, efectivamente, tenía la medida ideal. Años de refinar las percepciones sensoriales dieron este resultado. Es un camino silencioso, invisible, pero real.

> **Periodo sensible del lenguaje** (desde antes del nacimiento hasta los cinco o seis años). La mente absorbente permite al niño asimilar todas las lenguas que puedan hablarse en su entorno, de forma sencilla, sin esfuerzo, y es que el niño no viene al mundo con un lenguaje fijo sino con la capacidad de crearlo y así adaptarse al medio. Al principio dice solo algunas palabras —holofrases—, después construye frases de dos palabras, luego de tres, hasta que finalmente entra en el periodo álgido, en torno a los dos años, en el que se produce una explosión oral increíble. Entonces el niño pasa de ser un bebé que apenas habla a ser un niño pequeño con muchas ganas de comunicarse. Lo ideal es hablarle con un lenguaje rico y positivo, describiéndole todo lo que pasa y lo que hacemos con él o ella en los momentos de cuidado, nombrando las cosas, leyendo cuentos. Esta es la base para el desarrollo del lenguaje: nuestra relación con el niño.

Dentro de este periodo sensible existe un periodo sensitivo de la escritura, entre los tres años y medio y los cuatro y medio, un periodo en el que el niño tiene mucho interés por conocer los sonidos de las palabras. Es el momento adecuado para introducir el material de las letras de lija. A los cinco años sucede el periodo sensitivo de decodificar palabras, lo cual lleva al niño al desarrollo de la habilidad para leer. Primero descifra y luego interpreta lo que lee, lo cual requiere una mayor abstracción.

Estoy segura de que ahora me preguntarás: ¿cómo se pueden identificar los periodos sensibles? Es una respuesta fácil y difícil de dar: observando. Sé que nos encantan los datos y las fechas concretas porque nos dan seguridad, pero para reconocer un periodo sensible conviene partir de la observación, pues no podemos dejar de seguir al niño: no todos los pequeños atraviesan los periodos sensibles al mismo tiempo. En general, podemos guiarnos por las siguientes actitudes del niño para descubrirlos:

- Atracción urgente por una actividad concreta, y si el niño no puede llegar a ella o realizarla, se muestra muy enfadado.
- Repetición constante que lo lleva a concentrarse.
- Alegría pura cuando logra completar la tarea.
- Desinterés total una vez satisfecha su necesidad.

Mi opinión es que conocer estos periodos sensibles es importante para comprender qué necesita el niño en todo momento y poder ofrecérselo. No se trata de poner marcas en una lista de comportamientos sino más bien de conectar con los niños. A veces tienen conductas que creemos incorrectas y son simples expresiones de un periodo sensible. Por ejemplo, la conducta de los niños pequeños que no quieren estar sentados en sillas porque están en un periodo sensible de desarrollo del movimiento; la de los niños que se enfadan cuando nos ponemos una prenda de ropa de otra persona o de otra estación, pues están en el periodo sensible del orden, o la de los niños que meten las manitas en el agua del vaso porque están en el periodo sensible del refinamiento de las percepciones sensoriales.

No son manías, no son caprichos; la conducta siempre es solo la punta del iceberg. Lo que queda sumergido es algo mucho más grande, y puede ser un malestar o una emoción muy intensa, o simplemente que el niño está siendo guiado por su maestro interior. Una parte del legado que nos dejó Maria Montessori es la genialidad que tuvo de no solo identificar los periodos sensibles, sino también de interconectarlos al ofrecer a los niños el ambiente ideal para maximizarlos, es decir, alentar a los niños a aprovecharlos al máximo.

Los materiales estructurados Montessori son autocorrectivos, es decir, el niño se da cuenta por sí mismo de si ha cometido o no un error; cuando lo comete, sigue trabajando hasta lograrlo y cuando lo logra, su felicidad es máxima.

El periodo sensible del lenguaje y el bilingüismo

Uno de los periodos sensibles más fascinantes en la vida de los niños es el del lenguaje. Se inicia antes del nacimiento, y permite a los pequeños adaptarse al medio en el que han venido a vivir.

Suele suceder que los adultos creemos que enseñamos a los niños a hablar, cuando la realidad es que ellos construyen el lenguaje por sí mismos gracias a su mente absorbente, y empiezan a hacerlo incluso antes de nacer. La lactancia, después, les proporciona una preparación indirecta para el lenguaje, puesto que gracias a la succión se fortalecen los músculos que serán los encargados de producir el habla.

La formación del lenguaje es un proceso muy complejo y que varía mucho de un niño a otro. Debemos evitar comparaciones entre ellos y observar, en cambio, si intentan comunicarse efectivamente, así como la pronunciación y el número de palabras, que también son importantes, por supuesto.

En torno al año, algunos antes, otros después, los niños dicen su primera palabra de forma intencional. Suelen ser palabras referentes a los miembros de la familia, la comida o los saludos. Estas palabras se llaman holofrases porque se usan para expresar una situación completa. Por ejemplo, «teta» significa «Mamá, ven conmigo que quiero tomar el pecho», o «papá» quiere decir «¿Cuándo volverá papá del trabajo?». También utilizan la misma palabra para expresar distintas realidades, por ejemplo, al decir «agua» se refieren a la leche, el zumo, el gazpacho o cualquier líquido.

Lo único que podemos hacer es alentar este proceso de forma natural, mediante la comunicación no violenta, bajando a su nivel, pronunciando con claridad y naturalidad a un tiempo y usando las palabras adecuadas y precisas, sin tabúes ni diminutivos. Nuestra función es, básicamente, hablarles siempre con un lenguaje rico y variado y leerles lo más posible (cuentos muy cortos cuando son bebés).

Poco a poco los niños irán incorporando más vocabulario al lenguaje hasta que un poco antes de los dos años, más o menos, se producirá lo que Maria Montessori llamó la explosión del lenguaje. En este momento deberemos estar muy atentos para facilitarles las palabras nuevas que puedan necesitar.

En los últimos años se ha apostado por la introducción de un segundo idioma en los primeros años de vida. Es algo muy positivo si tenemos en cuenta la mente absorbente de los niños, capaz de aprender e interiorizar un idioma sin ningún tipo de esfuerzo. Lo que no podemos obviar es que en el planteamiento Montessori todo tiene un propósito, un sentido, y lo que a nosotros nos parece crucial (podemos pensar que el inglés es esencial para su futuro), puede que para el niño no tenga ninguna importancia.

Los niños aprenden otras lenguas rápidamente porque sienten la necesidad de comunicarse —que es una tendencia universal—, así que el propósito de aprender otro idioma es comunicarse, no aprenderlo. No debemos perder de vista en ningún momento lo siguiente: el aprendizaje solo se produce cuando hay emoción, cuando hay juego y cuando hay conversación, y es dentro de este marco donde deberíamos situarnos si deseamos ofrecer a los niños una segunda lengua. Para ello, una buena idea puede ser organizar un grupo de juegos con niños que se comuniquen en esta lengua, o invitar a una persona que la hable a jugar con los niños en casa.

En mi caso, a pesar de que tengo un buen nivel de inglés, con mis hijas utilizo mi lengua materna, y lo hago así porque el diálogo madre-hijo tiene un fuerte componente emocional que se perdería si hablara un idioma que no fuera el mío. No obstante, mis hijas y yo siempre hemos leído cuentos, cantado canciones y jugado a juegos sencillos en inglés, lo que ha supuesto para mí una forma de mostrarles que hablar otro idioma es maravilloso, emocionante y divertido, y nos enriquece. De esta forma, también les transmito que el propósito de hablar inglés, como decía al principio, es comunicarnos, no aprender por aprender, y que estoy aquí para compartir ese conocimiento solo si ellas lo desean.

Las tendencias humanas

Volviendo a la teoría, Maria Montessori identificó una serie de necesidades básicas o tendencias que permanecían constantes a lo largo de toda la vida de las personas, desde el nacimiento hasta la ancianidad, a las que podríamos denominar instintos. Fueron descritas en 1956 por su hijo, Mario M. Montessori, en el libro *Las tendencias humanas y la educación Montessori*.

Las tendencias se diferencian de los periodos sensibles en que estos son propios de un espacio temporal determinado, pero ambos conceptos son la base sobre la que trabajó Maria Montessori, pues la educación que sigue al niño, que se adapta a sus periodos sensibles y a las tendencias naturales que todos poseemos es la que le permite desarrollar todo su potencial.

Las tendencias se podrían definir como una serie de impulsos que mueven al ser humano a realizar una serie de acciones de manera espontánea e inconsciente. Son las mismas ahora que cuando el *Homo sapiens* pisaba la tierra, aunque se manifiestan de distinta forma en cada persona, pues no en vano son lo que ha permitido nuestra adaptación como especie a los distintos ambientes. En definitiva, las tendencias humanas han facilitado nuestra supervivencia.

Al igual que existen varias maneras de dividir los periodos sensibles, las tendencias humanas también se agrupan de distintas formas. Te propongo esta posible clasificación, que he tomado de mi formación como asistente Montessori, que completé con mi formación en disciplina positiva:

- Tendencias relacionadas con la exploración: Orientación, orden, exploración y movimiento.
- Tendencias relacionadas con el trabajo: Autoperfeccionamiento, manipulación, repetición y trabajo.
- Tendencias relacionadas con el funcionamiento de nuestra mente: Abstracción, imaginación, conceptualización.
- Tendencias relacionadas con la orientación grupal: Comunicación, sentido de pertenencia y significado.

- Tendencias relacionadas con las necesidades espirituales: Arte, música, religión.

Por ejemplo, un bebé explora su entorno de forma constante (saca cosas de los cajones o investiga cada rincón de la casa o del jardín cuando ya se desplaza), un adolescente hace lo mismo cuando está fuera de su entorno, y nosotros, los adultos, si llegamos a una ciudad nueva, tendremos exactamente la misma actitud. La tendencia humana a la exploración es constante. Otro ejemplo: un bebé buscará por toda la casa una banqueta para poder llegar a la encimera y coger el chocolate, un niño que encuentra una dificultad decidirá fabricar un instrumento para ayudarse, y un adulto, como nosotros, le dará la vuelta a toda la casa para poder adaptarla cuando tiene un hijo. Son todas manifestaciones de la creatividad, tanto el movimiento como la abstracción o el amor por nuestros hijos, según el caso.

¿Cómo podemos aplicar esto a la crianza? Por ejemplo, desde que nacen, los niños tienen una tendencia natural a fijarse en la boca de los adultos que los cuidan. Escuchan a estos adultos y enseguida empiezan a imitar los sonidos.

Esa tendencia a la comunicación es más acusada durante los primeros años de vida —el periodo sensible del lenguaje—, pero permanece constante hasta la muerte, pues comunicarse con sus semejantes es una necesidad vital para cualquier persona.

Tener en mente las tendencias humanas y los periodos sensibles es muy importante para poder conocer el desarrollo de nuestros hijos y actuar en consecuencia. Por ejemplo, si nuestro hijo va a una tienda de menaje querrá manipular los objetos que vea a su alrededor (tendencia humana a la manipulación); puede que encuentre unas pequeñas tacitas de porcelana y se sienta poderosamente atraído por ellas, y por mucho que le digamos que no las toque, lo hará, no para desafiarnos, sino porque es algo innato en su naturaleza.

Todas las personas, especialmente los niños de hasta seis años, necesitamos tocar las cosas y utilizar todos los sentidos (periodo sensible del refinamiento de las percepciones sensoriales). Con esto no quiero decir que permitas que un niño rompa un jarrón Ming, en absoluto: el respeto por el ambiente y por los demás es algo de vital importancia; solo te pido que reflexiones sobre sus motivaciones como si fuera todavía esa cría de *Homo sapiens* que se lanzaba a explorar para poder adaptarse al mundo, y que actúes para proteger y enseñar, no para castigar. Si tuviéramos en cuenta la escala temporal geológica, veríamos que en realidad ha pasado muy poco tiempo desde que terminó el Pleistoceno, y que nuestros niños son muy parecidos a aquellos que vivían en cuevas, así que nuestro objetivo debe ser ofrecerles un ambiente rico en el que puedan satisfacerse las tendencias humanas.

La trilogía Montessori: la mente absorbente, el ambiente preparado y el adulto consciente

El objetivo de este libro es el primer plano del desarrollo, el que abarca desde el nacimiento hasta los seis años, que es además el que la doctora Montessori consideraba más importante, según explicó en sus conferencias de 1948.

En este primer plano del desarrollo la mente del niño es absorbente y le permite una capacidad de aprendizaje inconmensurable en todos los sentidos, tanto en el de adquisición de conocimientos como en el de asimilación de la moral y la cultura de la sociedad en la que vive inmerso el niño. Al contrario que los adultos, que necesitamos reflexionar sobre nuestras experiencias para poder interiorizarlas, la mente del niño actúa, en los tres primeros años, como una cámara de fotos que, inconsciente e instantáneamente, fija en su memoria todo lo que le acontece, primero empapándose de información, como una esponja, y después analizándola. En los tres años siguientes el niño irá adquiriendo poco a poco más consciencia, querrá aprender algo y pondrá todo su empeño en lograrlo.

Gracias a las necesidades que tiene en este momento (movimiento, orden, uso de la mano y los sentidos, lenguaje), el niño puede absorber e interiorizar todas las características de su ambiente, los tres primeros años de

Pelar huevos es una de las presentaciones preferidas de los niños de un ambiente Montessori de comunidad infantil. Podemos prepararlo en una bandeja si son pequeños y simplemente dejar a su alcance lo necesario (a partir de los tres años aproximadamente).

forma completamente inconsciente y después de manera consciente. Esta es una etapa clave en el desarrollo porque en ella se produce la adaptación del niño a la familia y, por ende, al grupo cultural al que pertenece, es decir, se construye su sentido de pertenencia.

Como ya he mencionado, muchos conflictos los causa el hecho de que no sepamos distinguir los periodos sensibles porque no hemos entendido cómo funciona la mente absorbente. Por ejemplo, debido al periodo sensible del orden, que poco tiene que ver, para nuestro disgusto, con ordenar juguetes, como a nosotros nos gustaría, y mucho con la seguridad y la estructura, a los niños les dan numerosas rabietas en torno a los dos años. Y no me refiero a rabietas porque no quieren ordenar los juguetes —estas ya veremos cómo enfocarlas o prevenirlas—, sino más bien al deseo del niño de que las cosas permanezcan constantes.

¿Te acuerdas de la rabieta por el paso de cebra cambiado? Está relacionada con este tipo de orden.

Notarás que un niño entra en este periodo sensible porque tiene mucho interés en colocar las cosas siempre de la misma manera, nota cualquier cambio que se haga en la casa y, por ejemplo, reparte sus zapatos a cada miembro de la familia.

No todos los niños son iguales, y algunos se muestran más flexibles que otros respecto al orden. A algunos una pequeña alteración de la rutina los descoloca muchísimo, mientras que otros la aceptan con mayor tolerancia, pero todos necesitan que las cosas que conocen permanezcan constantes. Esto les da seguridad y les ayuda a entender la realidad a la que tienen que adaptarse.

Aplíquese lo dicho a los plátanos partidos por la mitad o a las galletas rotas del paquete. Los niños de dos años son así. Toca recargarse de su entusiasmo desbordante y guardarlo para cuando nos expriman la paciencia. Si estás en esta etapa, créeme, la echarás de menos cuando haya terminado.

Imagina que de repente llegas a otro país donde todas las normas culturas son distintas de las que tú conoces, y que, por ejemplo, en las calles no hay pares o impares, sino que los portales se numeran con una serie de números primos. Imagina cómo te sentirías si te perdieras y no lograras encontrar la dirección que buscas.

¿Te gustaría que viniera alguien y te regañara, te castigara o te gritara por llegar tarde? ¿O preferirías que te consolara y acompañara y en un momento tranquilo te explicara cómo funcionan las cosas?

Acuérdate de esa sensación de desamparo y confusión la próxima vez que tu peque tenga una rabieta por algo relacionado con el periodo sensible del orden o cualquier otro motivo que no alcanzas a ver. Dale la vuelta a su rabieta con humor, háblale de la maldición del plátano partido o las galletas que no querían ser redondas, pero nunca minimices sus pequeños problemas porque para él son enormes.

No me gustaría terminar este apartado sin apuntar un dato que se refleja en el libro *Un ser humano*, de Silvana Quattrocchi, discípula de Maria Montessori y continuadora de su obra en la etapa infantil. La autora expone que existen una serie de crisis del desarrollo que pueden relacionarse en gran medida con el concepto de los periodos sensibles. Son las siguientes (para Silvana, alimentación complementaria y destete se engloban dentro de una sola crisis, destete, pero yo las he dividido así):

- La crisis del nacimiento: Se desencadena cuando el niño experimenta la separación vital de la madre, y deja de respirar a través del cordón umbilical para iniciar la respiración pulmonar.
- La crisis de la alimentación complementaria: Es la causada por el inicio de la separación alimentaria de la madre al comenzar el niño la masticación hacia los seis meses; con ello el pequeño da un paso más en su separación, pues ahora puede tomar otros alimentos además de la leche materna.
- La crisis del movimiento: Aflora cuando se produce la separación física de su madre con el inicio del movimiento, primero con el gateo y más adelante con la bipedestación (aproximadamente entre los doce y los dieciocho meses).

- La crisis de la oposición o «crisis del reconocimiento del ego»: Se da hacia los dos años y medio o los tres años, en el periodo que se conoce popularmente como los terribles dos o las famosas rabietas (yo prefiero llamarlo «aDOSlescencia», porque no creo que los niños de dos años sean terribles, sino que son absolutamente maravillosos y están muy conectados con su esencia. Si te dan un abrazo, te lo dan de corazón, si sonríen, lo hacen con alegría. Más adelante pueden estar más influenciados por su grupo social, pero en este momento son, digamos, puros). Es el momento en el que los niños empiezan a separarse emocionalmente de su madre, comienzan a sentir que son personas independientes, y la vía que tienen para intentar ponerlo en práctica es negar al otro. ¡Lo malo es que «el otro» solemos ser los padres!

Seguramente habéis vivido estas crisis con vuestros hijos, o quizá las habéis visto en sobrinos o hijos de amigos. La última etapa, especialmente, puede provocar cierto rechazo, pero es algo tan natural en el niño como el respirar, el comer o el andar. Es un indicio de su salud emocional, de que tiene la confianza suficiente para expresar su frustración y su malestar, su enfado y su ira.

Lo ideal es que todas estas separaciones se sucedan «en *continuum*» (término acuñado por Jean Liedloff y

Cuanto más sencillo y despejado es un ambiente, más fácil es mantener el orden.

que viene a significar «paso a paso cuando la situación lo vaya permitiendo»). Es decir, en el instante en que el niño empieza a respirar sería ideal que siguiera unido por la placenta sin cortar inmediatamente el cordón umbilical; cuando empieza a tomar alimentación complementaria sería ideal que fuera eso, un complemento de la lactancia, y que durante mucho tiempo se mantuvieran ambas; cuando comienza a gatear y andar, continúa siendo necesario que le proporcionemos contacto físico si nos lo pide. Exactamente igual pasa con la última de las crisis: el niño empieza a volar solo y eso, aunque difícil en ocasiones, es algo maravilloso de acompañar. Una vez mi hija mayor, que tenía dos años, me dijo, muy seria y enfadada: «Ya no te quiero, me voy a vivir a mi casita de la terraza». Un minuto después volvió y me preguntó: «¿Me acompañas?». Nos dimos un abrazo y el enfado se disipó al instante. A los dos años los problemas se resuelven muy fácilmente.

Por otro lado, para poder desarrollar su mente absorbente a través de los periodos sensibles (que como ya he dicho son ventanas de oportunidad en los que el niño se ve empujado a realizar acciones concretas hasta que desarrolla una habilidad determinada, que le es del todo imprescindible aprender en ese momento), el niño necesita un espacio vital en el que pueda moverse y aprender con total libertad. Sin un ambiente preparado a veces el niño se

siente frustrado, agobiado y falto de pertenencia y conexión.

Me leo y me recuerdo a mí misma cuando veía las preciosas escuelas Montessori y sabía que mis hijas no podrían disfrutarlas, o pensaba en casas con unas magníficas habitaciones del tamaño de mi piso entero con los maravillosos materiales ordenados en bellísimas estanterías ¡Hasta notaba lo bien que olían! Con esto del ambiente preparado pasa lo mismo que con los periodos sensibles. Os voy a explicar por qué no merece la pena tener sentimientos de culpa.

El ambiente preparado es distinto en una escuela y en un hogar. En nuestro caso, trataremos de que nuestra casa no sea un terreno hostil para el niño, sino un lugar en el que se sienta incluido, sienta que pertenece al lugar donde vive, y que le permita la máxima autonomía que podamos ofrecerle en función del punto de desarrollo en el que se encuentre.

Ya he contado al principio del libro que llegué al sistema Montessori por la decoración infantil, pero me quedé por lo demás, por el respeto y el sentido de pertenencia que desarrolla en el niño. Aunque a veces, al ver fotos, sigo imaginándome lo bien que huelen los materiales, hoy sé que Montessori es mucho más que eso.

No hace falta ni un solo material para poner en práctica el planteamiento Montessori, pero sí uno o varios adultos que acompañen al niño en los distintos procesos. La figura de apego de un recién nacido suele ser su madre, pero el pequeño pronto irá relacionándose con uno o más cuidadores secundarios.

Es preciso que nosotros, los adultos, seamos las mejores personas que podamos llegar a ser, cosa que resulta mucho más difícil y no se puede comprar en internet. Los adultos, es decir, nosotros, los padres del niño, debemos observar, reconocer la fase de desarrollo en la que está el niño y conectar con él para que la mente absorbente pueda desarrollarse en armonía, y así favorecer el desarrollo del niño en todos los sentidos: el pequeño adquirirá autonomía, voluntad y destrezas. Pero, sobre todo, los adultos tenemos que hacer un trabajo personal enorme con el fin de ser un ejemplo para el niño.

Probablemente esta sea la tarea más complicada de nuestra vida. Somos padres 24 horas al día, 7 días a la semana y 365 días al año, sin apenas descansos ni vacaciones (las vacaciones consisten en cuidar niños en otros lugares distintos), así que tendremos que buscar algunos ratitos para dedicarlos al autocuidado, porque no podemos cuidar si no nos cuidamos. Aceptar que es imposible llegar a todo y que somos seres humanos antes que padres es esencial. Quizá te parezca una postura egoísta, pero es todo lo contrario: cuidarnos para cuidar es un acto de amor. Si tu avión tuviera problemas en pleno vuelo, te pedirían que te pusieras la mascarilla tú primero para poder atender a los niños a tu cargo. Llenarte de oxígeno para seguir cuidando es verdaderamente un acto de generosidad, no de egoísmo. Aceptar nuestros sentimientos nos permite estar presentes con los cinco sentidos cuando interactuamos con nuestros hijos. Cuidarse es, además, pasar un rato con el niño que llevamos dentro, que también nos necesita, y mucho.

Y no siempre es necesario un tiempo a solas. También nos formamos a nosotros mismos cuando estamos con los niños, cuando jugamos, reímos, cantamos, nos ensuciamos, saltamos en los charcos y nos divertimos haciendo muecas. Nos ponemos a su nivel y modelamos nuestra imperfección, mostrando que somos humanos, igual que ellos. El hecho de conectar con el niño que fuimos nos ayuda a conectarnos con el niño que tenemos delante, y ya sabes que antes de cualquier corrección, debemos poner toda nuestra atención en la conexión.

Adaptar los principios Montessori a nuestra crianza

Espero haberte ayudado a entender un poco mejor en qué consiste exactamente el planteamiento Montessori; aun así supongo que todavía te preguntas cómo empezar en tu casa. Vamos a revisar juntos los principios del método Montessori en esta etapa:

> **Los niños tienen necesidad de contacto con la naturaleza y el mundo real.** Tienen mucho interés por el aprendizaje, cada pequeño descubrimiento es emocionante para ellos, y podemos aprovechar el día a día para cultivar sus ganas de aprender, para no dejar que se apague la llama de la curiosidad. Uno de los mejores lugares para conseguirlo es la naturaleza, donde no hace falta complicarse mucho.

> **Los niños aprenden a través de los sentidos.** El aprendizaje vivencial es el más rico en todas las edades, pero en la primera infancia es esencial aprender tocando, sintiendo, oliendo, escuchando. Lo que nos diferencia de nuestros primos los orangutanes es algo más que el pelo, que también: el pulgar oponible. Fue la mano lo que nos permitió construir herramientas, controlar el fuego, arar los campos, domesticar animales y comunicarnos de forma trascendente. Y no me refiero a chatear en tiempo real

con el móvil sino más bien a las pinturas rupestres. Los materiales manipulativos son tan importantes para la conexión de los dos hemisferios cerebrales que no deberíamos sustituirlos nunca por pantallas, principalmente por el coste en oportunidades perdidas que tiene el hecho de no estar experimentando (para profundizar en este tema puedes consultar el libro de Álvaro Bilbao referenciado en la bibliografía).

> **Los niños tienen derecho a expresarse y a vivir relaciones horizontales.** Esto no significa que los niños pueden *hacer lo que quieran*, sino que alude, más bien, a la necesidad de llegar a acuerdos, incluirlos en nuestras decisiones y, cuando esto no sea posible porque son demasiado pequeños, tratar sus frustraciones con respeto. Los niños no son ciudadanos de segunda clase, o no deberían serlo. Son personas que están haciendo un trabajo muy importante: están construyendo a las personas del mañana, las que van a cambiar nuestro mundo. Mejor dicho, se están construyendo a sí mismos y por ello requieren nuestro respeto.

> **Los niños pueden ser libres e independientes.** Cuando son todavía muy pequeños debemos informarlos de los límites que existen y acompañarlos en sus frustraciones o redirigirlos según la situación. A partir de los tres o

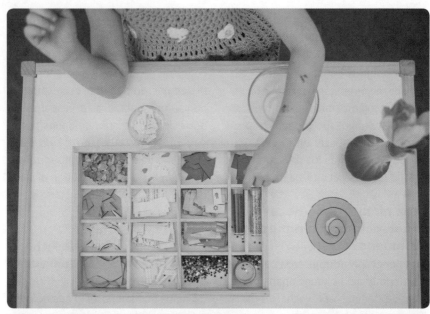

La cajita *collage* es una de las actividades preferidas de mis niñas; recortan papelitos y en vez de tirarlos los guardan y con un poco de cola y pincel hacen preciosas creaciones.

cuatro años podemos empezar a negociar los límites con ellos. Igual crees que estoy un poco loca por decir esto. Volveremos pronto a hablar de ello, de mi locura no, de los límites, y te demostraré que no es ningún disparate en los próximos capítulos.

A veces vienen a hablar conmigo algunos padres llenos de dudas. «Le he presentado la torre rosa a mi hijo de dos años y se ha dedicado a lanzar los cubos. No sé qué hacer. ¿No la hace bien porque va a una escuela infantil tradicional o es que no es un niño Montessori?», me dicen, o: «Le he ofrecido a mi peque vasos de cristal y los ha roto todos. Estoy muy enfadada y frustrada. El sistema Montessori no funciona con mi hijo», o: «He intentado cocinar con mi hijo y lo ha derramado todo por el suelo. He tardado más en limpiarlo de lo que habría tardado en hacerlo yo solo». Yo suelo contestarles que son unos padres magníficos y que los resultados no son fáciles de ver a corto plazo. Lo que yo querría realmente es darles un fuerte abrazo. ¡Quién no se ha sentido mal alguna vez en su papel de padre o madre!

En los siguientes capítulos profundizaremos en todo esto, que no tiene tanto que ver con las aptitudes del niño como con nuestros conocimientos y expectativas sobre el desarrollo infantil. ¿Le hace falta a un niño de menos de dos años una torre rosa o le vendría mejor moverse y pasar cuanto más tiempo mejor interactuando con

sus padres? ¿Le ofrecemos a un niño una vajilla de cristal para demostrarle que confiamos en él, en que será capaz de anticiparse y ser dueño de sus errores y que, en consecuencia, ganará en autonomía? ¿Lo incluimos en las actividades diarias porque queremos transmitirle pertenencia y la importancia de la práctica para lograr un objetivo, o lo hacemos por otro motivo?

Y lo más importante: ¿cómo reaccionamos ante estos errores: demostrando amor incondicional y aprovechándolos como oportunidades o juzgando las acciones de los niños y a ellos mismos? Podemos criarlos pensando que nuestros hijos son seres únicos o que son una prolongación de nuestro ego, y la mayoría de las veces pensaremos esto último de forma inconsciente. Que nuestros hijos e hijas crezcan con miedo a decepcionarnos puede provocar que dejen de ser ellos mismos, de seguir su maestro interior y de encontrar su paz, su armonía y su serenidad.

Sea cual sea tu motivación, voy a intentar dar respuesta a tus inquietudes en los próximos capítulos. Adaptar el planteamiento Montessori puede ser o muy sencillo o muy difícil, quien lo decidirá será tu actitud. ¿Crees que los niños tienen el mismo estatus que tú, que debes procurar que sientan que participan en la vida familiar, que has de tener en cuenta sus opiniones, dándoles la importancia que merecen, y valorar sus actos? Quizá te parece que es demasiado, que a ti no te educaron así y no estás tan mal. Los seres humanos somos resilientes y esto es magnífico. Podemos darles las gracias a nuestros padres por habernos criado como supieron y a nuestros hijos por animarnos a hacerlo todavía mejor.

Te recomiendo que vuelvas a la introducción. ¿Cómo te gustaría que fuera tu hijo en el futuro? Piensa en tu forma de comportarte, en los aspectos de tu conducta que pueden contribuir a que tu hijo se convierta en este ideal y en los que no. ¿Crees ahora que es importante darle a tu hijo o hija el lugar que se merece en la familia? Genial, sigue leyendo.

CAMBIEMOS NUESTRA FORMA DE ENTENDER LA INFANCIA

El primer periodo de la vida es el de la adaptación. [...]
La adaptación biológica del niño es la absorción del
lugar en que ha nacido.

MARIA MONTESSORI, *La mente absorbente del niño*

La exterogestación

La evolución es un proceso complejo y que se prolonga en el tiempo. Hoy se sabe que una vez que el ser humano empezó a caminar erguido, y por tanto los fetos empezaron a nacer con un peso menor debido al estrechamiento de la pelvis, comenzó el desarrollo cerebral más complejo.

Si nos fijamos en las crías de otros mamíferos nos daremos cuenta enseguida de que los humanos nacemos con un desarrollo físico muy distinto al de, por ejemplo, los cachorros de gato o incluso de orangután, y necesitamos un tiempo más largo para llegar a ser independientes. Y no, no me refiero a vivir con nuestros padres hasta los cuarenta años, sino a que hasta los nueve meses no empezamos a movernos de forma autónoma. Lo que ha previsto la naturaleza para estos primeros nueve meses es un contacto estrecho del bebé con sus padres. Los marsupiales nacen muy prematuros y tienen un periodo de exterogestación dentro de la bolsa ventral de sus madres. Con los bebés humanos pasa algo parecido: las madres no tenemos marsupio, pero tenemos brazos y aunque ya no estamos cubiertas de pelo para que nuestros peques se agarren, disponemos de unas manos que nos permiten sostenerlos y crear inventos, como los portabebés, para facilitarnos la tarea.

A veces los padres nos quejamos de lo mucho que nos necesitan los bebés recién nacidos, pero que levante la mano la madre que hubiera querido gestar nueve meses más después de la fecha probable de parto. Ajá, ninguna. Me lo imaginaba.

Estamos todos de acuerdo, por lo menos las madres que estéis a punto de parir, en que nueve meses de embarazo son más que suficientes para cualquier mujer, pero también en que los niños nacen inmaduros y precisan unos cuidados determinados durante un tiempo después del parto: necesitan un periodo de exterogestación, que dura unos tres, nueve o doce meses, según los distintos especialistas. A mí me parece razonable acotar este periodo en nueve meses, pues nueve meses es la edad en que muchos niños empiezan a gatear y desplazarse por sí mismos, a comer con las manos y a comunicarse de forma más o menos eficaz aun sin articular apenas palabras.

Los primeros meses de vida nuestros órganos crecen a un ritmo acelerado. Es notable la inmadurez del recién nacido en todos los sistemas (motriz, digestivo, neuronal, inmunológico, etc.). Si tu bebé sufrió, además, cólicos sabrás de qué estoy hablando: de lo frustrante y doloroso que es ver llorar a tu hijo sin poder hacer otra cosa que mecerlo y acompañarlo. Tal vez, además de cargarlo en brazos, te habrá sido útil usar un portabebés del tipo que sea para calmarle.

Hablaremos más adelante del porteo, pero de momento quiero anticiparte que, además de la necesidad física de ser llevados en brazos, los bebés tienen también una necesidad emocional: desarrollar un apego seguro. Cuanta más interacción exista entre el bebé y sus padres, más fácilmente desarrollará el pequeño una relación de apego seguro con ellos. Asimismo, cuanto mayor sea la interacción, mejor conoceremos a nuestro hijo, y disponer de más información nos ayudará a proporcionarle lo que necesita y nos hará más sencillo aplicar la máxima Montessori de seguir al niño. Esto no quiere decir que si no porteas a tu hijo por el motivo que sea —por tu salud o porque el bebé no quiera—, no vaya a desarrollarse un apego seguro, sino que el porteo es una herramienta más para lograrlo, no la única. ¡Y es especialmente útil cuando tienes más de un hijo o hija!

Nacidos para adaptarse

Decía Maria Montessori: «El instinto más grande de los niños es precisamente liberarse del adulto». Para mí esta afirmación es totalmente cierta y muy fácil de entender cuando nos sentamos a observar a niños pequeños (y a niños mayores, y adolescentes…).

¿Te acuerdas de que en el capítulo anterior te hablaba del periodo de los tres primeros años de vida, que Maria Montessori consideraba clave? La exterogestación está dentro de este periodo y tiene una ventaja competitiva increíble. En estos tres primeros años se desarrolla lo que Maria Montessori llamaba el embrión espiritual. Para ella el hombre tenía dos fases embrionarias: la que tienen todos los mamíferos dentro del cuerpo de su madre y una segunda fase, exclusiva de los seres humanos, que es la que permite al niño adaptarse al ambiente físico, social y cultural al que ha venido a vivir. Que el medio al que tiene que adaptarse sea un nido de amor o un ambiente hostil depende, en parte, de nosotros. Nunca debemos perder de vista que la mente absorbente lo asimila todo, lo positivo y lo negativo, de modo que si damos amor, asimilará que la vida es dar amor, si propiciamos un ambiente de calma, estaremos educando para la paz.

Al principio en nuestros brazos y separándose poco a poco después, nuestro pequeñín se nutre del lenguaje, las costumbres, la moral, las sensaciones y las texturas del mundo que lo rodea. La sonrisa del frutero que le dice cositas, las palabras de la señora que se acerca para felicitarte, los juegos de los hermanitos a su alrededor. En *La mente absorbente del niño*, Maria Montessori decía al respecto: «En la mayor parte de los países, el niño acompaña a la madre dondequiera que vaya, madre e hijo son la misma cosa, como un solo cuerpo. Por la calle, la madre habla y el niño escucha». Todo ello lo absorbe y lo interioriza de forma inconsciente y configurará parte de su personalidad de adulto.

Pero, regresemos por un momento a nuestro pequeño *Homo sapiens*.

¿Montessori antes de nacer?

Una amiga matrona me dijo un día que se había dado cuenta de que lo que explico sobre la filosofía Montessori está muy relacionado con su forma de trabajar: un buen ambiente preparado en el que la madre se sienta segura y tenga libertad de movimiento y elección, la confianza en la naturaleza (las capacidades de la mamá y el bebé) y el adulto conectado, que observa sin intervenir y cuida el proceso, que acompaña, en definitiva. Y es que en realidad la vida de los niños no empieza el día que nacen, pues durante nueve meses han vivido dentro del cuerpo de su madre en perfecta simbiosis con ella. Me gustaría hablar por eso de cinco necesidades, las cinco C de este periodo.

Calma: Ahora sabemos que el estrés afecta negativamente a la madre y por tanto al feto, así que nuestra prioridad debe ser conseguir un ambiente en el que nos sintamos tranquilas, sin preocupaciones de ningún tipo, donde podamos concentrarnos en el privilegio que es dar vida.

Contacto: Los bebés ya tienen el sentido del tacto muy desarrollado durante el embarazo. El contacto es una forma maravillosa de comunicarnos con ellos, de modo que tocarlos, abrazarlos, acariciarlos, tanto las madres como los padres y los hermanos, es una de las principales maneras de construir el vínculo con ellos.

Conversación: Antes de nacer, los niños ya entran en un periodo sensible del lenguaje, así que las palabras y la música que les podamos hacer llegar serán positivas para ellos. Recuerdo perfectamente que cuando nació mi hija pequeña llamamos enseguida a mi madre para que trajera a las dos mayores. Mientras le explicábamos que todo había ido perfectamente, la bebé permaneció dormida, pero cuando se pusieron al teléfono sus hermanas se despertó y abrió los ojos al momento, con una expresión de absoluto placer. Había reconocido sus voces al instante. También es muy recomendable que los niños escuchen canciones, cuentos y música a través de nosotras.

Conexión: En el fondo todos los seres humanos queremos sentirnos conectados los unos con los otros, incluso antes de nacer. Mediante la calma, el contacto y la conversación podremos lograr la conexión necesaria. También durante el parto podemos estar conectadas con el bebé, explicándole lo que está pasando, lo que va a pasar y cuáles son nuestros sentimientos. Así el bebé sabrá que se lo tiene en cuenta. A lo mejor piensas que nada de esto es necesario, que la vida prenatal no es tan importante; en este caso te animo a que abras un poco la mente al respecto. Creo que los niños son parte activa del proceso, no meros espectadores pasivos.

Confianza: El método Montessori siempre confía en el niño y en el proceso, y con el embarazo y el parto pasa algo similar. No siempre es fácil, sobre todo si tú o alguna conocida habéis tenido experiencias complicadas previas, pero puede ser muy valioso para el niño que la madre confíe en que el bebé sabe nacer y ella sabe parir.

Maria Montessori ya apostaba por el contacto íntimo de la madre y el hijo en el momento inmediatamente posterior al nacimiento. Salvo en casos muy extremos, este contacto piel con piel tras el nacimiento debería ser un derecho del bebé, pues es realmente lo que está esperando el niño nada más nacer: un ambiente preparado similar al que conocía y la posibilidad de explorarlo (aunque sean unos pocos centímetros).

Por otro lado, lo ideal sería que el parto fuera lo menos intervenido posible. No todos los nacimientos son iguales, tampoco lo son todas las madres, pero un nacimiento tranquilo, calmado y sin ninguna separación es muy positivo para los niños. Además, puede darse la circunstancia de que un parto con instrumental o cesárea repercuta en los reflejos primitivos del bebé, razón suficiente para intentar evitarlo. Por todo ello, si estás esperando un bebé, te aconsejo que te informes de qué opciones de nacimiento son más respetuosas con el ritmo del bebé. ¡Feliz encuentro! En el caso de que tu hijo haya nacido ya y el parto fuera intervenido, encontrarás información sobre estos reflejos en el libro *El niño bien equilibrado*, de Sally Goddard Blythe.

¿Te imaginas que pasara por allí una señora, un poco más peluda que las personas actuales, diciendo: «Se te va a acostumbrar a los brazos»?

Estos primeros años son, pues, fundamentales para el desarrollo de los bebés de nuestra especie. Los animales no pueden manipular el ambiente a su antojo, los seres humanos sí. Tenemos manos capaces de fabricar cosas y mentes capaces de imaginarlas y crearlas. Ese es el verdadero objetivo

El llamado *topponcino* es un colchoncito firme y a la vez suave, muy útil para que los hermanos mayores puedan tomar a los bebés y después depositarlos en superficies también horizontales.

de la mente absorbente del niño: adaptarse.

Como te decía en el capítulo anterior, cada vez que tu hijo haga algo que supere los límites que has acordado para él, acuérdate de lo que necesitaría si fuera ese bebé *Homo sapiens*.

La larga infancia

Por otro lado, los humanos tenemos una infancia larga. Se trata de un periodo extenso, que dura varios años, en el que los niños requieren mucha energía y atención de sus padres. A diferencia de los animales con los que tenemos más semejanzas, los primates, los seres humanos crecemos durante un tiempo muy largo, y la vejez y la muerte nos llegan más tarde. Este proceso, denominado neotenia, es un fenómeno biológico por el que se retrasa la aparición de los caracteres adultos en algunas especies, llegándose a mantener algunas de las características juveniles. Es lo que nos permite adaptarnos mejor al medio y es también el motivo por el que los padres de hijos menores de seis años parecemos domadores del circo y controladores aéreos, todo a la vez. Y sin derecho a huelga.

Conviene subrayar que es la exterogestación, junto con la neotenia, lo que realmente ha permitido al ser humano llegar donde está. Nacer prematuros nos faculta para pasar por las estrechas pelvis de nuestras madres, y que nuestro cerebro madure fundamentalmente fuera del útero hace que alcance un tamaño y un nivel de desarrollo muy superiores al del resto de los animales. Pero ninguno de estos hechos sería posible si nuestros padres, protegidos y sostenidos por su tribu de iguales, no nos cargaran en brazos todo el tiempo hasta que dejáramos de necesitarlos progresivamente. Lo que a priori puede ser un inconveniente (el trabajo que lleva criar durante muchos años) es realmente la ventaja adaptativa que tenemos los seres humanos; por eso nuestro aprendizaje no se equipara al de ningún otro animal. El ser humano tiene una capacidad mucho mayor de aprendizaje y, además, sigue aprendiendo durante toda su vida. Los padres de nuestro pequeño *Homo sapiens* no tenían agua caliente, pero vivían en una tribu. Sus hijos no necesitaban estimulación temprana ni clases de inglés para bebés, observando y practicando es como absorbían todo lo necesario para vivir en la tribu.

Además, un niño nacido en una tribu aislada y otro nacido en una ciudad moderna serían perfectamente intercambiables, siempre que el cambio se produjera en los primeros años de vida, pues esa es la función de la mente absorbente: permitir la adaptación del niño a su contexto.

Sin embargo, no te voy a animar a que te vayas a vivir a una aldea en el desierto sin agua caliente, pero sí te recomiendo que busques otras familias en las que poder apoyarte cuando lo necesites si aún no lo has hecho. Su soporte es lo que te permitirá cuidarte y progresar.

Por otro lado, cuando el comportamiento de tu peque sea inadecuado según el criterio de nuestra sociedad, recuerda que su material genético es prácticamente igual que el del primer *Homo sapiens* y sé comprensivo. La cultura va mucho más deprisa que la biología, y lo único que hacen los niños es seguir su naturaleza.

Dormir, comer, moverse, asearse, vestirse, ¿una elección?

Y ahora que sabemos de dónde venimos, pensemos adónde vamos o, dicho de otro modo, ¿qué decisiones está tomando mi hijo?

Los niños, a los que hemos considerado durante años ciudadanos de segunda, son infravalorados constantemente. Hemos perdido la fe en la infancia y nos hemos nutrido de mitos sobre los niños, mitos como estos: que no pueden concentrarse mucho rato, que no están preparados para entender conceptos complejos, que no tienen criterio y necesitan nuestra ayuda para todo y que no son capaces de seguir instrucciones sin premios ni castigos, ni llegar a ser personas de bien sin refuerzos positivos. Para mí, todas son creencias falsas, y para comprobarlo solo hace falta prestar atención a los niños cuando son ellos los que eligen qué hacer. Obsérvalos mirar una fila de hormigas, fíjate en cómo organizan sus juegos de forma espontánea y pregúntate si no lo hacen mejor que nuestros políticos, déjales escoger su ropa y tendrán más estilo que tú mismo, y confía en ellos, dales libertad, la justa que puedan manejar, y te sorprenderás. Permíteles descubrir la vida. Te asombrarás al ver cómo se autorregulan las horas de sueño que necesitan —aunque quizá nos parezcan pocas o que tardan más años de lo que nos gustaría—, cómo aprenden a comer solo lo que les hace falta —ofreciéndoles la comida sana que deberíamos comprar y preparar en casa—, cómo se ponen a gatear y andar sin que nadie le enseñe. Pronto se estarán bañando solos, ¡incluso sin inundar el baño!, y elegirán la ropa de acuerdo con la climatología y su peculiar termómetro interior.

Durante el proceso pasarán *cosas*: habrá comida por el suelo para regocijo del perro, dirán que se han bañado, aunque tengan la cara llena de pintura y saldrán a la calle con los zapatos del revés o con botas en verano. En estos momentos tal vez te entrarán ganas de intervenir *de más*, de rescatarlos e imponer tu criterio, que a buen seguro será más juicioso que el suyo, pero será el tuyo y no el suyo. Y lo rechazarán, porque es lo que les toca hacer, porque crecer significa separarse poco a poco de los padres para formarse sus propias opiniones, para volver en algún momento a idolatrarlos, comprenderlos, empatizar con ellos y compararlos. La vida es una sucesión de ciclos, y los padres solo podemos darles a nuestros hijos, tal como dice el dicho, raíces para que sepan de dónde vienen y alas para que puedan crecer y volar. Y yo añado una frase que me dijo una persona muy especial: raíces en el cielo, para que cuando ya no estemos con ellos sigamos estando para ellos dondequiera que nos encontremos. Así que disfruta, haz fotos, decide qué batallas quieres librar, informa de los límites —pocos, pero firmes— y memoriza cada sonrisa pilla, cada gesto, cada estilismo imposible, cada fideo que despegues de la pared y piensa en el adulto que quieres que sea tu hijo y qué ejemplo le estás ofreciendo para conseguirlo. En una palabra, relativiza las cosas, piensa a largo plazo. Si quieres que tu hijo sea empático, empatiza; si quieres que tenga sentido del humor, relativiza; si quieres que sea resolutivo, déjale que supere sus propios retos; si quieres que sea respetuoso, respeta ¡y no te olvides de respetarte a ti mismo! El camino que te lleva a ser auténtico transita por los terrenos del autocuidado.

Hace unas semanas pasé un rato con mis hijas mirando fotos de sus pequeñas trastadas, que yo había ido inmortalizando siempre con humor. Sus risas eran deliciosas, contagiosas, puras y, sobre todo, agradecidas. Y puedes estar seguro de que cuando me tocaba limpiar la sopa de fideos de la pared no sentía gratitud, pero el tiempo lo suaviza todo, lo pone todo en su sitio. Como dice mi amiga Jessica, «Respira, serás madre o padre toda tu vida».

Cómo aprenden los niños

Te podría contar muchas cosas sobre la forma de aprender de los niños, sobre el funcionamiento de su cerebro o sobre las inteligencias múltiples, pero no quiero hablarte de eso ahora. Solo te diré, a modo de resumen, que los niños aprenden practicando y observando, es decir, de manera constante y sin darse cuenta porque lo hacen mediante el juego y la conversación, mediante lo que les provoca emoción, ¡y los niños pequeños viven intensamente las emociones!

Para desarrollar nuevas habilidades tienen que practicarlas, y no me refiero a hacer caligrafía para mejorar la letra, me refiero a tomar decisiones, resolver situaciones complejas, superar retos y aprender de los errores. ¿Recuerdas a tu hijo ideal? Pues para que llegue a ese nivel de perfección —aunque imaginaria— tiene que equivocarse mucho, esforzarse mucho y frustrarse mucho. Pero no te dediques a frustrarle adrede para que practique, no es necesario. La vida ofrece múltiples oportunidades de frustrarse sin que nadie intervenga, y precisamente con no intervenir quiero decir no rescatar, no facilitar en exceso. Los niños necesitan tener la cantidad precisa de retos que puedan manejar. ¿Y qué cantidad es esa? Ni idea. Eso es lo más increíble de la paternidad, que no hay respuestas concretas. Al contrario, como guía solo contamos con el lema «lo que funciona hoy no funciona mañana», junto a «sigue al niño», aderezado con un montón de errores que son oportunidades de aprendizaje y algún que otro viaje imaginario al Caribe.

La segunda parte del aprendizaje es la observación. Hemos hablado antes de la mente absorbente, que es el tipo de mente que tienen los niños, la que está todo el rato fisgando por una ventana indiscreta a ver qué haces. Es muy selectiva: cuando te preparas un batido de espinacas el niño no querrá imitarte seguramente, pero ¡ay! si un día dices una palabrota, eso le va a encantar, y la repetirá hasta la saciedad. Así es, tu ejemplo es lo más poderoso, pero no te culpes.

No pienses en las veces que has gritado o has dicho palabrotas. Tienes una responsabilidad consciente, claro que sí, una responsabilidad que te lleva a aprender de los errores. Hay una técnica ideal para conseguirlo, la técnica de las tres R: Reconoce, Repara, Resuelve, que funciona así: «Me he equivocado al meterte prisa para llegar a clase, lo siento. ¿Qué podríamos hacer para llegar a tiempo?».

Créeme, el ejemplo de cómo se procede cuando te equivocas es uno de los ejemplos más maravillosos que puedes ofrecerle. Dudo de que en la lista de cualidades de tu hijo ideal escribieras «perfecto»; más bien anotaste «feliz», ¿verdad? Las personas felices aman sus imperfecciones, empieza a amar las tuyas.

Montessori hoy según la ciencia

La mayoría de las teorías que la doctora Montessori había formulado a través de la observación de los pequeños hoy se han confirmado gracias a los avances de la ciencia. En el siglo pasado no había instrumentos específicos para medir los parámetros que hoy estudia la ciencia, pero las investigaciones de Maria Montessori, llevadas a cabo mediante la observación y la experiencia, han sido ya contrastadas. Se sabe que el cerebro es como una gran esponja que absorbe conocimiento, especialmente en los primeros años de vida, y lo que hoy llamamos plasticidad cerebral en la infancia es lo que la doctora Montessori llamó «mente absorbente». Se sabe que aprendemos a través de ventanas de oportunidad, es decir, los periodos sensibles, y al respecto se ha investigado sobre todo el periodo sensible del lenguaje. Se sabe que el desarrollo cerebral continúa hasta los veinticuatro años aproximadamente, tal como observó la doctora Montessori, y que el cerebro aprende mejor cuando el niño se emociona, cuando el aprendizaje se hace con pasión y cuando el pequeño elige, además de que con la repetición se crean nuevas rutas cerebrales. Se sabe que se produce un cambio en la estructura cerebral de los adolescentes, y se sabe, lamentablemente, que la escuela tradicional ya no responde a las necesidades del siglo XXI.

En el libro *Montessori: The Science behind the Genious*, de Angeline Stoll Lillard, podemos encontrar una revisión científica del método Montessori, en concreto de estos ocho principios: movimiento, elección, interés, motivación intrínseca, cooperación, contexto concreto, adulto como guía y orden. Con relación a dichos principios, la ciencia ya ha demostrado lo siguiente:

• El movimiento y el aprendizaje están totalmente relacionados.
• El aprendizaje y el bienestar mejoran cuando las personas sienten que pueden elegir, que tienen el control de su vida.
• Las personas aprenden mejor cuando les interesa lo que están estudiando, cuando es significativo para ellas.
• Las recompensas externas influyen negativamente en la motivación intrínseca por la tarea.
• El trabajo colaborativo favorece el aprendizaje; aprender con y de los iguales es beneficioso.
• El aprendizaje de hechos concretos y que tengan relación con las vivencias de las personas redunda en aprendizajes más ricos que los adquiridos en contextos abstractos.
• La interacción con el adulto, cuando es firme y amable a un tiempo, está asociada con una mejora en el desempeño de los niños.
• El orden en el ambiente favorece a los niños.

Silvia Dubovoy, entrenadora AMI (Asociación Montessori Internacional, creada por la propia María Montessori) y uno de los mayores referentes en el sistema Montessori en la actualidad, también relaciona este sistema pedagógico con la neurociencia, que ha demostrado la gran importancia que tienen los tres primeros años de vida en el desarrollo cerebral del niño.

Los niños no solo necesitan protección física, también requieren protección emocional y espiritual. Cuando se comportan de una determinada manera lo hacen siguiendo las leyes de la naturaleza y si no tienen a un adulto que los acompañe o un ambiente preparado adecuado, se verán inmersos en un conflicto de intereses. En el primer periodo de su vida, los niños aprenden de esta manera siguiendo su naturaleza interior para poder adaptarse, como vimos con el ejemplo del lenguaje: nadie les enseña a hablar un idioma concreto, sino que son ellos quienes lo absorben de su entorno.

Las recientes investigaciones en neurociencia afirman que nacemos con lo que la doctora Montessori ya intuía, una mente absorbente. Esto significa que, aunque nacemos con una cantidad relativamente escasa de conexiones neuronales, en torno a 2.500 sinapsis, dichas conexiones se reproducirán a un ritmo increíblemente rápido hasta llegar a su punto más alto, con unas 15.000 sinapsis, alrededor de los dos o tres años, cuando el tamaño del cerebro del niño equivale al 80 % del tamaño del cerebro adulto. Entonces empieza a producirse poco a poco una poda sináptica que elimina aquellas conexiones neuronales que no se utilizan. Las conexiones que queden serán las que utilicemos. De esta forma, habremos construido nuestro cerebro con nuestras experiencias, y lo seguiremos haciendo el resto de nuestra vida. Tenemos muchas neuronas para poder aprender gracias a los periodos sensibles de nuestra mente absorbente, pero una vez que ya hemos desarrollado las habilidades necesarias para esta adaptación, desechamos lo que no necesitamos. Sin embargo, las que permanecen, se mantienen con más fuerza y conexión.

Ahora se sabe que las experiencias traumáticas vividas en la infancia pueden afectar al desarrollo cerebral, de ahí que necesitemos proteger cuanto nos sea posible el aprendizaje autónomo de los niños, tal como afirmaba la doctora Montessori. Los niños que habían recibido pocos estímulos de su ambiente, que habían sido abandonados o que habían gozado poco del contacto con otros seres humanos tenían menos sinapsis o conexiones neuronales y más espacios en negro en vez de neuronas. Podemos afirmar entonces que la vía que tienen los niños para aprender es un ambiente con los estímulos adecuados, pero también con el cuidado emocional, en un entorno donde se los respete como personas.

El neuropsicólogo infantil Steve Hughes, que conoció el método Montessori como padre y ahora es un reconocido especialista en neurociencia y Montessori en la Asociación Montessori Internacional, en sus conferencias sobre el método Montessori y la neurociencia subraya que, además de ser médica, Maria Montessori era antropóloga, y de la unión de ambas disciplinas surge su método de trabajo que une la observación científica y antropológica; es decir, María Montessori observaba lo que necesitaban los niños y actuaba de forma que pudiera facilitarles el proceso de aprendizaje. Esta es la clave en el método: observar a los niños para preparar un ambiente que satisfaga sus necesidades, devolver a los pequeños su protagonismo en el aprendizaje.

Steve Hughes explica, por ejemplo, que Maria Montessori observó que todos los niños durante un tiempo practican de forma espontánea juegos de equilibrio, y que la doctora atendió esta necesidad proponiendo el juego de caminar por la línea —usando la elipse que encontramos dibujada en el suelo del aula Montessori—, que constituye una forma de propiciar el control del cuerpo y la coordinación. Ahora se sabe, gracias a los avances en neurociencia, que esta coordinación motora tiene mucho que ver con la posterior capacidad de autorregulación que desarrollan los niños en la infancia: la autorregulación comienza cuando los niños pueden controlar los movimientos de su cuerpo. Y en el ambiente preparado tienen la ocasión de ejercitar este control de manera espontánea hasta que su cuerpo o, mejor dicho, su cerebro deje de necesitarlo. Y este momento será diferente en cada niño porque cada cerebro se desarrolla a un ritmo distinto.

Hughes relaciona también la libre elección en el aula de los materiales y actividades con el hecho de que Maria Montessori pusiera de relieve el desarrollo de los sentidos. Los sentidos tienen una importancia capital en el método, y ahora se sabe que, efectivamente, los niños aprenden a través de los sentidos y a través de la elección. También aprenden por imitación, gracias a las neuronas espejo, un tipo de neuronas que facilitan los procesos de empatía y aprendizaje. Asimismo, Hughes nos habla de las funciones ejecutivas, que son actividades mentales complejas necesarias para adaptarnos al medio en el que vivimos, como la memoria de trabajo, la inhibición, la toma de decisiones y la flexibilidad. Sin nombrarlas, Montessori fue una de las pioneras en intuir su existencia décadas antes de que se reconocieran como tales. Las funciones ejecutivas sirven fundamentalmente para resolver problemas, y la doctora Montessori ya en su día nos recordaba que «no educamos a nuestros hijos para el mundo de hoy. Este mundo habrá cambiado para cuando sean mayores. Nada permite saber cuál

será su mundo. Enseñémosles a adaptarse». Un planteamiento que está de absoluta actualidad con la llegada de las nuevas tecnologías.

El doctor Hughes nos anima también a replantearnos si la enseñanza actual, en la que un profesor muestra contenidos a los alumnos y luego los examina sobre ello, es la más adecuada para el aprendizaje. Hay cosas que no pueden enseñarse de forma *académica*, como la creatividad a la hora de resolver problemas, la resiliencia emocional o la interacción con los otros, y son estas habilidades lo que van a necesitar los niños del mañana. Los contenidos que recuerden de su etapa escolar puede que no les resulten demasiado útiles, así que más bien debemos trabajar para que aprendan a aprender. Hughes, además, habla de las pantallas y de qué habría opinado Maria Montessori sobre la tecnología. Aunque son solo conjeturas, el doctor Hughes cree que habría apostado por un uso racional de la tecnología, pero no en edades tempranas, por el coste de oportunidad que tiene para el niño. Porque cuando un niño está, por ejemplo, en el periodo sensible de refinamiento sensorial necesita manipular las cosas con los dedos, no tocar una tableta; si está en el periodo sensible del lenguaje, le urge hablar con su familia, no escuchar a desconocidos a través de un ordenador. En estos casos la tecnología es una mera distracción del aprendizaje.

Para preparar una línea de la elipse solo necesitamos una tiza gruesa o un poco de cinta de carrocero en el suelo. La elipse les va a permitir refinar sus movimientos y su equilibrio mientras juegan.

Por último, y muy relacionado con la teoría adleriana (en la que se basa la disciplina positiva, de la que hablaremos a lo largo del libro), Steve Hughes nos comenta que todo el contexto de un aula Montessori está concebido como una pequeña comunidad, de la que todos los niños forman parte y a la que todos pueden contribuir. Por ejemplo, los materiales de matemáticas no son solo materiales didácticos: están pensados para que el niño pueda aprender los conceptos que enseñan solo, tras una presentación del guía, pero además sirven para que un niño mayor ayude a un niño más pequeño a entender dichos conceptos, lo cual fomenta la empatía, la contribución, la cooperación y el interés social. Y todo ello es posible gracias a las neuronas espejo.

En casa no es necesario tener materiales de matemáticas, pues la vida práctica fomenta y desarrolla esta necesidad de pertenencia y significado. Cuando uno de nuestros hijos le prepara un zumo a un hermano o nos lo prepara a los padres, se siente capaz, se siente útil, se siente parte. No hay ninguna recompensa extrínseca mejor que ese sentimiento de plenitud.

Espero que te haya resultado interesante este resumen de lo que conozco sobre neurociencia y el método Montessori. Si en algún momento de nuestra crianza queremos rebatir con argumentos las opiniones de otras personas que piensan lo contrario que nosotros, tener la evidencia científica

puede sernos útil, aunque potencialmente agotador. Sin embargo, no se trata de ponerse a estudiar neurociencia para criar a nuestros hijos; no hace falta, pues lo que se está descubriendo con la neurociencia es más o menos lo que nos dictaba el sentido común.

El adulto: nuestra actitud es clave

La necesidad de disponer de información contrastada me lleva al siguiente tema: ¿qué podemos hacer cuando los demás cuestionan nuestra actitud con nuestros hijos? Aunque mi consejo siempre ha sido y será sonreír y decir «A nosotros nos parece bien así», si el interlocutor es alguien que realmente nos importa, a veces queremos dar argumentos. Por suerte nunca he tenido esa necesidad con el padre de mis hijas, pero sí con mi entorno cercano. Cuando mi hija mayor era un bebé, decidimos hacer una transición del pecho a los alimentos sólidos sin pasar por los triturados. Es lo que se conoce como «introducción de la alimentación complementaria a demanda del bebé», o más a menudo como BLW (Baby Led Weaning). Si es la primera vez que lo oyes mencionar, tranquilo, hablaremos de ello más adelante. El caso es que a mi padre no le parecía una práctica adecuada, y el problema era que mi hija comía a menudo en su casa. Yo creía, y sigo creyendo, que el tiempo que los niños pasan con los abuelos es valiosísimo, de modo que necesitaba resolver el conflicto. En aquella época aún no había libros sobre el BLW en castellano, pero mi amiga Eloísa tenía un blog en el que trataba el tema, *Una maternidad diferente*, con muchísima información sobre su experiencia. Le mandé la información a mi padre, que se la leyó, y entendió lo que estábamos haciendo. Entonces pudimos llegar a un acuerdo respecto a las comidas en su casa e incluso propuso un par de ideas muy creativas.

Estos casos son el momento de ofrecer información. En cambio, ante una crítica gratuita, te aconsejo sonreír, dar las gracias y explicar de forma asertiva que esta es vuestra opción sin dar explicaciones que nadie va a escuchar. En los conflictos también educamos al niño con nuestro ejemplo. Es importante que seamos capaces de expresar nuestra verdad al tiempo que respetamos las verdades de los demás. Incluso en una situación extrema, por ejemplo, si un compañero de trabajo, en la hora de la comida, defendiera la violencia física, el tristemente famoso «cachete a tiempo», que a mí me produce un gran rechazo y además es un delito, lo mejor sería expresarnos sin faltarle al respeto, diciendo algo como: «Puedo entender tu necesidad de enseñar a tu hijo, y para mí la disciplina es otra cosa. Quizá podamos debatir la cuestión en algún momento». Elige tus batallas e intenta que no sean un motivo para caer en las redes del ego o del dolor de nuestra infancia.

Igual ya has adivinado que no existe ningún método para convertir a los peques en niños perfectos —de hecho, probablemente ya lo son—, no existe ningún sistema que logre que actúen como robots de un día para otro. No obstante, en estos años he aprendido que lo que sí existe es el adulto que ofrece su ejemplo, que previene y protege.

Alguna vez me han hecho consultas como la siguiente: «¿Cómo puedo evitar que mi hijo de dos años pinte el sofá con rotuladores?». Y mi respuesta siempre es la misma: «No dejes rotuladores a su alcance si no estás cerca para supervisarlo». Esa respuesta no ha sido nunca muy popular, me temo, pero es que no podemos cambiar las conductas de los demás, mucho menos las de los niños que apenas han logrado desarrollar la parte del cerebro que permite este proceso. En cambio, podemos modificar las nuestras, podemos preparar un buen ambiente y ser un ejemplo inspirador. Salvo si te pones a hacer batidos de espinacas, entonces has perdido el rodeo antes de empezarlo, vaquero.

Otra pregunta que me suelen hacer es: «Mi hijo no tolera nada bien la frustración. ¿Cómo puedo ayudarlo?». Siempre explico que ayudar en pequeños pasos funciona bien, pero que la verdadera forma de ayudarlo es asumir nuestra propia frustración por la situación, es decir, aceptar que nuestro hijo es así, no como nos gustaría que fuera.

El BLW no es la única forma de introducir la alimentación complementaria, pero probablemente sea la más divertida para ellos.

O mejor dicho, que se comporta así en esos momentos.

Decía Teresa de Calcuta: «No te preocupes si tus hijos no te escuchan, te observan todo el tiempo» y tenía más razón que una santa. Bromas aparte, el ejemplo que damos a los hijos es el legado más poderoso que vamos a dejarles. Está en tu mano decidir qué tipo de ejemplo vital vas a dejarles en herencia a tus hijos. Ojo, que esto no haga que te hundas en la culpa. Es cierto que, desde el momento en el que nace tu hijo, tienes en tus manos y en tu pecho una gran responsabilidad, pero por suerte esta responsabilidad viene aderezada con un amor incondicional por su parte. Sé benevolente con tus errores, porque cuando tú empieces a perdonarte, ellos ya los habrán olvidado por completo.

Todos querríamos, idealmente, que nuestro hijo fuera autónomo, resolutivo, con criterio propio, ¿verdad? Ahora piensa en los retos diarios, en las situaciones que te dan ganas de reservar un vuelo al Caribe, y pregúntate cómo las resuelves. ¿Qué haces, qué herramientas tienes? ¿Cómo alientas y apoyas a tu hijo? ¿Usas premios y castigos? ¿Eres humilde, cooperativo, comprensivo, flexible, consciente? ¿O simplemente sobrevives y haces lo que puedes? Lo comprendo, a mí tampoco «me da la vida» para darles una clase diaria de inteligencia emocional a mis niñas. ¿Qué hacemos entonces? Igual que utilizamos los errores como moto-

res del aprendizaje, vamos a cambiar de paradigma y vamos a utilizar los conflictos para aprender habilidades sociales y de vida. La vida moderna es así, optimizada.

Me gustaría contarte algo más. La mayoría de los padres no han tenido infancias perfectas, muchos incluso han tenido infancias terribles. Puede que hayan vivido experiencias muy traumáticas y no hayan tenido tiempo de integrarlas, y cuando de repente se convierten en padres, todas esas experiencias vuelven de repente. En general, hemos sido educados de una forma que ha aplastado nuestra autenticidad, y nuestros padres, a su vez, estaban emocionalmente heridos por su infancia cuando nos criaban a nosotros. Son dinámicas difíciles de cambiar, pero los niños nos ofrecen una gran oportunidad de hacerlo, por ellos y gracias a ellos.

Cuando nuestros hijos tienen determinadas conductas que nos perturban, es una buena idea investigar por qué aparece el desconcierto, pues estas reacciones van a interferir en la forma amorosa y respetuosa en que nos gustaría relacionarnos con nuestros hijos. Puede que tengamos recuerdos, memorias implícitas, de problemas que no conseguimos resolver en su día, lo cual condicionará mucho nuestras relaciones si no trabajamos en ello. Estos recuerdos nos van a impedir ser los padres que nos gustaría ser, pues nos hacen reproducir sin querer las actitudes que más nos afectaron en nuestra infancia y nos generan una ambivalencia emocional hacia nuestros hijos que dificulta el apego seguro.

Por ejemplo, a muchos padres nos altera profundamente el lloriqueo de nuestros hijos (cuando es la manifestación constante y notable de una emoción como el enfado, la tristeza o la frustración). Suele deberse a que este llanto (que nos parece sin sentido) nos remueve y nos lleva al llanto que derramamos nosotros a esa edad y que fue callado por un entorno opresivo y controlador de las emociones, y a las decisiones que, a raíz de eso, tomamos para sentirnos aceptados, para agradar, para pertenecer, olvidando mientras tanto quiénes éramos. Saberlo nos permite relativizar y poner toda la atención en las soluciones.

Y es que lo que no se nombra no existe. Ahora tú puedes nombrarlo, verbalizarlo, tratar de comprenderlo e integrarlo en el relato de tu vida. Esta reflexión nos libera, nos da sentido. Ser padres nos brinda una nueva oportunidad de pulir el oro que fue nuestra infancia. Si la desaprovechamos, perdemos la ocasión de ser los padres que queremos ser, pero también de avanzar en nuestro desarrollo personal. Malogramos una importante fuente de autoconocimiento que nos ayudaría a saber lo que nos limita y por qué; una fuente importante porque a todo podemos ponerle remedio mediante el conocimiento y no mediante la ignorancia.

Dice Shefali Tsabary en su libro *Padres conscientes* que el camino hacia la paternidad consciente pasa por alejarnos de nuestro ego, por dejar de proyectar en nuestros hijos lo que nos gustaría que fueran y abrazar lo que son. Es decir, por aceptarlos tal como son. Para ello es preciso que, haciendo un ejercicio de autoconocimiento, nos aceptemos a nosotros mismos. Nuestra hija mediana es un ser excepcional, es muy sensible y observadora y solemos decir que es un amplificador de lo que tenemos que trabajar en nosotros mismos. Sus hermanas también lo son, pero ella nos desconcierta especialmente. Tanto a su padre como a mí en ocasiones nos resulta muy difícil mantener con ella un estado de calma y serenidad, cosa que no nos pasa con sus hermanas. Por supuesto es la hija que más nos impulsa a crecer y mejorar, y, si me apuras, la que más hace por enseñarnos y recomponernos. Es como un espejo emocional, a la vez rebelde y complaciente, mejor dicho, actúa con rebeldía y complacencia, y eso nos provoca sentimientos difíciles de asimilar. Hay veces que a su padre le cuesta no perder los nervios en sus estallidos de rebeldía, y en cuanto a mí, no soy capaz de soportar su carácter complaciente. Llegó un día en que me di cuenta de por qué me era tan complicado interactuar con ella cuando se mostraba así: su complacencia me conectaba con mi niña interior y me producía mucha tristeza; por un lado querría decirle: «Sé como eres y te quiero igualmente», y por el otro me dolía ser consciente de la oportunidad que yo no tuve y de ver que sin querer se repetía la situación, y desearía decirle: «Espabila, nena». Qué doloroso revés sufrí, yo que creía que sabía educar a hijas no complacientes porque mi primera hija no lo era. Menudo golpe para mi ego fue comprobar que no tenía tanto que ver conmigo, o al menos no como yo creía que era.

Antes de reaccionar procuraba observarme, y a partir de la observación llegó la aceptación. Al aceptar que soy una persona complaciente y verlo como una ventaja y asumir las desventajas como parcelas en las que debo mejorar, empecé también a aceptar que mi hija era una persona con tendencia a mostrarse complaciente y a confiar en que ella descubriera también sus fortalezas y virtudes, a confiar en que tomaría sus propias decisiones y encontraría su equilibrio.

Aceptar que los niños son como son y no una prolongación de nuestro ego es sin duda el primer paso hacia una crianza consciente. El segundo paso consiste en agradecer la oportunidad que nuestro contacto con ellos nos da de llegar a ser la mejor versión de nosotros mismos si trabajamos duro.

Pero no siempre podemos actuar con esta conciencia. Sin ser especialista en neurociencia, ni mucho menos, voy a hablar un poco del funcionamiento del cerebro humano. Si somos capaces de entender el cerebro, el nuestro y el de nuestros hijos, tendremos herramientas para comprender mejor nuestras reacciones cuando nos desconectamos de nuestros niños. El psiquiatra infantil Daniel Siegel y Mary Hartzell, en su libro *Ser padres conscientes* (y en sus vídeos publicados en Youtube), explicaban cómo es el cerebro mediante la analogía del cerebro en la palma de la mano. Hoy en día esta explicación está superada: se sabe que el cerebro no aprende exactamente así, pero es un esquema muy sencillo que podemos explicar a los niños fácilmente.

Si tomamos el dedo pulgar, lo situamos en la palma de la mano y plegamos encima los otros dedos, obtenemos un modelo general sorprendentemente exacto del cerebro. De ese modo, el modelo que hemos creado divide al cerebro en tres áreas principales y analiza algunas de las interrelaciones existentes entre dichas áreas —tronco cerebral, región límbica y córtex— que, si bien son anatómicamente independientes, se hallan conectadas funcionalmente.

El *primer cerebro* —el tallo cerebral, o cerebro instintivo— se encarga de todas las funciones del cuerpo que se hacen de manera automática: sueño y vigilia, circulación de la sangre, respiración inconsciente y seguridad —o control de los instintos de supervivencia, como son escaparse, quedarse paralizado o pelear—. En la analogía de la mano sería la base de la muñeca.

Después está *el cerebro medio*, o cerebro emocional, con neuronas que pueden aprender, donde se hallan las estructuras límbicas (cingulado anterior, hipocampo y amígdala), en las que se encuentran los recuerdos y las emociones, sin filtro ninguno. En la analogía de la mano corresponde al dedo pulgar doblado hacia dentro.

Ambas partes del cerebro actúan de forma inconsciente y esto es maravilloso para nuestra supervivencia. Imagínate que estás paseando por el bosque con tus niños y oyes un ruido. En este momento necesitas un cerebro capaz de reaccionar sin pensar, que decida rápidamente si es mejor huir o enfrentarnos al origen del ruido según descubra que es un jabalí o un conejito. Nuestro cerebro funcionará así para proteger a los niños.

El *tercer cerebro* es el racional, que se encarga de las funciones ejecutivas y el aprendizaje y, en relación con la crianza, se encarga básicamente de actuar con lógica y empatía. Aquí es donde se regulan las emociones y las relaciones interpersonales, de modo que nos permite, en definitiva, el autocontrol. El inconveniente es que tarda mucho en madurar (termina de hacerlo cuando la persona tiene entre veinticinco y treinta años), por eso es bastante injusto, y poco efectivo, exigirles autocontrol a los niños pequeños. Lo representamos en la analogía de la mano con los cuatro dedos que tapan al pulgar.

Cuando nos enfadamos o frustramos, cuando nos sentimos profunda-mente irritados y estresados, somos incapaces de usar el cerebro superior (levanta los dedos y verás que el cerebro se «destapa») y las emociones quedan totalmente expuestas. Entonces actuamos de forma irracional debido a que el cerebro inferior (como lo define Siegel) toma el control de nuestro comportamiento.

Por otro lado, si hemos tenido experiencias en nuestra infancia que no han sido del todo alentadoras para nosotros, saldrán a flote en ese momento. Este es el motivo por el que, cuando nos enfadamos, a veces reaccionamos haciendo justamente lo que siempre nos prometimos no hacer nunca. Cuando es el cerebro inferior quien empuña las riendas, olvidamos la lógica y la empatía, y por eso nos es imposible comunicarnos como nos gustaría con nuestros seres queridos en determinadas circunstancias. Si queremos tomar de nuevo el control de la situación, debemos relajarnos, volver a poner en marcha la corteza prefrontal (parte de nuestro cerebro racional) y permitir que nuestro cerebro superior consciente funcione de nuevo. Pasar un *tiempo fuera*, como, por ejemplo, cantar, bailar, correr, pasear y mantener el contacto amoroso son buenas formas de «cerrarnos». En nuestra casa, la analogía del cerebro en la palma de la mano ha sido una manera ideal de poder predecir en qué momento pueden «explotar» nuestras hijas, pues son ellas mismas las que colocan la mano de tal forma

Trabajar en el huerto puede ser una de las actividades de vida práctica más significativas para los niños pequeños, ¡puede que incluso se animen a probar verduras nuevas!

que nos lo indican. Y así podemos ofrecerles una pausa alentadora, solas o acompañadas.

Con esta pequeña introducción de geografía cerebral quiero plantearte dos cosas, una muy positiva y otra no tanto. La menos positiva es que estos patrones cerebrales, es decir, la forma en la que tendemos a actuar, no son fáciles de cambiar. La otra cuestión es que, a pesar de que requiere un trabajo muy duro, es posible volver a asimilar e integrar las experiencias más o menos traumáticas que tuvimos en nuestra infancia. Entender de dónde vienen ciertos comportamientos nos ayuda no solo a ser más compasivos, sino también a darle sentido a nuestro recorrido vital; nos hace ser mejores padres y por ende mejores personas. Me gustaría añadir algo más: si le explicas a tu hijo la analogía del cerebro en la palma de la mano, su mente absorbente interiorizará cómo debemos relacionarnos con los demás cuando estamos estresados.

Seguramente habrá ocasiones en las que pensarás que es demasiado difícil cambiar el paradigma educativo. «A mí me educaron de otra manera y soy una persona de bien», te dirás, y es cierto. Soy de la opinión de que hay tanto que mejorar que es necesario empezar por lo que no funciona, no por lo que creemos que sí. Pero quizá también estén hablando por ti el miedo, la vergüenza y la culpa. Aunque cambiar nuestro cerebro no es fácil, es

posible hacerlo, y lo más importante es que tus hijos absorben en sus primeros años de vida todo lo que les acontece, lo mejor y lo peor, sin filtro: absorben tus besos y abrazos, tu risa y tus cosquillas, y absorben tus gritos, tus gestos y tus expresiones.

Y cuando ellos sean mayores y su cerebro actúe en modo automático para proteger a sus futuros hijos, tus nietos, lo que les saldrá de forma instantánea es lo que asimilaron de ti gracias a su mente absorbente. Tú eliges qué herencia les dejas, así que pregúntate qué es lo que quieres que interioricen. Todos y cada uno de los esfuerzos que hagas por mejorar merecen, y mucho, la pena. Igual que la mente absorbente asimila una segunda lengua de forma natural en los primeros años de vida, también asimila nuestro ejemplo. Si entre todo lo que captan tus hijos en esta etapa hay algo que no les gusta, ellos van a invertir gran parte de su vida posterior en darle la vuelta. Está en tu mano evitarles el esfuerzo ofreciéndoles un buen ejemplo. No obstante, puede ocurrir que algunas habilidades de vida que para ti son esenciales y por eso tratas de transmitirlas a tu hijo sean rechazadas por él más adelante. De la misma forma, muchas de las que tú consideras imprescindibles, como hablar una segunda lengua, también lo serán para él, así que tampoco es cuestión de sentirse culpable. Tan solo es necesario actuar con coherencia. El verdadero regalo para tu hijo, el que disfrutará durante toda la vida, es el ejemplo que recibe de ti estos primeros seis años de su existencia.

Además de procurar pulirnos, tenemos que seguir atendiendo a nuestros hijos y, mientras tanto, se presentarán situaciones de tensión que nos harán descentrarnos. Solo puedo darte dos consejos: el primero es prevenir, cuidarte para poder tener la paciencia suficiente que requiere concentrarte en educar además de sobrevivir; el segundo es que cuando ya no sea posible la prevención, cuando ya te hayas «destapado», respires profundamente y pienses: «No soy yo, es mi cerebro que quiere proteger a mis crías, pero no hay ningún peligro inminente ahora mismo». Da un paso atrás, respira, cálmate, delega, pide tiempo, pídeles ayuda, diles cómo te sientes. Respira.

Y cuando pase la tempestad, vuelve a conectar con tu hijo, verbaliza e integra la experiencia y repara lo que sea necesario reparar. Nunca pierdas de vista que lo más importante de todo lo que hay entre tu hijo y tú es el vínculo. Algunas personas piensan que este tiempo fuera para calmarnos es egoísta, no es respetuoso. Podría sacar a colación el ejemplo de la mascarilla en caso de despresurización de la cabina del avión, pero te voy a contar otra anécdota. Al poco de nacer mi hija pequeña, las mayores cogieron piojos y, como siempre pasa, lo descubrí un día que iba a estar sola hasta la hora de la cena, me encontraba especialmente estresada por el trabajo que se me había acumulado y encima llovía a mares, lo cual dificultaba la logística. Yo tenía unas ganas enormes de ponerme a gritar como una loca. No estaba enfadada con mis hijas, sino con la situación. Les pedí que por favor salieran del baño porque necesitaba gritar y no quería asustarlas. Como si en vez de tener una madre al borde del colapso nervioso tuvieran en casa una eminencia, casi haciendo reverencias, dijeron, más o menos: «Claro, mamá, tómate todo el tiempo fuera que necesites, nosotras estaremos aquí jugando con Vega. Lo que necesites, mami, grita todo lo que quieras». Me dio tal ataque de risa que ya no me hizo falta gritar, y nos reímos las tres un buen rato. Mis hijas no se sintieron abandonadas, sino que comprendieron que yo necesitaba un respiro y me lo dieron, y en ese derroche de madurez nos salvó el más bello de los recursos, la risa, que volvió a integrar mi cerebro, tal y como propone Siegel. Si yo no fuera consciente de mis emociones, si no hubiera reflexionado en momentos de calma sobre lo que podemos hacer para no herir a los demás, si hubiera pensado que era egoísta tomarme un respiro, no hubiera habido risas, sino llantos y muchos mensajes contradictorios que habrían resquebrajado nuestro vínculo.

Cuando, con honestidad emocional, declaras que necesitas un tiempo fuera,

En Montessori se promueve la cooperación y no la competencia, así que los niños trabajan realmente en equipo ayudándose entre ellos.

Las «varitas mágicas» en la crianza

En mis talleres para padres a veces la gente me pregunta qué puede hacer ante un determinado comportamiento de los niños, cómo pueden actuar y responder, en definitiva, qué hechizo mágico uso yo para que los niños se *porten bien*. Yo animo siempre a estos padres a que empiecen a cambiar los porqués por los cómos y los cómos por los porqués. Al principio me miran extrañados, pero cuando termina el curso lo entienden, porque entienden que cuando un niño se «porta mal» lo que ocurre en realidad es que necesita nuestra ayuda. Verás, cuando un niño pega a otro por el motivo que sea, lo habitual es que le preguntemos: «¿Por qué lo has hecho?». Este «porqué» culpabiliza, impide la comunicación, nos desconecta del niño. Lo podemos sustituir por otras frases firmes y amables a un tiempo, por ejemplo: «¿Cómo podemos solucionar este conflicto con palabras?».

Asimismo, a los padres que me piden consejo para evitar que su hijo se porte de un modo concreto (a veces es simplemente un modo propio de la edad, aunque a nuestra sociedad no le guste, y otras, porque el propósito no es el adecuado a su edad) también les recomiendo cambiar el porqué por el cómo, es decir, que en vez de preguntarse: «¿Por qué está haciendo esto mi hijo?», se planteen: «¿Cómo puedo ayudarle a utilizar este reto para practicar una habilidad social y para la vida?», lo cual resulta más útil. Por ejemplo, cuando nuestro hijo se frustra porque no puede hacer algo, en lugar de alterarnos por ese «no puedo», es más positivo pensar: ¿cómo podemos ayudarlo?, ¿cómo podemos mejorar el ambiente para que tenga mayor autonomía?, ¿cómo podemos darle la cantidad justa de ayuda para que sea él y no yo el que tenga la sensación de logro?

No es posible controlar siempre a los niños, y aunque lo fuera, ¿es lo que quieres? Piensa a largo plazo: ¿quieres adultos controlados y controladores o prefieres adultos cooperadores y empáticos? No existe ninguna varita mágica que al tocar a los niños consiga que hagan lo que nosotros deseamos. Esto, sin embargo, no nos exime de proteger, informar y actuar si es necesario, pero sí nos advierte de que es preciso tratar de hacerlo con empatía, observando lo que hay detrás de la conducta del niño. Te animo a que cambies tu forma de ver los retos diarios: no te centres en la conducta, sino que investiga su origen, busca lo que puede estar provocándola y la manera de alcanzar una solución respetuosa, pues la conducta es repetitiva, pero el sentimiento que subyace bajo ella es único y clave para averiguar a qué se debe el comportamiento del niño. Cambia el «¿Por qué haces esto?» por un «¿Cómo podemos solucionar esta situación?». Guárdate los porqué para reflexionar en silencio sobre ellos y utiliza las preguntas abiertas (¿cómo? o ¿qué?) para conseguir la cooperación de los niños, no su control.

Así que no, no hay varitas mágicas. O quizá sí, y simplemente las subestimamos. Tu mirada es una varita mágica: la mirada amorosa que alienta, que nutre, que acompaña; la mirada que comprende, empatiza, da cobijo; la mirada que observa atenta y objetivamente lo que necesita el niño; la mirada que busca lo que puede ayudar; la mirada que cambia lo que haga falta para satisfacer las necesidades del niño, las verdaderas necesidades; la mirada que informa del límite, sin enjuiciar; la mirada que comprende la creencia detrás de la conducta; la mirada que conecta; la mirada que ha interiorizado que un niño que se «comporta mal» es porque se siente mal; la mirada que busca la necesidad o el periodo sensible que puede quedar desatendido; la mirada que detecta ese periodo sensible y se relaja y ya no piensa en el qué dirán; la mirada que sonríe con los ojos; la mirada que abraza el corazón; la mirada que ríe a carcajadas; la mirada que sonríe cuando se encuentra los bolsillos llenos de piedras y de palos y ve tesoros; la mirada que no dice nada y lo dice todo; la mirada que canta la misma canción y lee el mismo libro las veces que sea necesario; la mirada que da amor incondicional; la mirada que da raíces y da alas; la mirada que suspira cada noche al ver sus respiraciones tranquilas, que vela por sus sueños; la mirada que recordarán el resto de su vida... Sí, hay varitas mágicas, y basta con entrenarse para usarlas, y entrenar significa equivocarse y aprender de ello y agradecer a la vida todas las oportunidades que nos regala. Olvida la culpa y coge tu varita, está en ti, siempre ha estado, está en el niño que fuiste y que serás.

puedes transmitir a tus hijos que mientras estamos «destapados» a veces hacemos daño, a nosotros y a los demás, y es mejor dedicar un tiempo a calmarnos, solos o acompañados. Con niños pequeños no siempre es posible, así que poner música, bailar, corretear, salir a dar un paseo o hacer cualquier cosa que vuelva a permitir la conexión es la opción más razonable. De este modo le vamos diciendo poco a poco a nuestro cerebro que la mejor forma de proteger

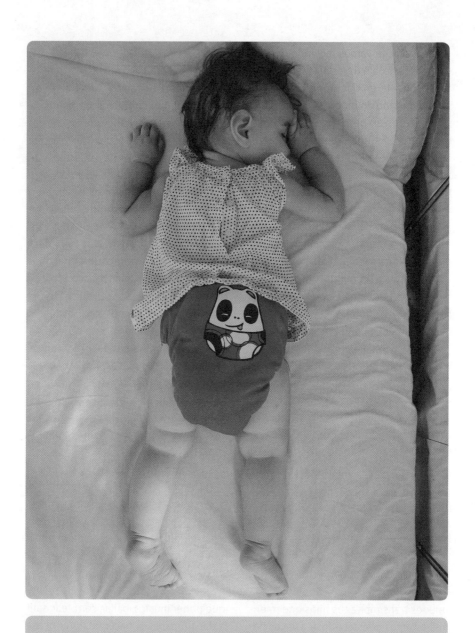

Las camitas de suelo permiten a los niños tener autonomía para levantarse cuando ya no tienen más sueño sin tener que depender de un adulto que los saque de la cuna.

no es atacar, le vamos diciendo que en este contexto, sin tigres ni jabalíes, proteger consiste en dar un paso atrás, no en repetir, sino en innovar.

Quizá estés pensando: «Yo nunca lo lograré». Es una creencia limitante muy habitual, a la que puedes dar la vuelta diciéndote: «Entiendo que en mi infancia hubo una serie de acciones que conformaron mi conducta, pero voy a ser capaz de cambiarlas si me esfuerzo duramente. Sé que si trabajo duro, si pongo todo mi esfuerzo, podré lograr cambios en mi forma de relacionarme con mis hijos y con los demás. Podré hacerlo porque el vínculo con mis hijos es lo más importante para mí y que los ayude a ser quienes quieran ser es lo más importante para ellos».

El proceso de cambio no será rápido, ni fácil. Algunas veces no podrás evitar repetir ciertas pautas y deberás aceptarlo como parte del proceso. Por otro lado, tendrás que centrarte en las ocasiones en que sí lo hayas conseguido y pensar que la plasticidad de tu querido órgano cerebral es enorme. Y ahora que cuentas con toda esta información es el momento de empezar el proceso de cambio, con responsabilidad y no con sentimientos de culpa. Al otro lado de tu zona de confort, tras el miedo, la vergüenza y la culpa, está la felicidad. Y las risas.

Conflictos y rabietas: ¿cómo abordarlos?

La respuesta es fácil y difícil a la vez: trataremos los conflictos de la misma forma que nos gustaría que los demás los trataran con nosotros. Y esta forma será diferente según la situación y el contexto. Lo sé, te ha sabido a poco, pero tranquilo, trataremos el tema en profundidad en el próximo capítulo, en el apartado «Cuándo, cómo y por qué intervenir». ¿Te acuerdas de la rabieta porque cambiaron de sitio el paso de cebra? Cuando lo pienso ahora, estoy convencida de que la conducta de los niños es como un iceberg.

Si solo nos fijamos en la puntita de hielo que sobresale del agua seremos incapaces de ver todo lo que hay debajo de la superficie. Y lo más grave es que actuando con represión, métodos conductistas, castigos y gritos, no solo no resolveremos el problema, sino que le daremos de comer.

En aquel momento, en mitad del paso de cebra, yo solo veía la rabieta de mi *aDOSlescente*, como llamo cariñosamente a los niños de esta maravillosa edad, y no podía ocuparme de indagar qué había detrás, cuál era la creencia que la llevaba a ese comportamiento o cómo estaba actuando su lógica privada, concepto que explicaré más adelante. Estaba concentrada con toda mi alma en superar la situación sin gritar ni perder la compostura.

En plena rabieta, me resultaba imposible educar ni dar ejemplo de nada,

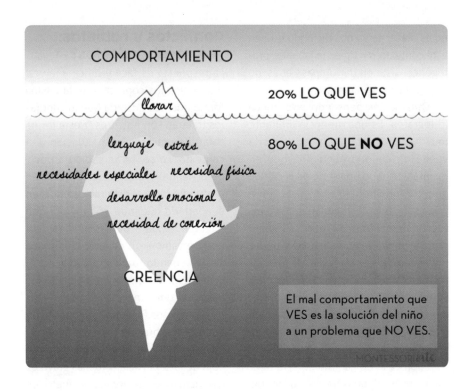

COMPORTAMIENTO

llorar

20% LO QUE VES

80% LO QUE **NO** VES

lenguaje estrés
necesidades especiales necesidad física
desarrollo emocional
necesidad de conexión

CREENCIA

El mal comportamiento que VES es la solución del niño a un problema que NO VES.

MONTESSORÍzate

todos mis esfuerzos estaban centrados en no contagiarme de la tensión que emitían las neuronas espejo de mi hija mediana y en evitar que mi cerebro se destapara (es decir, que la parte primitiva o reptiliana de mi cerebro tomara el control de la situación). Vamos, que trataba de no explotar yo también. Lo único que podía hacer era luchar por sobrevivir, no perder la paciencia por completo y enfadarme, y no gritarle, que habría sido lo peor.

Siempre digo que para empezar con el método Montessori en casa basta con una banqueta y un delantal, pero se necesita algo más, que es mucho más complicado: trabajar con uno mismo para ser un adulto consciente y humilde, seguro, amable y sobre todo calmado. Y esto de la calma no siempre es fácil con niños.

Por un lado suele faltarnos autocuidado, y por el otro, los niños saben «qué botones tocar». El objetivo de nuestros hijos no es hacernos daño, sino recuperar la conexión que han perdido, y saben qué botones tocar porque están mejor conectados que nosotros con las emociones más puras. Además, nos conocen mejor que nadie porque nos observan todo el tiempo, pues su trabajo cuando son pequeños es aprender lo máximo posible sobre el adulto que los cría, por puro instinto de supervivencia.

Si preparamos en la cocina un espacio con cubiertos, platos y vasos a su altura, los niños podrán poner la mesa de forma autónoma.

Cuando tengamos la sensación de que nos retan o chantajean, démosle la vuelta a la situación, ¿Qué estamos haciendo nosotros para estar con ellos presentes de verdad? ¿Estamos atentos y dispuestos a cubrir sus necesidades? ¿Los estamos criando con amor o con las mismas carencias que sufrimos nosotros? ¿Cómo estamos reaccionando ante sus necesidades de movimiento, de orden y de lenguaje? ¿Y ante las tendencias humanas relacionadas con la exploración y la pertenencia?

El primer paso es conocer sus necesidades.

El segundo paso es incluirlas en nuestro día a día con ellos y pensar cómo fomentar su autonomía para hacer que se sientan capaces y parte de la familia.

El tercer paso es aprender a reaccionar en situaciones de conflicto.

Habrá ocasiones en que no conseguiremos hacer nada de todo esto y tendremos que conformarnos con haber sobrevivido. Recuerdo que tras el nacimiento de mi hija mediana, los primeros días sola, al llegar la noche, pensaba: «Bien, hemos sobrevivido otro día», y me sentía muy orgullosa de mí misma. Si estás en un momento duro, relativiza, sé amable y cuídate.

Otras veces, además de sobrevivir al ritmo diario, podemos aprovechar los conflictos como oportunidades de aprendizaje. Hablaremos pronto de ello, pero te adelanto mis tres trucos: paciencia, humor y chocolate.

OBSERVAR O INTERVENIR: ¡SIGUE AL NIÑO!

The emphasis on freedom is for the development of individuality. The emphasis on discipline is for the benefit of the individual and of society.
El énfasis en la libertad es para el desarrollo de la individualidad. El énfasis en la disciplina es para el beneficio del individuo y de la sociedad.

MARIA MONTESSORI, *What You Should Know About Your Child*

Cómo observar

En el método Montessori la observación es esencial, pues es lo que permite a los guías acompañar el aprendizaje de los pequeños de forma efectiva y saber en qué periodo sensible están, qué necesitan practicar en cada momento y ofrecérselo para que desarrollen todo su potencial. Para los padres la observación tiene otras ventajas, como son:

• Descubrir sus gustos y habilidades.
• Ser testigos directos de sus pequeños progresos.
• Descubrir que hay otras formas de hacer las cosas (incluso a veces mejores que la nuestra).
• Empatizar y comprender sus dificultades.
• Comprender la motivación interior que tienen para realizar ciertas cosas.

Puedes abrir un cuaderno y reproducir el modelo. Al principio puedes empezar a observar objetos, luego animales, luego algún bebé y finalmente niños más movidos. Para que la observación sea científica conviene anotar por escrito todos los datos obtenidos; pero también puedes practicar la observación en tu día a día sin libreta, simplemente dedicando un tiempo a observar a tus hijos mientras juegan y realizan sus actividades diarias. Si estás pensado que te gustaría tomar clases de *mindfulness* y no tienes tiempo, prueba esto. Es bastante parecido,

aprenderás de tus hijos y conectarás con ellos, y además ¡es gratis! Es fundamental que la observación sea lo más objetiva posible (objetividad e hijos pueden parecer dos conceptos opuestos, pero es posible aunarlos), sin hacer juicios ni interpretaciones, y que sea respetuosa con el niño y su trabajo.

Antes de empezar la observación tenemos que elegir un espacio de tiempo en el que vayamos a poder dedicar toda nuestra atención al niño. Tal vez un buen momento es cuando juega, o la hora del baño, o el rato en el parque, o mientras come.

Observar a mis hijas es uno de los grandes placeres de la maternidad para mí. Puedo darles toda mi atención y eso me ayuda a conocerlas mejor y, sobre todo, a conectar con ellas. A veces la vida cotidiana nos estresa y ser padres se convierte en algo que no nos gusta demasiado. Entonces viene bien sentarse a observar para relativizar y redescubrir lo maravillosos que son nuestros pequeños.

Cuando escucho a los padres hablar de sus hijos, a menudo me doy cuenta de que les brota una sonrisa y se les iluminan los ojos, y las palabras que oigo siempre están llenas de orgullo. Estoy convencida de que es justo lo que sienten, el problema es que el día a día de los padres es muy duro en la primera infancia de los hijos, más cuando se vive aislado, sin familia, sin tribu, sin conciliación real, sin casi es-

Con la ayuda de unas pinzas y un cuenco lleno de agua, los niños irán colocando los objetos en el cuenco y podrán clasificarlos en dos categorías: los que flotan y los que se hunden.

pacios de encuentro y socialización donde los niños no estén mal vistos. Por eso te animo a que cada día dediques al menos cinco minutos a observar, con plena presencia, a tus peques. Ya verás como enseguida notas los resultados en vuestra relación. Por supuesto, también puedes jugar con ellos; el juego es algo maravilloso de compartir con los hijos. Una cosa no quita la otra.

En mi caso, si en algún momento advierto que mi relación con las niñas no fluye o que ellas están más irritables, procuro observarlas mucho. A veces es suficiente con que simplemente perciban mi atención y mi mirada amorosa. ¿Te acuerdas del iceberg del comportamiento? Mediante la observación suelo ser capaz de adivinar qué hay realmente detrás de esa conducta inadecuada y eso me permite centrarme en la solución del problema. Y aunque mi olfato de detective falle y me confunda a la hora de adivinar, al menos ya he conectado con ellas.

Hace unos meses mi hija mediana tuvo un día muy intenso, estaba muy irritable y enfadada y veíamos que nada era suficiente. Conoces esa sensación, ¿verdad? Al final la tomé en brazos, le dije que la quería mucho y que siempre podría contarme qué le pasaba, que quizá se encontraría mejor si lo hacía. Entonces me dijo entre lágrimas: «Nunca celebramos mi cumpleaños», y aunque en otro momento hubiera podido decirle cualquier cosa menos acertada, le contesté: «Tu cumple es en marzo, pero podemos jugar a que hoy es tu cumple, hacer una tarta y cantar Cumpleaños feliz». «¿Y soplar velas?» «Claro que sí, cariño.»

Se sentía poco importante, le parecía que la llegada del bebé la había desplazado y no encontraba su lugar, y tenía la sensación de que no pertenecía a nuestra familia. Y créeme si te digo que unos minutos antes habría hecho las maletas y me hubiera ido al Caribe, pero gracias a la observación podemos saber qué hay detrás de la conducta de los peques y buscar remedios para conectar en vez de desconectarnos más todavía.

Tampoco pienses que soy una máquina maternal infalible. Mi lista de errores es kilométrica, pero ser capaz de disculparse y entender de dónde vienen los fallos es vital para progresar. El camino es largo y se hace día a día; no puedes ejercer la parentalidad consciente de un día para otro sin más ¿Sabes qué tienen en común todos y cada uno de mis días malos como madre? Estoy segura de que lo adivinarás: me ha faltado autocuidado. No podemos cuidar sin cuidarnos. Confieso que es algo que me ha costado entender, pero es totalmente cierto.

Cuándo, cómo y por qué intervenir

Si observamos al niño descubriremos que es capaz de concentrarse muchísimo cuando está trabajando en lo que le gusta. Para el niño juego y aprendizaje son lo mismo, por eso no deberíamos intervenir (salvo por cuestiones de seguridad).

Una de las primeras presentaciones de gracia y cortesía que recibe un niño al llegar a un aula Montessori es para aprender a observar el trabajo de un compañero. En casa se lo podemos mostrar también si tiene hermanitos, animándolo a que ponga las manos en la espalda para evitar que intervenga. Sobre todo, no esperes que tenga mucho autocontrol antes de los tres años y permanece atento para ofrecer otro material si es necesario. En mis prácticas con niños de la comunidad infantil (de un año y medio a tres años) siempre me provocaba una sonrisa verlos tan pequeñitos y tan concentrados en no separar las manos entrelazadas en su espalda.

Nuestra intervención como adultos no es inocua. Interrumpir el trabajo de un niño tiene un doble peligro: por un lado, le estamos diciendo indirectamente que su juego, su trabajo, no es valioso, y por el otro, ponemos en riesgo su concentración.

La concentración tiene mucho que ver con el concepto de *flow* de Mihaly Csikszentmihalyi. El *flow* es un estado en el que orientamos toda nuestra energía a un propósito de forma consciente, ponemos toda nuestra atención en el proceso creativo, sea el que sea. Una vez, observando uno de estos periodos de concentración en mi hija mediana, me pareció que la niña tenía una expresión muy serena, casi meditativa, y cuando terminó lo que estaba haciendo me dijo: «Mami, estoy muy tranquila», con una sonrisa de oreja a oreja. En ocasiones puede ser que no nos quede otro remedio que interrumpir este proceso tan bello, pero por eso mismo debemos hacerlo con el máximo respeto y empatía, expresando que el trabajo del niño es importante y comunicando el motivo de la necesidad de interrumpir este momento casi sagrado.

En el sistema Montessori, ya sabes, predicamos con el ejemplo, así que cuando un peque nos interrumpe a nosotros en general debemos prestarle atención. Sin embargo, nuestra actitud dependerá de varios factores, por supuesto, como el contexto, la situación, la importancia de lo que estamos haciendo y la edad del niño. Si estamos ocupados en algo poco urgente que puede esperar y el niño es pequeño, debemos hacerle caso lo antes posible. Si el niño es más mayor y lo que hacemos nos corre prisa, podemos parar un segundo para establecer contacto visual o físico con él y pedirle que nos dé un minuto antes de prestarle toda nuestra atención. No obstante, lo mejor sería poder involucrarlo de alguna manera, quizá ofreciéndole un reloj de arena o de cocina. De esta forma le estaremos diciendo que nuestro trabajo es importante y que él también es valioso.

En momentos de calma podemos trabajar, por ejemplo, mediante juegos de rol, la manera de proceder cuando se produzcan estas situaciones. Con mis hijas he acordado que me dirán «Mamá» hasta que nos miremos, y entonces me tomarán la mano hasta que pueda atenderlas. Y lo hago siempre lo más deprisa que puedo. A veces, cuando no puedo escucharlas porque estoy hablando con otra persona, me disculpo con ella y les explico a mis hijas: «Entiendo que tenéis algo muy importante que decirme, y estoy hablando. ¿Es una pregunta rápida?». Puede que sea realmente algo rápido, como que quieren ir a un sitio dentro de mi campo visual, y puede que no. Entonces las abrazo hasta que puedo ocuparme de ellas.

No siempre es todo tan idílico. Recuerdo con horror una entrevista telefónica que me hicieron para la radio hace unos meses. Mi hija Emma estaba oportunamente avisada y prevenida, hasta habíamos acordado un plan alternativo para los minutos que durara la entrevista (recoger flores juntas de la mano) y lo habíamos ensayado. Pero Emma no podía evitar tener cuatro años y se enfadó mucho, en directo. Cuanto más enfadada estaba ella, mayor era mi agobio, cuanto más crecía mi agobio, más aumentaba su enfado. Nuestras neuronas espejo se contagiaban, se retroalimentaban. Al terminar la llamada, que habían escuchado miles de oyentes, me sentí la madre más fracasada del universo. Y lo que hice fue disculparme con ella y darle un abrazo. La había puesto en una situación que ella no podía manejar, y ella había reaccionado de la mejor forma posible. Ese día aprendí algo: no era conveniente responder una llamada de trabajo sin tener a nadie cerca que me ayudara, a no ser que la llamada fuera de alguien conocido, alguien con quien colaborase a menudo y con quien me sintiera cómoda, lo bastante para que mis hijas pudieran intervenir en la conversación. La intención de Emma ese día no fue provocarme, ni retarme, ni llamar mi atención. Su lógica privada, o su forma de entender esta situación, le hacía pensar que ella había dejado de ser importante para mí, que yo estaba traicionando nuestro tiempo especial, y reaccionó de la forma que pudo. Lo único que quería decirme era: «Soy una niña y solo quiero pertenecer». La pertenencia, si recordáis, es una tendencia humana, y, para la psicología adleriana, de la que deriva la disciplina positiva, es algo fundamental, lo que busca todo ser humano: sentirse parte de su grupo social y poder contribuir en él.

No siempre podemos evitar los conflictos, ni tampoco lograremos siempre no enfadarnos con sus comportamientos naturales. Lo que sí podemos hacer, en cambio, es conformar cómo aceptamos y reparamos nuestros errores.

Volviendo al tema que nos ocupa: a veces nos quejamos de que los niños nos interrumpen, pero ¿respetamos no-

Las formas razonables de actividad

En el libro *El niño en la familia* Maria Montessori nos da a los padres tres consejos encaminados a reflexionar sobre cómo educar a nuestros hijos mediante el amor, la confianza, el respeto y la independencia.

1. Respetar todas las formas de actividad razonables del niño y tratar de entenderlas. ¿Qué es realmente lo que sentimos que necesitamos cuando interrumpimos las actividades de los peques? ¿Por qué lo hacemos? Por ejemplo, si un niño pequeño mete la manita en un vaso de agua, ¿es cierto que lo que está haciendo no es razonable y acorde con el periodo sensible en el que se encuentra? ¿O se trata más bien de algo *reprobable* socialmente pero absolutamente natural, como también sería levantarse durante una sobremesa? Nuestra función es ser ejemplo y modelo, prevenir, ofrecer opciones, apostar por la cooperación y la empatía.

2. Es necesario satisfacer lo más pronto posible el deseo de actividad del niño, no servirlo, sino educarlo para que logre su independencia. Este segundo principio tiene mucho que ver con la siguiente frase de Maria Montessori: «Cualquier ayuda innecesaria es un obstáculo para el desarrollo». Debemos preguntarnos por qué insistimos en hacer algo por ellos cuando nos dicen: «Yo solito». Como ya he dicho otras veces, ¿de qué le sirve al niño un hogar lleno de **materiales si no puede servirse solo un vaso de agua?**

3. Ya que el niño es más sensible de lo que creemos a las influencias exteriores, debemos ser muy prudentes en nuestra relación con él. Para mí este principio es el más importante y el propósito principal del libro. Estamos sembrando en ellos y debemos educar, predicar con el ejemplo y tener mucho cuidado con lo que esperamos de ellos.

sotros escrupulosamente su concentración o los interrumpimos sin parar?

Por mi parte, intento no interrumpir salvo en caso de fuerza mayor. En casa tenemos un cuadro de rutinas elaborado por las niñas que marca el ritmo del día, y ellas se organizan siguiendo esta pauta. Las veces que me toca interrumpir lo hago disculpándome: «Siento interrumpir vuestro juego. Es hora de irnos si no queremos llegar tarde».

En definitiva, solo debemos interrumpir al niño en caso de que traspase uno de los límites de seguridad que resguardan su integridad física (que he mencionado antes) o de que tengamos verdadera necesidad de hacerlo. Cuando veo que mis hijas hacen una travesura pequeñita que luego solo va a requerir que limpiemos, las dejo estar. Cuando intuyo la posibilidad de que estalle un conflicto familiar muy grande (lo que ocurriría, por ejemplo, si el sofá se llenase de pintura, aunque fuera sin querer), sí intervengo.

Hubo una época, cuando mis niñas eran pequeñas, en que siempre que se disponían a hacer algo que sabían que yo no aprobaría me decían: «Mami, ahora no mires, ¿vale?». Por un lado no me mentían, porque me avisaban de que la iban a liar, pero por el otro lado me pedían que respetara sus decisiones. Por supuesto, si tengo que hacerlo, intervengo, y al final puede que nos riamos juntas o que la situación termine con llanto, enfado y frustración. En ambos casos la clave está en no desconectarnos de nuestros hijos. Y además, si en algún momento no actuamos como nos gustaría, ¡es porque somos humanos!, y pedir disculpas no nos resta autoridad, más bien al contrario, restablece la confianza y el respeto mutuos y es un primer paso hacia el diálogo y la discusión pacífica.

El error: ¿qué ocurre cuando los niños se confunden?

En los talleres presenciales que doy siempre llega un momento en que alguien se para, recopila todas las conductas de los adultos que impiden trabajar a largo plazo y que ha decidido abandonar (chantajear, premiar, alabar, castigar) y dice: «Debemos reaprender un montón de cosas». Invariablemente alguien añade: «Y ninguna de ellas la tienen que hacer los niños». Es mágico. Educar es reconocer que tú lo eres todo para el niño y que, al mismo tiempo, deberías intervenir lo menos posible en su desarrollo, dándole con humildad todo el poder que sea capaz de asumir para seguir su camino.

En el contexto de mi infancia, la palabra «error» no tiene ninguna connotación positiva. Pienso en la palabra «error» y me vienen a la cabeza malas caras, discusiones, castigos, suspensos... Y sin alejarme tanto, cuando reflexiono sobre estos años como madre y en los errores que he cometido, tampoco los veo como algo positivo. Por suerte he avanzado en mi proceso de cambio y ya he empezado a ver la equivocación como una maravillosa oportunidad de aprendizaje. Y seamos sinceros, la vida, incluso sin hijos, nos ofrece numerosas oportunidades para reconciliarnos con los errores. Por ejemplo, cuando el ordenador se reinicia y no hemos guardado el documento en el que llevamos trabajando un

Podemos preparar un espacio en la cocina con todos los útiles necesarios para limpiar a la altura de los niños, así los pequeños errores serán grandes oportunidades de aprendizaje.

buen rato, tenemos la ocasión de practicar el autocontrol o de hincharnos de chocolate sin lamentos. O ambas cosas a la vez.

Continuamente nos equivocamos, a todas horas, ya que no somos perfectos, ¡ni queremos serlo! Cuanto más nos arriesgamos, más nos equivocamos, y eso suele llenarnos de frustración y resentimiento. ¿No sería más bonito tener una actitud positiva ante el error y considerarlo un compañero de viaje cuya función es mejorarnos a cada momento? Quizá para nosotros ya sea tarde, pero nuestros hijos aún están interiorizando el ambiente en el que van a vivir. Hagamos pues un esfuerzo por valorar —en el sentido de dar valor, no de «todo vale»— nuestros errores delante de ellos, apreciándolos como un instrumento que nos permite mejorar y aprender, no rechazándolos como un acto que nos atrasa y nos enfada. Los errores son, asimismo, oportunidades para valorar la ayuda de los demás, de modo que no debemos privar a los niños de ellos, pues contribuyen a que se sientan responsables e implicados.

Con mis hijas practicamos cada noche un ritual que consiste en contar lo mejor del día, lo menos bueno, algo valiente que hayan hecho, una acción amable con los demás y algún error que hayan cometido y el aprendizaje obtenido. Intentamos que el error sea visto como un hecho positivo, que debe ser celebrado y no reprimido, porque, dime, ¿alguna vez has aprendido algo sin equivocarte? Estoy segura de que pocas veces.

Decía Maria Montessori que el niño, desde que nace, tiene una relación natural y espontánea con el error. Practica y practica para hacer algo, por ejemplo, coger un objeto cuando descubre que puede controlar sus manos. Fallará, fallará y acertará. Fallará un par de veces, pero es lo que le hará perfeccionar la técnica hasta dominarla. Pasará exactamente lo mismo cuando el niño aprenda a gatear, cuando se caiga de culo al empezar a andar o cuando pronuncie sus primeras palabras. El error es el amigo del niño, porque lo ayuda a dominar el mundo al que ha venido a adaptarse. No tiene que esforzarse en corregirlo, pues se corrige solo casi espontáneamente sin mucho empeño: los adultos no andamos tambaleándonos como los niños de un año. Cuando se cae, el niño no piensa «He cometido un error», como pensamos en ocasiones los adultos, sino que piensa en la manera de perseverar para conseguir su objetivo.

Me fijo en mi bebé, en cómo se cae de culo, se levanta, se vuelve a caer. En cómo cuando sus hermanas le impiden hacer alguna actividad, se cuela, lo intenta, se enfada si no lo consigue y ese enfado la motiva a seguir intentándolo hasta que lo logra ¡y encuentra el chocolate o las pinturas! Y en la cara de felicidad que pone al alcanzar su objetivo. Si pudiera pedir dos deseos para mis hijas, el primero sería que tuvieran siempre salud y el segundo, que conservaran esta esencia tan pura.

En definitiva, debemos aceptar el error igual que lo hacen los niños, como parte de nuestras vidas y como un nuevo nexo de unión con nuestros hijos. Los adultos somos más capaces al realizar ciertas tareas, los niños muestran mayor entusiasmo para llevar otras a cabo, pero lo que tenemos unos y otros en común es que nos equivocamos. Los errores nos aproximan, nos ponen a la misma altura, nos unen y nos conectan. Nos hacen más humildes, más imperfectos, más humanos. Y no solo eso: intentar evitar errores provoca miedo y rigidez, pero lo peor de todo es ocultarlos, ya que se favorece el aislamiento e imposibilita aprender algo de ellos.

¿Cómo podemos enseñar a los niños el aspecto positivo de los errores? Modelando, es decir, predicando con el ejemplo y también a través de la conversación.

En casa, en ocasiones, utilizamos las preguntas de curiosidad (las que empiezan con «qué» o «cómo») como herramienta ideal para no penalizar los errores, ya que dichas preguntas ayudan a los niños a aprender de ellos y son fundamentales para cambiar la forma de trabajar el proceso de aprendizaje. Los errores no son sino increíbles oportunidades para aprender, y conviene celebrarlos para que los niños interioricen que son algo positivo.

Las preguntas de curiosidad les permiten explorar las posibles consecuencias naturales de sus actos sin que estos lleguen realmente a producirse. Así, preguntemos, por ejemplo: «¿Qué crees que pasaría si salieras a la calle sin botas de agua con esta tormenta?», «¿Cómo crees que se sentiría tu hermano si le perdieras su juguete preferido?» .

Si el error ya se ha producido, en vez de sermonear solemos decir: «¿Qué has aprendido de la decisión que has tomado?». Al mismo tiempo, procuramos ser nosotros también mejores aplicando la técnica de las tres R para reparar el error, que consiste en lo siguiente:

1. Reconocer el error, asumiendo responsabilidad en lugar de culpa.
2. Reconciliarse con quienes han sido ofendidos o heridos, pidiéndoles disculpas.
3. Resolver el problema, pensando juntos en una solución.

Así, decimos: «No debería haberte gritado, me he puesto nerviosa cuando has intentado cruzar sin darme la mano. Lo lamento. La próxima vez intentaré avisarte antes. ¿Me ayudarás?».

«Poner» límites con empatía

Durante mucho tiempo la palabra «límite» no me gustó. Me parecía que los límites eran algo que solo se utilizaba

Cómo decir que no

En ciertas ocasiones no podemos permitir que las consecuencias naturales de un acto lleguen a producirse. Sucede así cuando los niños no están respetando el ambiente, a los demás o a sí mismos. Al ver que un niño intenta hacer algo peligroso, como meter cosas en un enchufe, tenemos claro que debemos impedirlo, intervenir de forma firme y amable con el fin de parar este comportamiento (y en casa anticiparnos preparando bien el ambiente) y, por supuesto, acompañar y validar la emoción resultante. Ante otros comportamientos nos cuesta más reaccionar, nos resulta más difícil no llevar la situación al terreno personal, nos entran dudas sobre si debemos permitir o no ese acto concreto, nos sentimos culpables por como lo hemos gestionado. Nuestra función no es criar hijos felices, sino criar hijos que sepan encontrar su propia felicidad siendo ellos mismos, y eso podemos conseguirlo en parte aprovechando los conflictos para que los niños se sientan queridos al tiempo que los protegemos hasta que puedan protegerse por sí solos.

No existen soluciones mágicas para que los niños acaten un no sin conflicto. Seguramente habrá enfados, rabietas y discusiones, pero el objetivo no es evitarlos, al contrario, es aprender de ellos y permitir a los niños que desarrollen sus habilidades de vida a la vez que superamos los retos del día a día. Hay algo que sí podemos hacer: cambiar nuestro lenguaje, nuestra forma de expresarnos, y no lo digo para complicarle la vida a nadie, sino por la siguiente razón: un niño menor de tres años es básicamente incapaz de entender el «no». Su mente funciona de una forma distinta a como funciona la nuestra. Cuando los niños son mayores la cosa no mejora: el «no» pone a la amígdala de nuestros hijos en tensión, los incita a defenderse en lugar de a cooperar, que es justo lo que necesitamos de ellos.

¿Qué podemos hacer entonces? Cuando son muy chiquitines, redirigir, decir lo que sí pueden hacer, dar opciones y usar mucho el humor y la sorpresa. Según van creciendo podemos ir desarrollando nuevas estrategias, cada familia llegará a las suyas propias, y cuando son adolescentes no debemos tener miedo a decirles: «Te quiero y la respuesta es no». Siempre conexión, antes que corrección.

con los niños. Sin embargo, un día me di cuenta de que era una cuestión de lenguaje y en realidad me pasaba la vida poniendo límites a los demás: a las visitas les pido que avisen antes de venir, en el trabajo solicité una reducción de jornada para pasar más tiempo con mi familia, reparto el tiempo de autocuidado con mi pareja para poder disfrutarlo los dos de forma equitativa. Al comprender que todas estas acciones son límites, me reconcilié con el término. No es la palabra «límite» lo que impide una relación horizontal, sino pensar que los límites solo son para los niños.

En un ambiente Montessori hay tres límites: respetar el ambiente, respetar a los demás y respetarse a uno mismo. Son tres límites sencillos en los que se sostiene la convivencia en la clase. Algo parecido debería suceder en nuestra casa. ¿Qué hacer si los niños transgreden los límites? ¿Prometer recompensas, imponer castigos? Nosotros en casa tratamos los límites permitiendo las consecuencias naturales y las consecuencias lógicas —estas de forma excepcional—, buscando sobre todo soluciones, acuerdos y rutinas, y actuando siempre con asertividad y respeto. Volveremos a esto enseguida.

A algunos padres, a los que no suelen gustarles las palabras «disciplina» y «obediencia», la palabra «límite» les produce un escalofrío. Les da la sensación de que esta palabra no establece entre niños y padres una relación de horizontalidad sino de verticalidad, incluso a veces consideran que los límites son irrespetuosos con los niños. Sin embargo, los límites son especialmente necesarios en relaciones horizontales y respetuosas. Por otro lado, también hay quien cree que los niños necesitan muchísimos límites y cuanto antes mejor. Yo estoy en el punto medio: todos tenemos límites, todos los ponemos y normalmente todos los acatamos siempre que los comprendamos.

Recuerda que los niños de tres años aún no suelen tener una mente racional, sino inconsciente. Por eso solo podemos acompañar y, por supuesto, preguntarnos si el límite que hemos decidido es coherente —es decir, adecuado para su nivel de desarrollo y para su seguridad— y mantenerlo o cambiarlo en consecuencia. Si no es adecuado para su nivel de desarrollo pero sí necesario para su seguridad (por ejemplo, pedirles que nos den la mano para cruzar la calle), debemos intentar anticiparnos y acompañarlos cuando se sientan frustrados por no poder hacer lo que desean. Suele ser útil jugar y redirigirlos para anticiparnos, pero no distraerlos de su emoción intensa de frustración solo porque nosotros no podemos gestionarla.

Los tres niveles de obediencia

Tradicionalmente, voluntad y obediencia han sido conceptos antagónicos, pues precisamente uno de los objetivos de la educación de los niños ha sido doblegar su voluntad y sustituirla por la del adulto que se ocupa de ellos. Esto es lo que llamamos obediencia. La obediencia tal como la entendemos en el marco de la filosofía Montessori es justo lo contrario, es algo que emana de la voluntad del pequeño, y no mediante la opresión.

Es un error fundamental pensar que la voluntad de un individuo debe ser destruida para que pueda obedecer, es decir, que acepte y ejecute una decisión tomada por la voluntad de otra persona. Si aplicásemos este razonamiento a la educación intelectual deberíamos decir que es necesario destruir la inteligencia del niño para que pueda recibir nuestra cultura en su mente. Conseguir la obediencia de individuos que han desarrollado bien su voluntad pero que deciden seguir la nuestra por su propia elección, eso es muy diferente.

La mente absorbente

De lo contrario, al imponer la obediencia a la fuerza acabaremos consiguiendo adultos que se resignen ante cualquier hecho, que es lo más opuesto de lo que nos gustaría que hiciera nuestro hijo en el futuro. En el sistema Montessori la obediencia es similar a un intento de democracia: los niños nos han elegido como sus responsables y nos hacen caso no porque los obliguemos, como en un sistema dictatorial, sino porque realmente confían en nosotros y consideran que nuestros planteamientos son razonables. Son ellos mismos los que nos otorgan legitimidad. Maria Montessori distinguía tres niveles de obediencia, y las posteriores investigaciones de la neurociencia nos han otorgado los conocimientos necesarios para relacionar lo que ella infirió por observación con el ya comprobado desarrollo cerebral.

Primer nivel de obediencia: Desde que el niño nace y a lo largo, especialmente, del primer año, su voluntad parece obedecer a un impulso natural. A partir del año y hasta el fin de la etapa de la mente absorbente, los seis años, la voluntad se irá desarrollando progresivamente. Entre el año y los tres años tiene lugar la etapa álgida de reafirmación de su voluntad, la llamada época de las rabietas, con una connotación negativa, aunque debería ser celebrada como uno de los síntomas de madurez del niño. Por ejemplo, si le decimos a un niño «Ponte los zapatos para salir a la calle», probablemente solo se los pondrá si tiene ganas de salir a la calle en ese momento.

Segundo nivel de obediencia: A partir de los tres años, en la etapa del embrión social, será cuando realmente se pueda considerar a un niño obediente, es decir, que pueda controlar su voluntad y tomar decisiones contrarias a sus impulsos vitales (como esperar a que estén todos sentados antes de comerse una deliciosa tarta o aguardar su turno en el autobús). Antes solo podremos impedir aquellas acciones contrarias a nuestras creencias o a la seguridad del niño. Una vez que el niño sea capaz de actuar según nuestra voluntad, no va a hacerlo a todas horas y en cualquier contexto, sino que será un proceso que se desarrolle progresivamente, pues el niño está aprendiendo a obedecer, igual que aprendió a an-

dar. Y eso no implica ninguna mala voluntad, ni afrenta, ni chantaje, solo implica que necesita más práctica para conseguir lo que le estamos pidiendo. Por ejemplo, si le decimos que por favor recoja los juguetes cuando termine de utilizarlos, seguramente lo hará algunas veces pero no siempre. Y no será con la intención de retarnos, lo hará porque está aprendiendo esta habilidad. Cuando a mí no me sale una postura en clase de yoga, mi profe me la adapta y me alienta a que siga practicando, no se enfada conmigo.

Tercer nivel de obediencia: Cuando el niño por fin logre dominar su voluntad y adecuarla a la vida social, será el momento en que se produzca la obediencia, pero no por la opresión que constituyen los premios y los castigos, sino porque el pequeño reconoce nuestra experiencia y sabiduría, y, como si se tratara de una especie de homenaje, decide voluntariamente hacernos caso. Y por supuesto puede cambiar de opinión y dejar de hacerlo.

La manera de gestionar estos momentos es de vital importancia para el futuro de los niños.

Lee, por favor, este párrafo de Maria Montessori:

Observando a estos niños floridos en la salud, tranquilos, desenvueltos, sensibles, llenos de amor y de alegría, listos siempre a ayudar a los demás, reflexionamos en cuántas energías hu-

Para casas pequeñas los carritos son muy útiles pues permiten desplazarlos si los niños necesitan tener sitio para bailar o jugar en grupo. La rampa Pikler también es plegable, ¡la fabricamos reciclando una barrera de cuna!

manas se desperdician por un error radical y primitivo. Pensamos en una culpa inmensa, se siembra la injusticia en las mismas raíces de la humanidad; pero más que de una culpa, se trata de un colosal error inconsciente. Es el adulto quien provoca en el niño sus incapacidades, sus confusiones, sus rebeldías; es el adulto quien troza el carácter del niño y le reprime sus impulsos vitales. Es el adulto mismo quien se afana en corregir los errores, las desviaciones psíquicas, el relajamiento del carácter que él mismo ha producido en el niño. Ahí se encuentra en un laberinto sin salida, en un fracaso sin esperanza. Hasta que el adulto no tome conciencia de su inadvertido error, y no se corrija, la educación será para él una selva de problemas sin solución. Sus niños se vuelven al mismo tiempo hombres, que serán víctimas del mismo error, que se transmite de generación en generación.

¿Qué hacemos entonces?

Si el niño inunda el baño, anímalo a que lo limpie, y échale una mano en caso de que sea necesario; si juega de forma incorrecta con un juguete y este se rompe, ayúdale a arreglarlo; si llegáis tarde a la biblioteca y se entretiene, recuérdale con cariño el motivo de la premura (y ten en cuenta que los niños viven en el presente y les cuesta anticiparse), y si la encontráis cerrada, acompáñalo en la frustración que le causa no poder coger más libros. En definitiva, cuando tu hijo se confunda, trátalo como un igual, porque lo es. Trátalo como tratarías a tu pareja, tus hermanos, tus padres o tus amigos si fueran ellos los que se confundieran.

Imagina que te invitan a una casa a comer y tus anfitriones te van diciendo todo el rato lo que tienes que hacer, te critican y te cuestionan con frases como: «Come más que has comido poco», «Como has tirado el agua te pondré un biberón», «Si no te terminas las espinacas no tomarás postre»... ¿Te darían ganas de volver? Seguramente no. Hagamos de nuestra casa un lugar al que siempre quieran volver nuestros hijos. No se trata solo de lanzar un mensaje de amor (protegerlos y cuidarlos es nuestra prioridad), se trata de cómo conseguir que este mensaje de amor llegue a su destino.

Y cuando controlamos a los niños, cuando intentamos modelarlos a nuestro antojo, cuando no les dejamos ser ellos mismos, cuando nos amparamos en nuestra obligación como padres de mantenerlos seguros y enseñarles valores para hacerlo, estamos perdiendo de vista algo fundamental: sus emociones y nuestro vínculo. Protegerlos no es lo único importante, también lo es la forma en que lo hacemos. No debemos olvidar nuestro propósito, que es guiar a los niños. Y para alcanzarlo lo más sencillo, eficiente y respetuoso es cooperar con ellos para buscar soluciones, involucrarlos en nuestra vida, tenerlos presentes, hacer que se sientan parte de su entorno. En resumen, tratarlos como iguales.

En definitiva, cuando tratamos con niños menores de tres años (que están en la etapa del embrión espiritual), los padres debemos informarles de los límites que hemos establecido para ellos. A los padres de niños de tres o cuatro años os animo a que os pongáis de acuerdo con ellos a la hora de fijar dichos límites, ofreciéndoles alternativas para que no perciban que lo que queremos es fastidiarlos, y a que seáis firmes cuando toque, por supuesto. Ya no se trata tanto de informar, lo cual puede ser preciso en ocasiones, sino más bien de compartir el control, de dar la posibilidad de acordar juntos los límites.

Cuando los hijos son pequeños los límites deben ser más concretos, y a medida que los niños se hacen mayores, es preciso que los límites se extiendan y, asimismo, se dé a los niños la opción de colaborar a la hora de establecerlos. Si son chiquitines es más fácil, pues para ellos escuchar lo que necesitamos es positivo. Intenta reservar el «no» para los límites definitivos, inquebrantables y urgentes. Por ejemplo, en vez de decir: «No pegues», «No saltes en el sofá» y «No cruces corriendo solo», puedes advertir: «Nos tratamos con cuidado», «Saltamos solo en el suelo» y «Nos damos la mano para cruzar». Evitar decir la palabra «no» a los niños no tiene nada que ver con la permisividad, solo se trata de comunicarnos de una forma más empática y aser-

tiva con ellos. Te recomiendo que apuntes en un papel todas las veces que dices frases que empiecen por «no», así podrás transformarlas en frases positivas la próxima vez.

En una reunión familiar nuestras hijas nos pusieron un límite. Para nosotros es muy importante la cena como momento de unión de la familia, pero hubo una época en la que su padre la interrumpía a menudo porque tenía una tutoría muy complicada y se comunicaba con los padres de los alumnos constantemente y a horas intempestivas, fuera de su horario de trabajo. Las niñas propusieron que aunque fuera a causa de un tema laboral urgente, su padre pospusiera las comunicaciones hasta después de la cena. Por supuesto lo entendimos y lo cumplimos. Asumir que nuestros hijos también pueden establecer límites que nos atañen a nosotros es esencial cuando estamos transformando las relaciones verticales en relaciones horizontales. En estos años no han faltado voces que afirmaban: «Las niñas hacen lo que quieren con vosotros». Sin embargo, nosotros tenemos claro que esto no es cierto. Al contrario, consideramos que tenerlas en cuenta es esencial para una convivencia armoniosa, y que el control funciona solo a corto plazo. Una vez nuestra hija mediana explicó: «El día de tu cumpleaños puedes hacer todo lo que quieras». Entonces le preguntaron si el resto del tiempo mandaban los padres y ella, muy sorprendida, respondió: «No, si no es tu cumpleaños mandan las normas que ponemos entre todos». Siguiendo las ideas de Maria Montessori, nuestras hijas no hacen lo que quieren, aman lo que hacen.

Los castigos

En *La mente absorbente del niño* Maria Montessori dice: «Los premios y los castigos, en cuanto resultan extraños al trabajo espontáneo del desarrollo del niño, suprimen y ofenden la espontaneidad del espíritu. Por esto no pueden darse en las escuelas que, como las nuestras, quieren defender y hacer posible la espontaneidad. Los niños dejados libres son absolutamente indiferentes a los premios y a los castigos».

Si yo te preguntara qué es lo mejor de ser padre o madre, estoy segura de que responderías cosas como comer tortitas los domingos, ir los viernes a la playa o los besos de buenas noches. Nadie contestaría: «Castigar a mi hijo es lo que más me gusta del mundo. Me levanto por la mañana y pienso con qué voy a chantajearlo para que me haga caso. Es lo que más me satisface de ser padre».

Sin embargo, el castigo es una práctica muy extendida entre los padres por muchos motivos: porque a nosotros nos han educado así y creemos que es lo correcto, porque nos parece que para aprender algo hay que sufrir o porque tenemos miedo de que la magnitud del error del niño aumente y nuestro hijo acabe convirtiéndose

en lo contrario de la imagen mental del adulto que nos gustaría que fuera. Ceder el control nos da miedo, ¡pánico casi! Pero yo te pregunto: ¿crees que el resentimiento, la venganza o el miedo nos acercan al adulto que deseamos que fuera nuestro hijo en el futuro o nos alejan de él? Querríamos que fuera un adulto autónomo e independiente, ¿verdad? Pues ofrezcámosle un poco de control sobre su vida (según su edad y desarrollo) para que pueda practicar y con el tiempo llegar a ser ese adulto soñado.

La doctora Montessori tenía fe en el niño y creía en el poder de dar ejemplo como única forma de enseñanza. El hecho de que estés leyendo este libro y de que seguramente estés dedicando una parte de tu tiempo a mejorar la educación de tu hijo indica que ya recorres ese camino, pero déjame que insista en decir que los castigos dañan tu relación con tu hijo.

Hace unas semanas escuché a Jorge Bucay decir que los tres grandes enemigos de la felicidad eran el miedo, la vergüenza y la culpa. Con el uso de premios y castigos y sus *hermanos*, los chantajes y las amenazas, e incluso sus *primas*, las consecuencias (aplicadas con el control en vez de la cooperación), vamos derechos hacia el miedo («Si me pillan haciendo esto, me castigarán»), la vergüenza («Si me pillan haciendo esto, me humillarán») o la culpa («Soy una mala persona y no merezco amor»).

Las actividades de costura permiten el desarrollo de los músculos de las manos y la concentración; son, además, una actividad muy creativa, y los niños pueden ofrecer sus creaciones como un regalo artesano. En verano podemos preparar un espacio en el exterior para este tipo de tareas siguiendo los intereses de los niños..

La lógica privada de los niños

El psiquiatra vienés Alfred Adler y Maria Montessori fueron coetáneos y ambos conocieron el trabajo del otro. La teoría adleriana es totalmente acorde con el planteamiento Montessori. Para Adler, cada comportamiento lleva implícito el deseo de pertenecer. Desde que nacemos estamos tomando decisiones en función de cómo percibimos el mundo siguiendo este esquema:

- Primero percibimos nuestra realidad a través de los sentidos.
- Después interpretamos nuestras percepciones partiendo del sentido de pertenencia y significancia.
- Con estas interpretaciones construimos nuestro sistema de creencias.

- Sobre la base de este sistema de creencias tomamos las decisiones, tanto los bebés, los niños y los adolescentes como los adultos.

Pongamos por ejemplo el caso de un niño que acaba de tener un hermanito. Los niños son muy observadores, pues su mente absorbente los empuja a serlo para poder adaptarse lo mejor posible al entorno en el que están creciendo. Sin embargo, no son tan hábiles a la hora de interpretar sus percepciones.

Percepción: Ha llegado este niño nuevo y todo el mundo le dedica mucho más tiempo que a mí.

Interpretación: Ya no me aman, no me tienen en cuenta, no me quieren en esta familia.

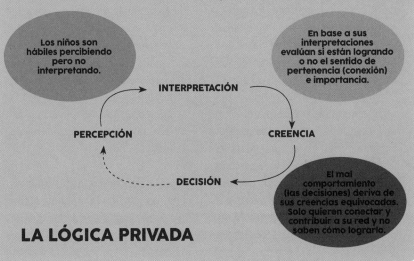

Los niños son hábiles percibiendo pero no interpretando.

En base a sus interpretaciones evalúan si están logrando o no el sentido de pertenencia (conexión) e importancia.

El mal comportamiento (las decisiones) deriva de sus creencias equivocadas. Solo quieren conectar y contribuir a su red y no saben cómo lograrlo.

INTERPRETACIÓN

PERCEPCIÓN

CREENCIA

DECISIÓN

LA LÓGICA PRIVADA

Creencia: Si yo volviera a ser pequeño, volverían a quererme y a prestarme atención.

Decisión: Voy a volver a hacer cosas de bebés, como no caminar, tomar biberón y llevar pañales.

Si nos quedamos en la superficie de la situación, tan solo veremos el mal comportamiento, una actitud que nosotros creemos necesario corregir. Sin embargo, este comportamiento no deja de ser la solución que está buscando el niño ante un problema que no estamos viendo. Es la punta del iceberg de su profundo malestar.

Los niños no nos provocan, más bien desean agradarnos todo el tiempo. Con los comportamientos disruptivos tan solo nos están haciendo saber que tienen un problema sin resolver, que se sienten desalentados y que precisan pasar a la acción para conectar de nuevo con nosotros.

Siguiendo con el ejemplo del niño que tiene un hermanito, un mal comportamiento sería querer volver a dormir en la cuna del bebé. Los padres podríamos interpretarlo como una provocación, lo cual tendría consecuencias desastrosas para nuestra relación con el niño. Este, por muy pequeño que sea, elabora una creencia y decide en consecuencia. A partir de aquí, podemos tomarnos su actitud como una regresión y no darle más importancia, o bucear un poco y llegar a la verdadera creencia del niño: que ya no lo queremos. Si verdaderamente pretendemos dar una solución al problema, elegiríamos la segunda opción, y el resultado se traduciría en pasar más tiempo especial con el niño o involucrarlo en los cuidados del bebé, por ejemplo.

Me gustaría que cada vez que percibas que tu hijo muestra un mal comportamiento, pensaras en esta frase de la psicóloga Jane Nelsen:

Lo que nosotros entendemos por «mala conducta» no es más que una falta de conocimiento, una falta de competencias eficaces, una conducta propia de su etapa de desarrollo, una expresión de desánimo [o desmotivación], o, a menudo, el resultado de algún accidente que nos induce a reconectarnos con nuestro cerebro primitivo, donde la única opción radica en entablar luchas de poder o en retraernos y no comunicarnos.

La mala conducta del niño es como un grito en la montaña cuando no hay nadie cerca que pueda ver quién lo lanza. El grito dice:

«Ayúdame, por favor», pero nosotros solo oímos el eco y no sabemos de dónde procede esta voz distorsionada. Si nos dejamos llevar por la inconsciencia, jamás veremos el origen de la *mala conducta*, y solo sentiremos miedo, culpa o vergüenza, y reaccionaremos intentando controlar en vez de ayudar al niño y conectar con él.

Si decidimos actuar, si nos concentramos en ello con plena conciencia, si hacemos de detectives, si traducimos, alcanzaremos a ver de dónde viene realmente ese grito, descubriremos al niño y tendremos la posibilidad de ayudarlo. Podremos mostrarle nuestro amor incondicional, que no depende de su conducta, y al mismo tiempo, con calma, hacerle ver las consecuencias de sus actos para que pueda obtener un aprendizaje. En el fondo como padres una de nuestras tareas es traducir el comportamiento de los niños. Cuando nacen traducimos «meterse los puñitos en la boca» por «tengo hambre», y «llorar» por «tengo sueño». Cuando son algo más mayores pero aún no dicen demasiadas palabras, pueden gritar para comunicarnos que quieren caminar y no ir en brazos, por ejemplo. Y cuando empiezan a utilizar más el lenguaje, no podemos dejar de interpretar sus mensajes. Recuerdo un día que mi bebé gritaba «¡Agua!», y su terrible enfado cuando le ofrecíamos un vaso. En realidad lo que quería era gazpacho, y tampoco olvidaré su cara y su sensación de logro —ni la nuestra de alivio— cuando se hizo entender. El llanto, los gritos y las conductas disruptivas son en suma expresiones de lo mismo, y tenemos que traducirlos por «Necesito ayuda, no puedo solo». Ese día, además, yo aprendí una cosa muy importante: cuando creemos que sabemos algo con certeza, con mucha certeza, nos olvidamos de seguir a los niños y nos desconectamos de ellos. Yo ese día sabía que mi bebé necesitaba una siesta, lo sabía por la hora, y, como lo «sabía», dejé de observar, dejé de seguir a mi niña. Cuanto más se enfadaba por el incidente, más interpretaba yo «necesita una siesta» y más me anticipaba «esto va a acabar mal». Y en vez de solucionar el problema, me agobiaba. Hasta que mi hija mayor, que se había limitado a observar, se dio cuenta de que ella se refería al gazpacho y no al agua, y que simplemente no sabía expresarse de forma eficaz y estaba pidiendo ayuda. Que el conocimiento nunca te desconecte de tu hijo; ojalá la información te llegue para ayudaros a conectar, y no a desconectar.

Sé que es muy frustrante que los niños pinten el sofá o las paredes, sé que hay veces que se pone en marcha el piloto automático y acabas repitiendo pautas de conducta, sé que en ocasiones te da la impresión de que te faltan recursos, sé que realmente querías orientarte a las consecuencias lógicas pero al final te ha parecido un castigo edulcorado... Presumo que ahora mismo quizá te sientas culpable, o te has sentido así otras veces, pero he aprendido lo poderoso que es pedir disculpas con el corazón en la mano, y también lo poderoso que es recibirlas, tomando en tu mano esa otra mano que ofrece el corazón.

Si sientes que no tienes recursos para gestionar esas malas conductas, te voy a plantear una pregunta: ¿realmente los premios y castigos son tan efectivos cuando se trata de modificar el proceso de aprendizaje del niño? A corto plazo tal vez sí, pero ¿y a largo plazo? Es más, cuando uno da un paso atrás y observa la situación a distancia, se da cuenta de que está castigando la misma conducta una y otra vez, lo que acaba por dejar claro que los castigos no funcionan a largo plazo. Y además de no funcionar, pueden incluso causar un detrimento en el desarrollo cerebral de los niños. Caso aparte es el de la agresión física, a través de la cual el niño aprende que la violencia es una forma de resolver problemas y, lo cual es mucho más grave, una forma de demostrar el amor. Pegar a un niño no reafirma la autoridad, solo expresa que hay un adulto muy herido que necesita —con suma urgencia— ayuda para no hacerlo nunca más.

Siguiendo con los castigos, Jane Nelsen, autora de *Disciplina positiva: Cómo educar con firmeza y cariño*, afirma en sus libros que los castigos acaban provocando unas determinadas emociones en los niños, que ella llama las «cuatro R del castigo»: resentimiento, revancha, rebelión y retraimiento.

Por ejemplo, supongamos que castigamos a un niño porque se ha comido una tableta de chocolate. En consecuencia, el niño puede tener los siguientes pensamientos:

- Resentimiento: «No es justo, tenía hambre y no habíais preparado la merienda».
- Revancha: «Me vengaré en otro momento, me las pagaréis».
- Rebelión: «No tengo por qué hacer lo que ellos dicen, mañana me comeré otra tableta de chocolate en vez de pedir la merienda».
- Retraimiento: en dos formas distintas, de cobardía: «La próxima vez no me atraparán», y de culpa y baja autoestima: «Soy una mala persona por haberme comido el chocolate».

¿Deseamos que nuestros hijos tengan alguno de estos pensamientos? Supongo que todos estaremos de acuerdo en que no. Lo peor es que todos y cada uno de estos pensamientos son inconscientes, pues los niños no saben que están reaccionando ante un castigo, pero su conducta futura se basará en esta reacción. Es decir, podemos encontrar niños que asuman la idea de que son malos y que a partir de ahí tiendan a portarse peor, o niños que creyéndose malos intenten buscar un afecto que consideran no merecer.

Cierra los ojos e intenta recordar la última vez que alguien te castigó por tu conducta. ¿El castigo te motivó para cambiar? Si fue así, ¿cómo te sentiste? ¿Qué pensaste de la otra persona? ¿Y de ti mismo? Llegados a este punto, quizá te preguntes: «Vale, ¿y entonces qué puedo hacer?». Enseguida te lo contaré, pero primero piensa: si el mal comportamiento de este niño fue zamparse una tableta de chocolate, si el niño tenía la suficiente habilidad para coger una tableta de chocolate, también tendría la habilidad necesaria para prepararse una merienda sencilla. ¿Qué podemos hacer nosotros para prevenir «malas conductas»? Muchas veces soltar amarras y ofrecer más autonomía soluciona los conflictos. Lo veremos pronto.

Las recompensas

Pero ¿y los premios? ¿Por qué en el sistema Montessori no se dan premios, cuando pueden ser cosas favorables para el niño? A menudo es difícil de entender que los premios son la cara B de los castigos y que, además, entre adultos, en el marco de unas relaciones personales horizontales y respetuosas, no utilizaríamos las recompensas en modo alguno. ¿Te imaginas a ti mismo diciéndole a tu pareja: «Como has llevado hoy al niño al médico te haré tu comida favorita»? No, ¿verdad? ¿No crees que con los niños deberíamos comportarnos de igual forma?

Por añadidura, como sucede cuando se recurre a los castigos, al usar recompensas la responsabilidad del niño desaparece y es sustituida por la del adulto. Para aplicar castigos es preciso «pillar» a los niños haciendo algo incorrecto, pero para darles premios también tendremos que «pillarlos» haciendo algo positivo por lo que premiarlos. Esto redundará en que los niños dependerán de un *locus* de control externo, una validación externa, es decir, no aprenderán a responsabilizarse de su propia conducta, para bien y para mal. El uso de las recompensas enseña manipulación a los niños y reduce su autoestima, en vez de desarrollar competencias para la vida, ya que para ellos los premios se convierten en algo más importante que aprender de verdad cuál es el comportamiento adecuado.

Te hago otra pregunta. Lee primero estas dos frases: «Si sacas un sobresaliente en todas las asignaturas, te compraré la bici que quieres», y «Si no sacas un sobresaliente en todo no te compraré la bicicleta, te castigaré a quedarte sin bici». Ahí va la pregunta:

¿es o no es lo mismo el premio que el castigo?

Un ejemplo sobre niños más pequeños: «Si te comes las lentejas, como premio te llevaré al parque», y «Si no te comes las lentejas, te castigaré sin ir al parque».

Quizá consideras que no es lo mismo, que con la segunda opción se premia el esfuerzo. Tal vez sea cierto, pero ¿te acuerdas del adulto soñado que te gustaría que fuera tu hijo o hija, con tu nieto o nieta en brazos? Creo fervientemente que las recompensas son manipuladoras, distraen del problema, interfieren en la autoestima del niño, le restan valor y autonomía y degradan la tarea. ¿Piensas que te acercan o te alejan del ser humano humilde, honesto y generoso que desearías que fuera tu hijo?

Te contaré otra anécdota: estábamos debatiendo este tema en un taller, cuando uno de los padres nos contó que aún se acordaba de la bicicleta que no le compraron por no aprobar matemáticas. Sus padres le habían prometido esa bici si lo aprobaba todo, y a pesar de que hizo un gran esfuerzo, de que renunció a las actividades de ocio para concentrarse en estudiar y de que se dejó la piel, suspendió. Y tuvo un doble castigo: no le compraron la bici. El resentimiento consiguiente fue esta vez por el profesor, pero el chico bien podría haber volcado ese resentimiento en sus padres. En definitiva, dar premios para cambiar conductas puede tener el efecto secundario de deteriorar el vínculo, lo más sagrado que compartimos con nuestros hijos.

En ocasiones he leído también sobre refuerzos sociales en vez de recompensas, por ejemplo, recalcar lo bien que te sientes *tú* cuando tus hijos no se pelean y ofrecerles pasar un tiempo especial con ellos como refuerzo, o leerles más cuentos como premio si se acuestan temprano. Yo no soy psicóloga y no he estudiado el cerebro a fondo, pero sí he sido hija y soy madre. Sé lo que es tener necesidad de complacer para no decepcionar, y no me gusta. Sé también que es imposible no sonreír y emocionarse cuando tus hijos tienen conductas que te parecen loables, pero el objetivo de mi sonrisa no es que mantengan dichas conductas. Esa sonrisa surge de forma natural provocada por mis emociones, no con el propósito de modificar una conducta, porque este propósito lo que hace es aplastar al niño y arrebatarle su paz interior, y conseguir que pierda la capacidad de escucharse y decidir de forma consciente; es decir, le impide ser auténtico. Las leyes del aprendizaje son las que son, los refuerzos y los castigos surgen sin ser conscientes de ello y pueden condicionar a quienes más queremos, pero me parece importante aceptar a nuestros hijos tal y como son y ayudarles a progresar en su recorrido vital sin manipularlos a nuestro antojo.

Cuando mostramos a los niños que existen formas de solucionar los conflictos desde la comunicación y el respeto mutuo, poco a poco lo van interiorizando y poniéndolo en práctica, como es el caso de la mesa de la paz.

Yo solo sé que cuando nos sentimos mal es cuando más falta nos hace el aliento, y que mi objetivo es tratar a los demás como me gustaría que me trataran a mí, y que esto no incluye refuerzos, ni chantajes, ni recompensas, ni castigos. Sin contar con que permaneceríamos en la punta del iceberg de la conducta como vimos anteriormente, sin profundizar en el malestar subyacente. ¿Qué malestar interno puede llevar a dos hermanos a pelearse? ¿Qué está aprendiendo un niño cuando lo reforzamos con nuestra presencia por entrar en conflicto? ¿Aprende a resolver los problemas o a ocultarlos? ¿Estamos pensando realmente a largo plazo? Por supuesto, esta es simplemente mi opinión sobre un tema apasionante que requiere un debate largo y profundo.

Hace poco tuve una conversación con alguien que había educado a sus hijos desde el punto de vista del conductismo. Según esta persona, hasta los dieciocho años educas a tus hijos, pero luego los hijos salen al mundo y los estropean. Me vino a la cabeza esta frase de Alfie Kohn en *Crianza incondicional*: «Cuanto más dependas de los castigos, menos influencia real tendrás sobre sus vidas». Y es que cuando pensamos a largo plazo no tienen cabida los premios ni los castigos, pues no son útiles. Si has vivido en un sistema familiar y escolar opresivo y aun así consideras que eres «una persona de bien», eres lo que eres a pesar de los premios y los castigos, no gracias a ellos.

Además, los premios y castigos no nos dejan experimentar cómo funciona la vida realmente, porque, salvo en determinadas ocasiones (como las multas o los incentivos), en la vida no actuamos en función de premios y castigos. Estos son un medio artificial que nos hemos inventado para poder creer que ejercemos un poco de control. Cuando castigamos evitamos que los niños experimenten consecuencias, los rescatamos, les impedimos vivir. Es como si cogiéramos un pajarito volantón del nido y, en vez dejar que experimentara para aprender a volar, lo pusiéramos en una pista de vuelo y cada vez que intentara mover las alas para practicar, lo castigáramos y lo devolviéramos al nido hasta que lo hiciera bien. ¿Cómo lograría arrancar a volar sin haber practicado antes? A volar se aprende volando. A vivir se aprende viviendo, y eso implica cometer errores. Si rescatamos a los niños con castigos, los privamos de la valiosa oportunidad no solo de ver los errores como aprendizajes, sino también de seguir a su maestro interior y desarrollar así el espíritu crítico que deseábamos cuando nos imaginábamos al adulto del mañana. Que tu necesidad de control no empañe el futuro.

En definitiva, el uso de premios y castigos rescata y desempodera, provoca que el niño sea ajeno a su trabajo o su comportamiento. Si siempre hay alguien externo que lo valora, ¿qué sentido tiene la autocrítica? Es más, con los premios y castigos se corre el riesgo de que el niño no innove, no cree, no desarrolle su creatividad, no se atreva a afrontar desafíos y probar cosas nuevas. «Si me equivoco, no me llevaré ningún premio, lo peor es que hasta puedo recibir un castigo. Lo mejor es que continúe como hasta ahora, dentro del camino marcado.» De esta forma, el niño pierde su energía para guiarse a sí mismo y delega esa tarea en los demás (padres y profesores), pierde su esencia, pierde su capacidad de ser, sin más, de saber quién es y adónde va.

Las consecuencias naturales
¿Qué podemos hacer si no queremos aplicar castigos ni dar premios? Ya hemos comprendido que los castigos no enseñan, y no queremos provocar en los demás sentimientos desagradables como el miedo, ni hacer que se sientan culpables o incapaces. Tampoco deseamos modificar su conducta mediante premios que pueden convertirlos en adictos a las recompensas externas o en adultos manipuladores o interesados.

¿Cómo deberíamos actuar pues cuando los niños se comportan de forma inadecuada (siempre teniendo en cuenta su nivel de desarrollo)? Lo único que está en nuestra mano es ofrecerles información y la oportunidad de aprender de los errores cuando se produzcan las consecuencias.

A diferencia de castigar, emplear las consecuencias no se centra en imponer a los demás un correctivo como respuesta a una conducta, sino que simplemente consiste en dejar que suceda lo que tenga que suceder de forma natural, sin intervención del adulto, o en informar de lo que uno va a hacer con respecto a una situación concreta.

Las consecuencias naturales son muy sencillas de ver y comprender, como las siguientes: «Si derramas el agua, todo quedará mojado»; «Si te olvidas el desayuno, pasarás hambre en el cole»; «Si te dejas el abrigo en clase, pasarás frío en el recreo». Son aquellas en las que no hay ningún tipo de intervención del adulto, y aunque este prevea lo que va a ocurrir, si finalmente esto sucede, nunca lo señala con un «Te lo dije» u otra coletilla parecida que pueda acrecentar la culpa, la vergüenza, el miedo o el dolor provocados por la experiencia, unos sentimientos que, como ya hemos dicho, son los enemigos de la felicidad. Decir esto convertiría inmediatamente las consecuencias en reproches, y estas perderían todo su valor pedagógico.

Por ejemplo, podría ocurrir que un niño mayor de tres años se encontrase con que su ropa favorita no está lavada porque no la ha dejado previamente en el cesto de la ropa sucia. Se trataría de una consecuencia natural, pero si añadiéramos el «Te lo dije», dejaría de serlo.

Es por ello que en los ambientes Montessori hay material preparado para limpiar lo que se ensucia, siempre a la altura de los niños, y se presenta

Los niños suelen adorar jugar con el agua; podemos aprovechar este interés para animarles a hacer algo que les haga sentir capaces, como encargarse de regar las plantas.

como una lección de vida práctica. Asimismo, es en parte por este motivo por lo que los materiales son autocorrectivos, pues permiten a los niños refinar no solo sus percepciones sensoriales, sino también la autoconfianza, porque pueden aprender de sus errores y progresar con autonomía, sin ayuda externa si no es necesario.

Con niños muy pequeños solo podemos supervisar y redirigir. Aunque permitirles experimentar las consecuencias naturales es lo más adecuado para el desarrollo de la autonomía y las habilidades sociales, hay veces que no podemos dejar que lo hagan. En la mayoría de los casos, estas prohibiciones tienen que ver con su seguridad, el respeto a los demás o nuestras convicciones (por ejemplo, si quieren cruzar la calle solos, maltratar al gato o derrochar agua). Entonces es preciso impedir su conducta con cariño pero con firmeza. El sentido común es la clave.

Por otro lado, cuando los niños no perciben un problema en el resultado de su conducta, recurrir a la consecuencia natural es inútil. Así sucede, por ejemplo, cuando no ven que sea un problema no bañarse, no ir de la mano en una aglomeración, no vacunarse o no lavarse los dientes. Recordar con señales no verbales, o redirigir (en el sentido de dar otra opción, no de manipular o sobornar) a los niños más pequeños, son buenas soluciones, pero siempre debemos acompañarlos en sus frustraciones —de nuevo sin juzgar— cuando intervenimos. ¡No olvides las preguntas de curiosidad que mencionamos antes!

Las consecuencias lógicas

Sin embargo, no siempre que hablamos de consecuencias nos referimos a las consecuencias naturales, así que es preciso tener la precaución de no utilizar la palabra «consecuencia» como un eufemismo de castigo. Usar las consecuencias lógicas en la crianza es bastante peligroso porque la línea que separa las consecuencias lógicas de los castigos es muy, muy fina, y corremos el riesgo de servirnos de ellas a modo de castigo sin darnos cuenta.

Por ejemplo, decirle a un niño «Si no recoges tus juguetes, será que tienes demasiados y habrá que tirarlos» no es utilizar una consecuencia lógica, sino formular una amenaza que puede derivar en un castigo. Reconozco haberlo hecho alguna vez hace unos años, pero me di cuenta de que no tenía nada de respetuoso. Mientras salían las palabras de mi boca las sentía rechinar dentro de mí, y cuando pasa esto, toca replantearnos lo que estamos haciendo.

A veces esta incomodidad con nuestras propias respuestas es cultural o adquirida (como me pasaba a mí con las palabras «disciplina» y «obediencia», que no me gustaban) y a veces es la forma que tiene nuestra mente de decirnos que no estamos haciendo lo correcto, que no estamos siendo coherentes. Aunque sea cierto que el niño tenga demasiados juguetes, la opción más respetuosa no es tirarlos, sino llegar a acuerdos para donar los que no usa y almacenar y rotar los que sí. Cuando hay problemas con los juguetes, lo más probable es que nosotros no hayamos preparado el ambiente de forma adecuada.

Decía Rudolf Dreikurs, discípulo de Adler y autor de *Children the challenge*, que «cuando usamos el término "consecuencias lógicas", los padres frecuentemente lo malinterpretan como una nueva forma de imponer sus demandas sobre los niños, que lo ven como realmente es: un castigo disfrazado».

La frontera es muy delgada, pero te voy a decir cómo distinguir las consecuencias lógicas de los castigos. La consecuencia lógica tiene que cumplir cuatro requisitos esenciales: estar relacionada, ser respetuosa, ser razonable y ser revelada con anticipación. Decir, por ejemplo, «Si no terminas de comer no iremos al parque» no es emplear una consecuencia lógica, es imponer un castigo. ¿Por qué? Porque las dos situaciones no están relacionadas (¿qué tiene que ver el parque con la comida?), la proposición no es respetuosa (obligar a comer a una persona no lo es), ni es razonable (chantajear con no hacer algo no es razonable) y aunque la consecuencia haya sido revelada con anterioridad, si no cumple el resto de los requisitos, pasa a ser una herramienta punitiva y de control. ¿Contribuye a construir el adulto que queremos que sea nuestro hijo o, por el contrario, resulta manipuladora? La consecuencia natural de no comer es tener hambre (o quizá en primer lugar conviene reconocer que el niño no necesitaba comer porque no tenía hambre en ese momento, tras lo cual es posible que debamos replantearnos ciertas cosas).

Incluso aunque una consecuencia lógica cumpla los cuatro requisitos es mejor orientarse a las soluciones, porque además de estar relacionadas, ser respetuosas y ser razonables, ¡son útiles!

Retomemos el ejemplo del conflicto a la hora de recoger los juguetes antes de acostarse. Nosotros, en una reunión familiar, elaboramos una rueda de opciones acordadas entre todos: recoger juntos, recordar con una palabra especial acordada por las niñas, dividir en partes o sectores, poner música o cantar para recoger. También acordamos retirar una vez a la semana un juguete que ellas no usen para donarlo (esta última opción la hemos añadido hace poco). Realmente, muchos de los conflictos relacionados con los juguetes se solucionarían teniendo menos y rotando, pero cuando hay tres niños en casa en distintos subplanos del desarrollo, no siempre es fácil y no podemos usar este hecho como un chantaje para cambiar sus comportamientos. En momentos de calma hemos ido trabajando para incorporar soluciones, como donar o rotar los juguetes.

Una vez que mi hija mediana tenía un enfado tremendo porque le habíamos recordado que no estaba cumpliendo con el acuerdo de recoger después de jugar y ella, en su lógica privada, esto lo veía injusto, le pregunté a la niña: «¿Qué necesitas para recoger?». «Pues quedarme sola.» Nos fuimos y recogió todo lo que faltaba, muy contenta y sin una queja. Puedes creer que ese día estaba a punto de ser una madre sermoneadora, pero justo antes de meterme en este papel respiré, pensé y conecté con mi hija. La actitud contraria nos sale especialmente cuando nos sentimos amenazados, pero al final resulta que esa vía no funciona, no sirve, solo provoca malestar y desconexión.

Y ahora te voy a contar lo más gracioso de todo: lo que mejor funciona cuando necesitamos que nuestras hijas recojan es decir una palabra inventada, «Azurrosa», que es la mezcla de los nombres de sus colores preferidos. Como fue una idea suya, se sienten tenidas en cuenta e importantes y por eso se muestran más participativas. Tampoco penséis que es mágico, pues los conflictos son habituales a la hora de recoger porque influye también su condición de hermanas. Lo bueno es que ya no nos cuestan enfados ni gritos, solo rotación de juguetes, arduas negociaciones y palabras inventadas. ¡Ah! ¿y sabes cuándo tenemos capacidad para actuar mediante la

cooperación y sin entrar en luchas de poder? ¡Bingo! Cuando nos cuidamos. Te conté que invertir tiempo en nosotros mismos no es egoísmo sino generosidad, y aunque en ocasiones parezca autocomplacencia, no lo es. Nos permite estar más receptivos y conectados. La abnegación, una imposición social, especialmente para las madres, en realidad solo genera miedo, vergüenza y culpa.

El autocuidado busca la felicidad, la serenidad, la calma y la conexión. Poner encima de la mesa nuestras necesidades y llegar a acuerdos para satisfacerlas implica que los niños, en ese intercambio de opiniones llevado a cabo con una comunicación no violenta, absorban que escucharnos para saber lo que nos hace felices y esforzarnos lo posible por conseguirlo es lo que nos da la verdadera serenidad, la paz que queremos que ellos interioricen en su primera infancia para que puedan intentar mantenerla el resto de sus vidas.

En definitiva, para evitar el uso de consecuencias lógicas y castigos debemos buscar la cooperación de los niños y encaminarnos hacia las soluciones, es decir, centrarnos en el futuro y no en el pasado para buscar un culpable. Nuestra actitud siempre es lo más importante, y consiste en decidir qué vamos a hacer nosotros (y hacerlo) y darles tiempo a los niños para practicar lo acordado u observar qué pasa.

Resolución de conflictos

Y es que es así, los conflictos forman parte de la vida en sociedad y surgen en todos los ámbitos de nuestra vida. Respecto a ellos, el planteamiento Montessori consiste en sacarles partido, potenciando la autonomía y el desarrollo de las habilidades sociales y emocionales, en vez de que el adulto intente resolverlos o, peor aún, fuerce a los niños a «hacer las paces», ignore a los pequeños o los castigue. El planteamiento Montessori les proporciona a los niños la oportunidad de desarrollar habilidades sociales que les serán de extrema utilidad a lo largo de toda su vida. Sí, justo las que deseamos para nuestro adulto del futuro.

En el sistema Montessori se suelen resolver los conflictos de la forma más respetuosa posible. Sin duda te sonará la «mesa de la paz», un recurso muy interesante que, aunque no está reconocido por la Asociación Montessori Internacional (AMI), sí suele emplearse en las escuelas Montessori Americanas (AMS).

La mesa de la paz es un instrumento de convivencia tan sencillo que puede implantarse en cualquier aula u hogar. Tiene un doble uso: un uso colectivo para resolver los conflictos (como la mesa de las soluciones que se utiliza en disciplina positiva, si habéis profundizado en ello) y un uso individual para quien se sienta agobiado, ya que podrá pasar unos minutos frente a ella para reponerse (es lo que en disciplina positiva llamamos «tiempo fuera positivo» o «pausa alentadora»).

No tiene nada que ver con la tradicional silla de pensar, pues su uso es voluntario. Para ayudar al niño, y por supuesto al adulto, nuestra función es mostrar que es normal tener enfado o ira y que debemos permitirnos y agradecer estas emociones. Y también que es posible que no tomemos buenas decisiones o incluso que hiramos a los demás cuando estamos experimentando ciertas emociones. Para ello es preciso que nosotros utilicemos la mesa de la paz, para ser su ejemplo y modelo.

La rabia y la ira son emociones igual de útiles que la alegría y el amor, pero cuando las estamos experimentando a menudo nos impiden tomar buenas decisiones respecto a nuestros seres queridos. El tiempo fuera positivo nos permite distanciarnos un poco de la situación, recobrar la razón y la lógica y enfrentarnos al problema con honestidad emocional (diciendo: «Yo siento...», «Yo necesito...») y no mediante el reproche y la crítica (recriminando: «Tú has...», «Tú eres...»). Deberían enseñar esto en la preparación al parto. Y es que los niños observan cómo discutimos los adultos y su mente absorbente asume que la discusión es un modelo de comunicación «normal». Está en nuestras manos influir para que no ocurra de este modo.

Molestias, deseos y comunicación no violenta

Te voy a contar un recurso muy bonito que se emplea en disciplina positiva para el aula. Se llama «molestias y deseos» (*Bugs and Wishes* en inglés; *bug*, aparte de «bichito», es «molestar») y se utiliza un bichito de juguete (uno que no dé miedo a ningún niño, una mariquita o una arañita, por ejemplo) y una varita. Nos sentamos todos en círculo, en casa o en el aula, y tomamos ambos objetos. Al coger el bichito de juguete decimos (nosotros para mostrarlo y después los niños, quien tenga el turno de palabra): «Me molesta el desorden en el salón» (en el aula se puede decir: «Me molestan los niños que empujan en el pasillo»), y, dando un golpe de varita, añadimos: «Me gustaría que pudiéramos llegar a un acuerdo para evitarlo» (en el aula, «Me gustaría que todos camináramos despacio»). En el momento en que pronunciamos el nombre de la persona, el objetivo de la técnica se desvanece porque de lo que se trata es de utilizar la comunicación no violenta para expresar nuestras necesidades sin enjuiciar al otro.

Esta técnica la pueden aprender los niños desde pequeños, y por supuesto nosotros somos su ejemplo.

La comunicación no violenta consiste en comunicarnos con mimo, con cuidado, con claridad y con firmeza, y requiere cambios en nuestra forma de transmitir mensajes. Marshall Rosenberg, su creador, define la comunicación no violenta como «una manera de comunicarnos que nos lleva a dar desde el corazón», y es que nos permite entrar en contacto tanto con las necesidades del otro como con las nuestras. Cada acción humana expresa una necesidad que quiere ser satisfecha, y cuando logramos verlo así, modificamos la perspectiva y cambia además nuestra actitud. Podemos observar el comportamiento de los demás, identificar sus sentimientos y necesidades, empatizar con ellos.

También tenemos que realizar, ahora de forma asertiva, nuestra petición, porque si obviamos nuestras necesidades también ejercemos la violencia sobre nosotros mismos.

La comunicación no violenta es muy útil para establecer relaciones de respeto mutuo con niños y con adultos. Ya sabes que la mente absorbente asimila lo positivo y lo negativo, así que es preciso hacer un esfuerzo por llenarla de cosas bonitas y no de violencia. Sembremos buenas ideas, como decía la doctora Montessori.

Volviendo a los niños, en un conflicto con menores de cuatro años, que apenas tienen formado el neocórtex, y es el adulto que lo acompaña quien modula las emociones, lo ideal es que niños y adultos estén juntos en el espacio de tiempo fuera positivo.

A partir de los tres años, o incluso antes, dependiendo de la madurez del pequeño, cuando este está, por ejemplo, muy nervioso y a punto de tener una rabieta, podemos decirle: «¿Te hace falta un abrazo o te gustaría que te acompañara a la mesa de la paz?»; a la mesa de la paz o a como hayáis decidido llamar al lugar destinado al tiempo fuera positivo. Una buena idea es sentarnos nosotros en ella, así educaremos con el ejemplo (aunque dar ejemplo siempre funciona mejor en momentos de calma) y además podremos relajarnos para mantener la calma y modular la emoción del niño. Es esencial evitar *destaparnos* nosotros y contagiarle nuestro estrés al niño mediante las neuronas espejo.

En casa estuvimos utilizando la mesa de la paz durante mucho tiempo, pero al cabo de unos meses decidimos introducir un cambio. La mesa de la paz es a la vez un espacio para hablar de las soluciones y un espacio para encontrar la calma. Mis hijas decidieron separar ambas funciones: elegirían en cada momento cómo tomarse su tiempo fuera positivo (a veces puede consistir en estar solas, o en poner música y bailar, o en sentarse a leer, o en un abrazo nuestro, permanecer un rato callados y abrazados... Especialmente los niños pequeños, hasta los cuatro años, necesitan de un adulto calmado para acompañar sus emociones), y tienen un instrumento —un árbol musical— que convierte cualquier mesa en una mesa de diálogo. Ingenioso, ¿verdad? El árbol musical lo tenemos en una repisa, a la que yo me empeño en llamar «repisa de las soluciones» y ellas llaman «repisa de la paz». Es lo que tiene vivir en un piso pequeño, pero lo importante es que sean los niños quienes elijan el lugar. Y que lo usemos también los adultos que somos su modelo. En una reunión familiar decidimos asimismo que quien quisiera discutir en casa tendría que hacerlo en ese espacio. ¿Adivinas quién llevó la propuesta a la asamblea? Sí, las niñas. Éramos nosotros los que discutíamos de vez en cuando y ellas las que se sentían incómodas. ¿Adivinas quién incumple constantemente el acuerdo? Sí, los adultos. Ahora, cuando nos saltamos el trato, se ponen muy serias y nos dicen: «Observo que estáis discutiendo sin ir a la repisa de la paz y las normas dicen que tenéis que ir a discutir allí». La mitad de las discusiones acaban en risas después de oír esto. Este es un ejemplo más de que los límites, cuando nacen de la horizontalidad, no tienen nada de opresivos. Voy a compartir contigo el testimonio de Judith, que es una guía

Montessori que ha participado en mis cursos para aprender a orientar mejor a las familias con las que trabaja, sobre el uso de la mesa de la paz en el aula y sobre su efectividad en el hogar.

La mesa de la paz, aparte del uso diario que tenía en mi clase, ya que siempre estaba llena, nos ayudó a resolver todo tipo de conflictos. En ese momento estaba en una clase de sesenta alumnos con cinco adultos, todos en el mismo ambiente, todos moviéndose libremente. Los niños tenían entre seis y nueve años. De repente llegó uno de los niños con su hermana pequeña y su madre. La madre le colocó todas sus cosas y luego se sentaron los tres en la mesa de la paz. El niño hizo todo el ritual, y estuvieron allí los tres hablando durante unos quince minutos; lloraban y hablaban. Nadie, ni adulto ni niño, les hizo ningún caso. Acabaron, soplaron la vela y la mamá y la hermana se fueron. No le preguntamos nada al niño, ya que consideramos que él nos explicaría, si quería, lo que había sucedido. Cuando regresó por la tarde, la madre nos contó que, mientras iban al colegio, había atropellado a un perro con el coche, y por supuesto los niños lo habían visto y se habían asustado. La madre llegó al colegio llorando y la hermana también. En la reunión que su hijo había convocado en la mesa de la paz, la madre había expresado su tristeza, y el niño le había dicho que no se preocupara, que no era culpa suya, y resolvieron la situación. La ma-

dre nos dio las gracias por tener la mesa de la paz y por estar ayudando a su hijo a resolver esa clase de conflictos.

¿Y cuando estamos fuera de casa? Pues no siempre es preciso que exista un espacio físico, basta con que entendamos que un niño que experimenta estos sentimientos no se porta mal, sino que se siente mal. Y lo que necesita es tener experiencias positivas para encontrarse mejor. Conviene recordar siempre la máxima de Jane Nelsen que dice: «Un niño que se porta mal se siente mal». Muchas veces la forma que tendrá el niño de volver a conectar sus hemisferios cerebrales será pasar un buen rato.

Una vez mi hija mayor tuvo una rabieta. Ella ya conocía la analogía del cerebro en la palma de la mano, pero tener emociones fuertes y expresarlas es parte de la vida. Aunque actuamos de la mejor forma posible y estábamos tanto su padre como yo muy centrados y conectados con ella, y con el cerebro racional a tope, la rabieta estalló. Hubo gritos e insultos, e intentó pegarnos, cosa que suave y firmemente le impedimos hacer. Hubo, sobre todo, mucha gente alrededor escuchando y juzgando. Nosotros pusimos todos nuestros esfuerzos en no contagiarnos del clima que nos envolvía, en proteger nuestras neuronas espejo y en pensar en lo que queríamos enseñar a largo plazo. Le preguntamos a nuestra hija si le apetecía ir al parque que había cerca a jugar un rato, para el asombro de todas las personas que se encontraban allí, cuyas miradas fueron realmente desalentadoras. Al cabo de un rato que nos pareció eterno, la niña se nos acercó y dijo: «Lo siento mucho, me he destapado y os he tratado mal». Nos dimos un abrazo. Podíamos haber tomado su rabieta de forma personal y haber alimentado nuestro ego herido (con respuestas como: «Se va a enterar esta niña», «Nos está mirando todo el mundo y nos está haciendo quedar como peleles») o podíamos habernos sentido muy removidos (con pensamientos como: «Qué desagradecida, con lo que nosotros hacemos por ella y nos lo paga así», «Qué injusticia, tendría que probar en otra familia»). Sin embargo, conseguimos dejar el ego a un lado y así pudimos ver que su mal comportamiento era un grito pidiendo ayuda, una ayuda que le dimos en forma de juego y tiempo. Cuando pasó, todos verbalizamos nuestras emociones y buscamos soluciones al conflicto original. No fuimos permisivos, fuimos comprensivos, cuidamos nuestro vínculo, protegimos a nuestra hija, permitimos y validamos sus emociones, las aceptamos. Lo que piensen los demás es irrelevante cuando tú tienes claro que tu propósito es educar dando raíces y alas. Educar no es juzgar, educar no es *disfrazar* consecuencias cuando realmente queremos decir castigos. Todas las acciones tienen consecuencias, no era nece-

sario castigar a mi hija, ni gritarle ni humillarla por haber experimentado fuertes emociones. La consecuencia natural era que nosotros estábamos retrasando nuestros planes de ocio. Esa era la consecuencia, no teníamos que sacar a relucir ninguna otra, no queríamos buscar un culpable, queríamos buscar una solución. Una vez que ella se repuso seguimos con nuestros planes, y cuando ella se disculpó nuestro malestar desapareció. ¿No es más bonito vivir la vida y la crianza con simplicidad y serenidad que alimentando el ego y las luchas de poder?

Podíamos haber utilizado nuestra fuerza para someterla, pero ¿qué hubiera sido de nuestro vínculo? ¿Qué hubiera pasado con su autoconcepto y su autoestima? ¿Dónde habría quedado el amor incondicional? La niña podría haber pensado: «Mis padres solo me quieren cuando me porto como ellos consideran que es adecuado». Y también: «Si muestro mis emociones, mis padres me rechazan, así que voy a ocultarlas en vez de aceptarlas». Nuestra lógica privada es compleja, los niños son muy hábiles percibiendo, pero interpretar la realidad no siempre se les da tan bien. Bueno, a los adultos tampoco, a veces interpretamos mal lo que quieren transmitirnos los demás. Lo que siempre permanece, lo que le sirve de guía al niño, es el adulto que valida, empatiza, conecta, que ve en un grito o un insulto una petición de ayuda y no

Los arreglos florales son una de nuestras actividades de vida práctica favoritas y también una forma preciosa que tienen los niños para demostrarnos su afecto, regalándonos estos preciosos ramitos.

El yoga y el 'mindfulness'

Si consideramos la vida física por un lado y la mental por el otro, rompemos el ciclo de relaciones y las acciones del hombre quedan separadas del cerebro. El verdadero fin del movimiento no es favorecer una mejor respiración o nutrición, sino servir a toda la vida y a la economía espiritual y universal del mundo.

MARIA MONTESSORI

Muchas escuelas del mundo, Montessori y no Montessori, están aprovechando los beneficios del yoga y el *mindfulness* en las aulas. Ambas disciplinas encajan muy bien con el planteamiento Montessori, ya que ayudan a los niños a respetar su cuerpo y buscar sus propios límites. Mediante el esfuerzo y la constancia, permiten tomar más conciencia de las emociones y la respiración, y favorecen la imaginación y el descubrimiento del cuerpo, siempre a través de los sentidos. Y lo más importante es que permiten desarrollar la concentración y los periodos de atención, esenciales según Maria Montessori, pues es en ellos cuando se produce el verdadero aprendizaje.

Tanto en internet como en las tiendas especializadas se encuentran numerosos recursos que nos pueden guiar para practicar yoga y *mindfulness* con los pequeños: desde CD y libros hasta vídeos de Youtube que nos permiten tomar una clase de yoga online o ensayar mediante juegos las asanas, los mantras y las canciones relacionadas con la práctica de yoga.

Muchos niños mayores de cuatro o cinco años son conscientes ya de la necesidad de momentos de calma para volver a integrar su cerebro, para volver a «taparse» cuando notan que les embargan emociones que no pueden controlar y que si se dejan llevar por ellas pueden hacer daño a los demás. Estos niños a veces deciden practicar yoga para volver a encontrar la paz. También a veces se enfadan y deciden explorar esos sentimientos, lo cual también es fantástico, pues no hay emociones buenas o malas, sino que cada una tiene una función.

Hacer yoga en familia nos invita a la conexión y la cooperación, sobre todo si hacemos asanas (las posturas) en pareja o cantamos canciones (que pueden tener un significado muy espiritual, pero si los niños no lo preguntan no tenemos por qué entrar en él). En definitiva, el yoga es ideal para equilibrar cuerpo, mente y corazón en un hogar en el que se educa siguiendo los principios del sistema Montessori. Asimismo, el *mindfulness*, en esta época en que vivimos hiperestimulados por el ambiente, es esencial para redirigir nuestra atención hacia el momento presente.

El yoga nos ayuda a ser conscientes de nuestra respiración y de que cuando estamos enfadados no tomamos buenas decisiones. Por eso debemos permitir que la emoción fluya, sin cortarla, pero también sabiendo que solo cuando estamos en calma tomaremos decisiones racionales. (La ira tiene una función biológica muy importante, pero no permite que actúen la lógica y la empatía.)

El juego del silencio

El juego del silencio es una actividad preciosa que se hace en las escuelas Montessori y que podemos realizar en casa, pues promueve la concentración, la autodisciplina, la paciencia y la conciencia corporal. Para empezar, nos sentamos en círculo y dejamos una vela en el centro. Entonces les pedimos a los niños que se concentren en el silencio, mirando la vela, escuchando el sonido de una campana (o poniéndose la mano en el pecho y sintiendo su respiración). Podemos colocar un reloj de arena en el centro del círculo para esforzarnos en alargar la actividad cada día un poco más si los niños son muy pequeños. En las aulas se suele llamar a los niños por su nombre en voz muy baja, uno por uno, hasta decir todos los nombres.

Sobre esta actividad, la doctora Montessori decía: «Para obtener el silencio absoluto hay que ponerse de acuerdo: si alguno no está en silencio, queda roto; por esto hay que tener la conciencia de actuar juntos para llegar a un resultado. De aquí nace un consciente acuerdo social. Con este ejercicio del silencio se podría medir la fuerza de voluntad de estos niños; con la repetición del ejercicio, esta fuerza se hacía cada vez mayor, y los periodos de silencio se prolongaban».

una provocación dirigida contra su ego; el adulto que es capaz de actuar dejando de lado el orgullo y la ira, los grandes limitadores para la educación respetuosa, según la doctora Montessori.

Meses después volvimos a pasar cerca del parque y mi hija me dijo: «¿Te acuerdas de ese parque? Me destapé y la lié parda, lo siento mucho, mami». Me sonrió y me abrazó. Podía haberse acordado de un castigo, un grito, una amenaza o una humillación, pero lo que recordó fue «pase lo que pase, mis padres me quieren, y pase lo que pase, yo soy quien puede intentar repararlo».

Por otro lado, cuando hay conflictos latentes que no terminan de solucionarse suele funcionar bastante bien tener un cuadro de rutinas. Los cuadros de rutinas acostumbran a ser muy útiles porque estas son beneficiosas a largo plazo, ya que transmiten seguridad a los niños y evitan las luchas de poder, generando un clima de calma y confianza. Imaginemos que un niño no se quiere lavar los dientes después de comer. Podemos señalar su cuadro de rutinas y preguntarle: «¿¿Qué es lo que va después de comer?», en vez de sermonear, mandar o pelear para que se lave los dientes. En nuestra casa, más que rutinas estrictas, seguimos un ritmo que tiene más que ver con los rituales que con los horarios. Es decir, no usamos el cuadro de rutinas a unas horas concretas, sino simplemente para facilitar las transiciones. A nuestras hijas les viene genial para solventar los conflictos sin nuestra ayuda (que no sin nuestro acompañamiento). Una frase que se oye mucho es: «No mandas tú, manda el cuadro de rutinas».

Siempre que tengas un conflicto latente y no encuentres el modo de resolverlo, te animo a que convoques una reunión familiar con el fin de evaluar qué puede estar pasando y averiguar cómo podéis comprometeros todos para que esto deje de ocurrir. Aunque no siempre es necesaria una reunión familiar, también se puede tratar el problema en el momento en que se manifiesta.

En todo caso, como ya hemos dicho, el aprendizaje de los niños se basa en buena parte en la imitación, por eso modelarnos a nosotros mismos es vital para la construcción de sus emociones. Para ello conviene verbalizar cómo nos sentimos a través de mensajes que empiecen por «Yo» («Yo me siento ... por esta razón») en vez de mensajes que empiecen por «Tú» («Tú has hecho esto y estoy...»).

Mi hija mediana tuvo una época en la que tiraba la comida porque no quería comer más. Esta actitud era desesperante y frustrante a partes iguales. En su día se me pasaron por la cabeza un montón de correctivos, y también la posibilidad de comprar un billete de avión, solo de ida, a algún país tropical. Hasta que un día dejó de hacerlo. Si estás en este momento, lo único que puedo decirte es que pronto pasará; ¡ah!, y que ahora venden platos con ventosas, aunque mi bebé ha aprendido a despegarlos. En aquella época mi hija era muy pequeña para entender mis sentimientos, pero a un niño un poco más mayor hubiéramos podido decirle: «Me siento enfadado cuando veo comida por el suelo. Probemos otra cosa: ¿prefieres decirme "No quiero más, mami" o prefieres irte a jugar

El juego del silencio es una actividad preciosa que nos puede ayudar a recobrar la calma y la concentración en cualquier instante del día.

directamente?». Si el comportamiento persiste, podemos separar al niño de la acción, reafirmando previamente el afecto que le tenemos: «Te quiero y no puedo dejar que tires la comida por los aires». Con niños muy pequeños da buen resultado redirigir o reorientar, y sobre todo anticiparse.

Educación emocional

Ya que hablamos de emociones, cabe señalar que la honestidad emocional es de vital importancia para relacionarnos con nuestros hijos, y que la mejor forma de enseñar educación emocional no es reprimir ni controlar, sino dar ejemplo. Las emociones se generan en el sistema límbico, y aportan una información muy valiosa que nos sirve para decidir si hay algo que cambiar o no. Por lo tanto, no son meros impulsos anárquicos que invaden nuestro cerebro, sino que son útiles, necesarias y sanas. Sin embargo, la corteza prefrontral, la parte del cerebro responsable de regular las emociones, no está completamente madura hasta que la persona tiene entre veinticinco y treinta años, por lo que es prácticamente imposible que los niños, los adolescentes y algunos adultos comprendan y gestionen lo que sienten. Aun así, puesto que el ser humano aprende por imitación, si somos capaces de gestionar nuestros sentimientos de forma adecuada, los niños captarán el mensaje y nos imitarán.

A veces se identifica la educación emocional con la opresión emocional. Cuando entiendes que educar es sacar de dentro hacia fuera, el concepto de «educación emocional» toma otro cariz, sobre todo si se tiene en cuenta que los niños están mucho más conectados con sus emociones que nosotros. Por lo tanto, no se trata de domar las emociones, sino de sentirlas, experimentarlas, aceptarlas sin juzgar, y en esto los niños son expertos. Nuestra función es verbalizarlas, darles su espacio, ponerles nombre, descubrir su función y agradecerlas, y de este modo entenderlas. Educar en las emociones es favorecer el autoconocimiento, no la represión.

Todas las emociones son sanas, y nuestra labor como padres es acompañarlas, modularlas, ayudar a los niños a gestionarlas de una manera adecuada, no mediante la represión sino dándoles pautas para autorregularse. De esta forma el niño va comprendiendo sus emociones y sintiendo que puede expresarlas en confianza, y poco a poco irá reconociéndolas en sí mismo e incluso en los demás. Con la edad irá desarrollando la empatía, que es una habilidad esencial para la vida pero que no se puede adquirir en los primeros años, pues depende del cerebro más racional, que se desarrolla a partir de los tres o cuatro años. Los niños más pequeños, aunque sienten verdadera necesidad de pertenecer, de cooperar y de contribuir, en realidad no tienen

CONFUNDIDA   AVERGONZADA   CULPABLE   INSEGURA   ENAMORADA   CANSADO

ENERGÉTICO   SORPRENDIDO   CELOSA   TRISTE   DESALENTADA   ENFADADA

AGRADECIDO   CONFIADO   ASUSTADA   ILUSIONADA   FRUSTRADO   IRRITADA

TRANQUILO   ORGULLOSA   VENGATIVO   FELIZ   DESILUSIONADO   PREOCUPADA

ALEGRE   CONTENTO   APENADO   ESPERANZADA   RESENTIDA   MOLESTA

MOTIVADO   DOLIDA   AGOBIADO   DISGUSTADA   DESESPERADA   SATISFECHO

ilustraciones: jennifer sotillo

la capacidad de ponerse en el lugar del otro.

Es importante explicar a los niños que las acciones no son lo mismo que los sentimientos o las emociones. Los niños suelen elegir formas *inadecuadas* para expresar sus sentimientos, por ejemplo, tirar un juguete y hacer daño a un hermanito cuando están enfadados. El problema no es el sentimiento de rabia, sino la violencia de su acto, que puede dañar a otras personas. Las emociones son para vivirlas y aceptarlas; lo que poco a poco iremos aprendiendo a controlar son los actos que derivan de ellas. La única manera que tienen los niños de aprender a gestionar estas emociones, de aprender de verdad a no reprimirlas, es comprendiéndolas. Nosotros debemos expresarlas con palabras sin emitir ningún tipo de juicio ni culpabilizar a nadie. Basta con que estemos presentes, sin más.

Podemos decir frases como: «Observo que has lanzado el juguete contra el suelo. Debes de estar muy enfadado», o «Veo que estás triste. Estoy aquí, ¿quieres un abrazo?». Una vez me confundí en mi labor de detective y mi hija me contestó: «No estoy enfadada, estoy frustrada. Es muy difícil ser hermana mayor». Tenía dos añitos y las cosas muy claras. Se enfadó por mi suposición incorrecta, pero esto a la vez nos permitió volver a conectarnos. Otra opción sería decir: «A mí tampoco me gustaba cuando el tío rompía mis dibujos», y así no nos equivocamos. Sin embargo, tampoco conviene que nos asuste equivocarnos. La conexión emocional permanece.

A mi hija mediana le dan miedo los perros y, en general, todos los animales, así que intentamos decirle: «Me parece que tienes miedo, yo estoy a tu lado». Sigue teniendo miedo de los animales, pero al menos normalizamos sus sentimientos. También podríamos decirle: «Anda, exagerada, si es un caniche», pero eso no nos acerca ni un milímetro al adulto respetuoso que queremos que sea, ¿no te parece?

El poder de las palabras

¿Alabamos o alentamos? ¿Rescatamos o empoderamos?

Una frase muy bonita de Maria Montessori respecto de los cumplidos es esta: «Un niño no necesita halagos, los halagos rompen el encanto». Al igual que en el caso de los premios, es complicado asimilar que los halagos vacíos no ayudan a los niños y que hay otras maneras de motivarlos, alentarlos y empoderarlos (es decir, darles poder para que tengan el control de sus vidas y puedan aprender de los errores), desarrollando así su motivación intrínseca. Una de las formas es ofrecerles un *feedback* descriptivo en vez de uno evaluativo, es decir, es mejor ofrecer aliento antes que un halago vacío. Así, es preferible decir: «Veo que te esforzaste mucho en recoger los juguetes tan rápido. ¿Cómo te sientes al respecto?», en vez de: «Muy bien», cuando el niño termina la tarea de recoger.

Cuando nuestros hijos nos muestran un dibujo o una construcción en la que se han esforzado y es realmente espectacular, nos sale de forma natural exclamar: «¡Hala, qué chulo!». Muchas veces lo hacemos sin pensar demasiado, y además si intentáramos evitarlo le mandaríamos al niño un mensaje contradictorio. El halago es como la crema de leche con cacao, avellanas y mucho azúcar que está buenísima en el bocata pero que no se puede tomar a diario. El aliento es la fruta fresca, que debe constituir una parte importante de la dieta habitual si queremos adultos sanos. Por supuesto que podemos hablar sobre los progresos de los niños, no obstante, debemos hacerlo teniendo el cuidado de que nuestra alabanza sea para acompañar su orgullo y su satisfacción, y no al revés, que lo que logre sea que hagan ciertas cosas para obtener nuestra aprobación. Lo cierto es que no debemos ser extremistas: la espontaneidad es esencial en las relaciones con nuestros hijos, y un uso moderado del halago no tiene por qué producir ningún efecto indeseado en nuestros peques. No pasa nada por tomar crema de chocolate de vez en cuando.

Si eres consciente de que te hace falta un cambio, empieza dando pequeños pasos. Un simple «Lo hiciste» o «Lo conseguiste tú solo» sustituye perfectamente al «Muy bien» cuando estamos tratando de deshacernos de esta coletilla. También podemos expresar lo que vemos, hacer preguntas abiertas y preguntarles a los niños cómo se sienten. Y, evidentemente, dar las gracias: el agradecimiento y los cumplidos sinceros son una caricia para el corazón.

Para el caso de que aún no te haya convencido, te planteo lo siguiente: sitúate en un contexto imaginario en el que tu hijo es mayor; le acaban de dar los resultados de los exámenes de selectividad y ha sacado un diez. Podrías decirle: «Muy bien, eres un chico listísimo» o «Lo lograste, debes sentirte orgulloso de tu esfuerzo». Ahora bien, supongamos que en vez de sacar un diez suspende la prueba y está muy disgustado. Entonces podrías utilizar una frase de aliento: «Confío en ti y en tu criterio. ¿Cómo te sientes al respecto? Si crees que has trabajado duro, debes sentirte orgulloso igualmente. ¿Puedo hacer algo para ayudarte?». ¿Se te ocurre algún halago sincero que podamos aplicar en este caso? Probablemente no existe. Y cuando más falta les hace a los niños el aliento es cuando se sienten desmotivados.

Como es natural, no todos los niños son iguales: algunos estarán seguros de recibir amor incondicional pase lo que pase, mientras que otros necesitarán complacer para tener un sentimiento de pertenencia, y son estos los

Si tenemos suficiente espacio, podemos prepararles una mesita donde puedan lavarse las manos y la cara, y, además, tener a su alcance sus útiles de aseo.

que más precisan nuestro aliento y no nuestro mero halago.

Me gustaría recalcar que tampoco debemos volvernos paranoicos con las alabanzas y los halagos vacíos. Simplemente tenemos que ser conscientes de que lo que necesitan nuestros niños es un tipo de *feedback* que los empodere y sobre todo evitar alabar el logro, centrar nuestra conversación en el proceso y en el progreso, no en el resultado.

Alentar en el fondo no es otra cosa que agradecer, describir y empoderar. Y hablando de empoderar, de las cosas que hacemos a diario, ¿cuáles crees que nos acercan más a nuestro adulto ideal?

Cuando hacemos o damos demasiado, sobornamos o premiamos, estamos encima de ellos, mentimos por ellos, sermoneamos, culpamos, avergonzamos, negamos y rescatamos. También cuando castigamos, estamos recortando la autonomía que requiere el niño para decidir cómo hacer lo correcto. Si queremos empoderarlos tenemos que alentarlos y motivarlos, ¿no te parece?

Un ejemplo de esta situación es el siguiente: para que pueda terminar de escribir este libro que tienes en las manos, mi suegra se queda con las niñas una tarde a la semana. Mis hijas han decidido no hacerse la cama ese día. «Si cuando venga la yaya la va a hacer ella porque dice que no sabemos hacerla bien.» La crítica constante desmotiva y a la vez rescata: ya no es necesario hacer algo porque hay alguien que lo hace mejor que tú y se encarga de recordártelo. No me entiendas mal, sin embargo. Los abuelos aportan muchísimo a nuestras vidas y agradezco infinitamente que mis hijas puedan disfrutar de los suyos. Con ellos aprenden que en las familias hay distintas formas de hacer las cosas, y todas se basan en el amor y el cariño, aunque no todas se basen en el respeto mutuo.

Cuando impedimos que los niños experimenten las consecuencias de sus errores (las que sean capaces de asumir), los estamos rescatando y eso hace que se desempoderen, les resta autonomía y, sobre todo, autoestima. ¿Cómo se sienten mis hijas cuando les dicen que han hecho la cama *mal*? Dependiendo de su personalidad, pueden sentirse ofendidas o desmotivadas. Y si esta situación, en lugar de darse una vez a la semana, se repitiera continuamente, el efecto se magnificaría.

Una anécdota personal: cuando nació la bebé, un día que yo estaba enferma con mastitis y no era capaz de levantarme de la cama, las niñas se prepararon solas el desayuno, como muchos días, pero se rompió un vaso. Les dije que salieran con cuidado, que enseguida limpiaría yo los cristales para que no se cortaran. Al rato volvieron diciendo: «Mamá, no te preocupes, lo hemos recogido todo y no nos hemos cortado». Me habían visto limpiar muchas veces, se sintieron preparadas y lo hicieron ellas. En ocasiones les restamos autonomía a los niños sin querer, para protegerlos, y es normal y natural. Pero como les ofrecemos aliento y confianza en otros aspectos de su vida, son capaces de demostrarnos su valía y capacidad. Si me preguntaras qué hice ese día, podrías imaginarte la respuesta: emocionarme profundamente por la fortuna de tener dos hijas tan maravillosas y llorar por lo mayores que se habían hecho sin darme cuenta.

EL AMBIENTE PREPARADO EN CASA

There is freedom in the environment. There is discipline, which arises out of the environment. There is joy, which is a sign of healthy growth. The conditions provide for mutual understanding, cooperation and helpfulness which are the roots of morality and character.

Hay libertad en el ambiente. Hay disciplina que surge del ambiente. Hay alegría, que es un signo de crecimiento saludable. Las condiciones fomentan el entendimiento mutuo, la cooperación y la solidaridad, de donde surgen las raíces de la moralidad y el carácter.

Maria Montessori, *What You Should Know About Your Child*

Los principios del ambiente preparado

Ahora que ya hemos tratado un poco los aspectos del planteamiento Montessori que tenemos que interiorizar como adultos, vamos a centrarnos en cómo organizar un buen ambiente preparado en casa. Te adelanto que el ambiente preparado estará fundamentado en los siguientes principios: libertad de movimiento, autonomía, seguridad, orden, simplicidad, estética y practicidad.

El objetivo del ambiente preparado en casa es doble: por un lado, fomentar la autonomía de los niños y, por el otro, mostrarles lo cotidiano, enseñarles el mundo y hacer juntos las tareas. Adaptar la pedagogía Montessori a nuestra casa requiere sí o sí adaptar los espacios y crear un ambiente preparado.

El ambiente preparado, pues, es esencial, y no solo en el método Montessori, también lo es en el resto de los sistemas pedagógicos no tradicionales (Reggio Emilia, Wild-Pestalozzi, Waldorf, e incluso en iniciativas como la del bosque escuela, en la que el ambiente preparado sería el mismo bosque). El ambiente preparado es de vital importancia para que el niño pueda desarrollarse correctamente.

Perjuicios de no tener un ambiente preparado

En el libro *El niño, el secreto de la infancia*, Maria Montessori afirma: «Si no existe el ambiente preparado y el pequeñuelo se encuentra entre los adultos, estas manifestaciones tan interesantes que se desarrollan pacíficamente pueden convertirse en una congoja, en el enigma y el capricho».

La falta de un ambiente preparado para nuestro hijo puede tener incluso los siguientes perjuicios:

> **Limitar la autonomía del niño:**
Si no tenemos la casa preparada para el niño, este se verá obligado a pedirnos ayuda constantemente, lo cual le provocará un doble sentimiento de frustración («Esto no me sale») y tristeza («No sirvo para realizar las mismas cosas que los demás»). Siempre digo que no es nada útil tener una torre rosa en casa si nuestro peque ha de pedirnos ayuda para servirse un vaso de agua.

> **Dificultar el desarrollo del niño:**
De la misma forma, sin un ambiente preparado estaremos dificultando su correcto desarrollo, perjudicando también su autonomía y autoestima. No es preciso tener muchos materiales; por ejemplo, si el pequeño no tiene una barra con espejo, acabará por sujetarse a la mesita del salón para levantarse. Simplemente basta con observar al niño y ofrecerle lo que necesita, o permitirle que lo coja del ambiente sin prohibir, ni gritar, ni intervenir (salvo que se trate de una cuestión de seguridad o de respeto al ambiente o a los demás).

> **Estropear las relaciones familiares:** Fruto de los dos inconvenientes anteriores, si el niño requiere nuestra atención todo el rato, generará una demanda excesiva y mucha frustración en nosotros, y a la vez, al no poder desarrollarse normalmente, estará aburrido, irascible y frustrado. Sin contar con que decir que no todo el rato crea un clima desagradable en cualquier hogar.

Beneficios del ambiente preparado

Contar con espacios adaptados a las necesidades del niño en casa tiene las siguientes ventajas:

> **Permite el desarrollo de toda su capacidad de elección:** Ofreciéndole al niño distintas cosas —que han sido previamente examinadas y consideradas seguras y adecuadas por nosotros— para elegir, está desarrollando su voluntad, aun a edades muy tempranas. Eso favorece que se sienta pleno y valioso, lo que fomenta su autoestima.

> **Permite el desarrollo de la autonomía:** Ofrecer al niño opciones para elegir lo que desee, y que además dichas opciones estén previamente evaluadas como seguras y adecuadas por nosotros, permitirá al niño escoger las actividades de acuerdo con el periodo sensible en el que esté y la necesidad que tenga en cada mo-

mento. Las actividades de vida práctica serán una preparación directa para realizar acciones cotidianas de forma autónoma.

Por ejemplo, gracias a las actividades de trasvase en seco y luego en húmedo (consisten en pasar de un recipiente a otro cierta cantidad de legumbres, como garbanzos o lentejas, y agua), el niño será capaz de servirse un vaso de agua, o los marcos de ropa le ayudarán a aprender a abrocharse la camisa. Además de esta preparación directa, también podemos hablar de una preparación indirecta para la lectoescritura (practicando el giro de muñeca) y las matemáticas (practicando la correspondencia uno a uno).

> **Permite la libertad de movimientos con seguridad:** Al ofrecerle al niño un ambiente seguro en el que moverse libremente, le estamos otorgando todo el protagonismo sobre su aprendizaje, en función del periodo sensible de movimiento en el que se encuentre. El parque cerrado para bebés no es una buena idea porque restringe mucho la capacidad de movimiento del pequeño; es más positivo para su desarrollo prepararle una habitación completamente segura (quizá con una puerta baja de seguridad) para que pueda explorar. Esa es la forma de encontrar el equilibrio entre firmeza (seguridad y respeto por el ambiente) y amabilidad (respetar las necesidades de los niños).

Requisitos del ambiente preparado

Estructurar un ambiente preparado es un verdadero desafío para los padres. Si te has decidido por el método Montessori antes de tener a tu primer hijo, la tarea suele ser más sencilla, porque no tendrás en casa muebles «inútiles» y podrás disponer de todo el espacio de una habitación para organizar al menos uno de los ambientes (el de juego y descanso, por ejemplo). En todo caso, estos son los diez requisitos que debe cumplir un ambiente preparado:

- Debe ser ordenado. Ya hemos hablado anteriormente del periodo sensible del orden, y sabemos que el orden exterior se refleja en el interior del niño. Así que nos toca dar ejemplo y adaptarnos.
- Debe estar estructurado. Es preciso organizarlo de forma lógica, procurando que cada objeto tenga su sitio y organizando las actividades por áreas: zona de cocina, zona de cuidado de sí mismo, zona de juego, zona de lectura...
- Debe ser seguro. Es necesario retirar de su alcance cualquier objeto que pueda romperse fácilmente y hacer daño al niño, al igual que revisar todos y cada uno de los enchufes y dispositivos eléctricos, escaleras, terrazas y ventanas.
- Debe permitir la autonomía. El niño puede y debe elegir con qué quiere trabajar en cada momento, al tiempo que tenemos que ofrecernos para mostrarle cómo reparar sus errores.
- Debemos elegir muebles adecuados o adaptarlos. Cualquier objeto tiene que estar a la altura del niño para que este pueda interactuar con él. En el momento de escoger o adaptar los muebles, es preciso que nos pongamos en la piel del niño, gateando si nuestro hijo es un bebé o caminando de rodillas si es un niño pequeño, y sentándonos en el suelo para observar las dificultades que nos encontremos.
- Debe ser rico y variado. Ha de ofrecer todo tipo de estímulos al niño, siempre dependiendo de su edad y características.
- Debe ser espacioso y tranquilo, y si es posible debe tener mucha luz natural.
- Debe ser minimalista. Menos es más. Podemos almacenar y rotar los juguetes para evitar la sobreabundancia. Cuantos menos juguetes haya, más sencillo será para el niño elegir entre distintas opciones, así como recoger. Entre seis y ocho actividades es un buen número.
- Debe ofrecer la estimulación justa. No debe estar recargado ni tener colores estridentes, y ofrecer los materiales adecuados al nivel de desarrollo del niño.
- Debe ser bonito, sencillo, atractivo, acogedor y con gran sentido estético. Las cosas bonitas, cuidadas y ordenadas nos invitan a cuidarlas con más ganas, y la mente absorbente del niño interiorizará toda la belleza del ambiente.

- Debe crecer con el niño, es decir, adaptarse a cada uno de los momentos por los que él pasa. Cuando hay dos o más hermanos, podemos organizar los materiales en dos alturas, y cuando el pequeño aprenda a usar banquetas, ¡imaginación al poder! Sobre todo animaremos a los mayores a participar en la toma de decisiones al respecto.
- Debe contener objetos adecuados al desarrollo del niño. De nada le sirve a un bebé tener en las manos un puzzle de trescientas piezas y, al revés, un niño de cuatro años no le sacará demasiado partido a un sonajero. De ahí la necesidad de guardar lo que no se use y rotarlo con el tiempo.
- Debe armonizar con el resto de la casa y con la familia. El objetivo es que el niño se sienta seguro y con capacidad para tomar decisiones autónomas, pero no podemos permitir que esto afecte al resto de los miembros de la familia. Todos debemos estar en armonía en nuestro hogar.

Nota: En los anexos encontrarás un cuadro que te ayudará a ir organizando la casa de forma que los niños puedan sentirse en ella más capaces, autónomos y felices, poco a poco, sin agobios.

Mobiliario

No es necesario comprar mucho mobiliario, pero sí recomiendo contar con las siguientes piezas en cada estancia de la casa:

Salón: Sillas y mesa (podemos recortarle las patas a un juego de sillas de segunda mano), una pequeña librería con un silloncito y unas estanterías de poca altura con actividades que vayan rotando.

Cocina: Silla y mesa si es posible, un escalón o una torre de aprendizaje. Estanterías bajas o un cajón reservado para el niño.

Habitación: Cama de suelo, estanterías bajas, sillas y mesa. También una cesta para cuentos.

Entrada: Silla para descalzarse, pomo para colgar el abrigo y la mochila, espejo y estantería pequeña para guardar los zapatos.

Baño: Escalón para alcanzar el lavabo o un lavabo a su altura, toalla, orinal o váter adaptado, además de un espacio para el peine, el cepillo de dientes, un espejo y pañuelos.

Cómo elegir los materiales del ambiente preparado

Como ves, no es ningún requisito que en el ambiente preparado haya materiales Montessori. De hecho, no es en absoluto necesario. La elección de los materiales en un ambiente preparado familiar está muy condicionada por el espacio, los recursos económicos y los intereses del niño.

Sé que los materiales Montessori son preciosos y llamativos, ese es su objetivo, pero están pensados para una escuela, donde la inversión se reparte entre todos los niños durante muchas generaciones y, además, los materiales se interconectan entre ellos formando una red invisible.

En casa los materiales Montessori no son necesarios. La torre rosa, por ejemplo, es una actividad preciosa, indispensable en una escuela Montessori pero prescindible en una casa. La torre rosa tiene un doble objetivo:

• Directo: Permitir al niño la discriminación visual de los cubos en tres dimensiones y desarrollar la coordinación entre el ojo y la mano y la motricidad fina. Es decir, cualquier torre que se construya apilando cubos de distintos tamaños cumpliría la misma función. Mi hija mediana estaba especialmente prendada de un conjunto de cajas de cartón de varios colores que se metían unas dentro de otras. Le encantaban.

• Indirecto: Manejar unas medidas y unos pesos determinados prepara al niño para las matemáticas, la geometría (introduce conceptos como los de volumen, cara, arista, etc.) y el álgebra (introduce el sistema métrico decimal, ayuda a comprender el concepto de número y cómo se eleva al cubo, siempre de manera sensorial).

El objetivo indirecto no se podría lograr tan fácilmente con cualquier otro juguete, pero el directo sí.

El ambiente crece con los niños

El objetivo de los materiales Montessori es, pues, doble: directo e indirecto. En las escuelas Montessori solo hay materiales de este tipo porque todos y cada uno de ellos forman parte de un programa sistemático y detallado. Para el niño juego y trabajo son lo mismo, para él no existe la división entre estos dos tipos de actividades que sí existe para los adultos. Es cierto que en las escuelas Montessori no se utilizan juguetes como tales; lo que se usa, en cambio, son materiales de desarrollo que además de ser materiales didácticos se interconectan con los otros materiales del ambiente y con lo que los niños aprenderán en el futuro.

En definitiva, en casa el objetivo no es trabajar con materiales, sino que el propósito de llevar el sistema Montessori al hogar es más bien favorecer la autonomía, la libertad y la independencia del niño.

El ambiente crece con los niños.

Otra cuestión es que, si percibimos que nuestro hijo tiene una necesidad que la escuela tradicional no está cubriendo, lo ayudemos a progresar y, para ello, le ofrezcamos un material que pueda llevarlo a superar esa dificultad. Por ejemplo, si observamos que en la escuela, en el ámbito de las matemáticas, han pasado a la abstracción demasiado deprisa para el ritmo de nuestro hijo, es una buena idea ofrecerle una actividad manipulativa para las matemáticas con la que podrá ponerse al día muy fácilmente. Puede que el niño no esté de acuerdo con ello. Nuestra función no es imponerle una «extraescolar Montessori», sino más bien transmitirle nuestra preocupación y llegar con él a acuerdos al respecto.

También es posible que un niño esté muy interesado en algún aspecto concreto y necesite llevar un ritmo más rápido que el del resto de la clase. En este caso podemos proponerle el material adecuado para que desarrolle esa curiosidad. Algunas personas piensan que esto es contraproducente porque el niño puede aburrirse en clase y entorpecer la actividad del aula. Tal vez sea cierto, pero para mí el autoaprendizaje y la curiosidad por aprender y progresar son tan importantes que pienso que no debemos ponerle freno por miedo a los «¿y si?».

Cada familia debe encontrar la fórmula que mejor le funcione, sin temor a equivocarse. Este es mi único consejo.

Elegir los juguetes

Ahora que ya tenemos a punto el continente del ambiente preparado, ¿cómo organizamos el contenido? ¿Qué juguetes es conveniente elegir para nuestros peques (mientras nos dejen)? Yo señalaría que los juguetes suelen cumplir dos funciones: entretener al niño durante un tiempo determinado y fomentar el desarrollo de una habilidad. En principio, serían más adecuados los juguetes que permiten el refinamiento de los sentidos y conocer el mundo que nos rodea o participar en él, tal como harían los materiales Montessori en una escuela.

A cualquier edad, todo lo que permita el movimiento, el juego al aire libre y el juego desestructurado (sin intervención adulta y sin una finalidad específica) es ideal. Para los bebés, los juguetes más apropiados son aquellos que les ayudan a conocer el mundo a través del tacto y la vista (sonajeros, rodaris, muñecos de arrastre, etc.). Para los niños más mayores, son buenos los que les permiten el refinamiento sensorial. A partir de los tres o cuatro años son recomendables los juguetes que contribuyen a perfeccionar las nuevas habilidades que van adquiriendo los niños (un *memory*, un puzzle, etc.). Finalmente, para los niños de entre cinco y seis años son una buena idea los juegos mediante los cuales puedan interiorizar reglas y normas (como los juegos de mesa sencillos, especialmente los cooperativos). Estas son premisas generales, pero desde luego siempre debemos seguir a los niños.

El juego simbólico

La doctora Montessori cuenta en sus libros que introdujo juguetes en el aula y que los niños preferían otro tipo de materiales «reales». Por eso es coherente en la filosofía Montessori que dentro del ciclo de trabajo de tres horas no esté incluido el juego simbólico, aunque muchos guías me han confirmado que este surge de forma espontánea. Lo cierto es que el trabajo con los materiales en un ambiente Montessori tiene mucho de juego para el niño, debido a que puede ser elegido por él.

Por otro lado, el juego simbólico da la oportunidad a los niños de procesar sus vivencias. Crear sus propias historias a través del juego les permite dar sentido a su experiencia, les ayuda a comprenderla y les permite practicar habilidades de vida y conocer la vida social en la que se mueven. Por eso creo que lo importante no es controlar el juego de los niños, sino, en la medida de lo posible, ofrecerles las mejores vivencias para procesar.

Creo que en casa es preciso diferenciar entre el juego simbólico que surge de la imaginación (una cualidad intrínseca del niño) del que surge de la fantasía (una cualidad extrínseca). El primero nace de la vida real. Los niños ven cosas en su entorno y desean reproducirlas para entenderlas o dominarlas. Por ejemplo, ahora mismo mis hijas tienen un bebé en casa, al que pueden cuidar, cambiarle el pañal, acurrucar cuando quieran —o se deje—, al igual que tienen la posibilidad de cocinar mientras preparamos cada comida. Sin embargo, el juego simbólico es muy importante para ellas, en él expresan sus emociones y practican habilidades sociales, sin contar con que para ellas no hay diferencia entre jugar a que son mayores y barren la casa, y barrer el suelo porque han caído papelitos tras hacer un *collage*. En la infancia no hay frontera entre el juego y el trabajo espontáneo. Exactamente igual pasa con una colección de réplicas de animales, una casita de muñecas o un circuito de trenes, con los que aprenderán muchas otras cosas (biología, vocabulario, física, etc.). ¿Dónde está la frontera entre juego y aprendizaje? Para el niño no existe.

Con mis hijas lo que sí fui notando es que cuanto más desestructurados eran los materiales que tenían a su disposición, mayor era el uso de la imaginación. Así que muchos de sus juguetes (la cocinita, la tienda, las cunas y bañeras de bebés) fueron donados, pues ellas mismas se dieron cuenta de que en el fondo no les hacían falta y donarlos liberaba espacio para poder jugar. Ahora solo necesitan una estantería para jugar a las tiendas, unos cuencos y unas piezas de madera para jugar a las cocinitas y unos pañuelos de colores para disfrazarse o jugar a las familias. No solo he comprobado que su creatividad ha aumentado exponencialmente, sino que además el proceso de recoger los juguetes después de utilizarlos se ha simplificado bastante. ¡Menos es más! Asimismo, cuando construyen sus minimundos con materiales desestructurados (como unos bloques de madera) observo en ellas una gran concentración y alegría.

El segundo tipo de juego simbólico surge de la fantasía (es extrínseco, procede de los adultos). Son los juegos relacionados con, por ejemplo, los superhéroes, las series de la tele, los villanos... Por un lado este juego deja menos espacio a la imaginación del niño, el cual, aunque el juego sea creativo, suele estar un poco más encorsetado; y por otro lado, aleja a los niños de la realidad, y creo que los niños muy pequeños necesitan tener a su disposición la realidad, porque están en el proceso de entender el mundo que los rodea, aparte de que

estos juegos pueden asustarlos: las historias de lobos que se comen a las abuelas o brujas que se zampan a los niños no parecen muy adecuadas para niños pequeños (sí que lo son, sin embargo, para los niños capaces de entender estas simbologías, los que ya distinguen entre realidad y ficción; esto es en torno a los seis años, aunque he observado que puede ser incluso bastante antes).

¿Qué debemos hacer en este caso? ¿Intervenir? ¿Prohibir? En absoluto, lo único que yo haría es asegurarme de que el niño tiene un buen ambiente preparado donde explorar y aprender, y de que sus necesidades de autonomía y pertenencia están satisfechas, tal como haría con cualquier otro juego. Aunque a nosotros no nos guste demasiado esa forma de jugar, es su forma, no la nuestra. Observemos, sigamos ofreciendo la vida real y veamos qué pasa. Seguramente para el niño este juego sea solo una forma de conectar con otros niños, ¡y esto es muy importante! En todo caso, ¡sigue al niño! La elección corresponde a los padres, y ya dije al principio que, para mí, el sistema Montessori no es todo o nada, y para muestra un botón: a mis hijas les encanta jugar a interpretar escenas de películas, y cuando lo hacen el juego es igual de bonito que cuando juegan a los médicos, hacen castillos en el arenero, cocinan en casa o utilizan sus materiales. Concentración y risas. Además, al observarlas descubro intereses nuevos y puedo ofrecerles materiales o actividades distintos, sin contar con que advierto en ellas una expresión muy serena, parecida a la que veo en alguien que está meditando.

Podemos ofrecerles materiales de juego desestructurados, cualquier clase de construcciones y materiales que permitan practicar y expresar las situaciones y los sentimientos de todo tipo que surgen en el desarrollo del juego simbólico, así como ampliar vocabulario y adquirir habilidades de resolución de conflictos. Los padres de más de un hijo estaréis de acuerdo en esto último, pues el juego simbólico es una magnífica oportunidad para ejercitar las habilidades de vida relacionadas con la resolución de conflictos.

Otro debate habitual es sobre los juguetes de plástico. Cuando los niños son bebés, es muy adecuado ofrecerles juguetes de materiales naturales que les permitan una gran variedad de experiencias sensoriales. Con los juguetes de madera, el tacto y el peso, incluso el olor y ¡hasta el sabor al chuparlos!, varían de uno a otro según la madera de que estén hechos. Además, al igual que con un vaso de cristal hay que llevar cuidado —lo cual da una oportunidad de controlar el error que el vaso de plástico no da— los juguetes de madera hay que cuidarlos mucho porque son delicados, mientras que los de plástico son resistentes. El uso de materiales como la madera permite también a los niños desarrollar el respeto por sus cosas y el cuidado del medio ambiente.

No obstante, hay juegos maravillosos fabricados en plástico (legos, juegos de mesa o microscopios infantiles) que los niños no pueden perderse según van creciendo. De lo que debemos huir sin dudarlo es de ese tipo de juguetes de plástico que solo persiguen una finalidad y no permiten el juego abierto, que necesitan pilas y tienen todos los sonidos y luces que podamos imaginar. Sí, esos juguetes que yo regalaba a mis sobrinos pensando que eran los que más les gustaban porque son tan llamativos que al principio captan su atención, pero que pasado un tiempo dejan de tener valor por lo estático de sus posibilidades de juego. Por otra parte, con ellos los niños no pueden explorar la relación causa-efecto; el hecho de pulsar un botón y que de repente se oiga un ruido hace que dicha relación no pueda apreciarse. En cambio, al tocar una campana o un tambor se establece una relación directa entre la acción (el contacto) y el resultado (el sonido).

También tengo que «confesar» que uno de los juguetes preferidos de mis hijas era un dinosaurio morado con una carita muy humanizada, de plástico y con pilas. Al tocar una letra del alfabeto que llevaba, la nombraba o cantaba una canción tradicional anglosajona. Mis hijas lo adoraban. Seguir al niño (siempre) es la clave: un reproductor de CD les ofrecía autonomía, pero no tanta como aquel dinosaurio musical. Solo ellos saben qué necesitan para su aprendizaje. Criar hijos tiene mucho que ver con confiar en ellos, aunque hagan cosas que choquen contra lo que nosotros pensamos. Esto ocurrirá en la primera infancia y especialmente en la adolescencia, pero ya sabes: raíces y alas.

Igual te estás preguntando: «Estoy de acuerdo con esto, pero ¿qué hacemos con los regalos que no cumplen estas premisas?». Mi respuesta es que, como pasa con todo en esta vida, depende. Si es un familiar quien da el regalo, es útil informarlo antes de lo que consideramos más adecuado y por qué. Puedes prestarle este libro o darle una lista de regalos apropiados. Si, al contrario, no nos preguntan y nuestros peques reciben un regalo totalmente inadecuado, tenemos tres opciones: explicar sinceramente por qué no nos parece adecuado y pedir que lo

cambien; llevar el regalo a casa de los abuelos u otros familiares en la próxima visita y dejarlo allí para que los niños puedan jugar con él cuando vayan a verlos; o guardarlo en casa y sacarlo cuando vengan de visita para que jueguen juntos. A veces, el juguete no nos gusta a nosotros, pero al niño le entusiasma, como el dinosaurio a mis hijas, entonces debemos respetar sus gustos. Es un entrenamiento genial para cuando los hijos lleguen a la adolescencia, y un buen ejemplo de los «yo nunca»: «Yo nunca le compraré joyitas, ni disfraces de princesas, ni...». ¿Sigo? Estoy segura de que no hace falta.

Cuando son mayores, los mismos niños piden los juguetes, y en alguna ocasión elegirán juegos que a nosotros no nos parecerán en absoluto apropiados para su desarrollo. Entonces será el momento de reflexionar sobre qué debe prevalecer: su libertad y autonomía a la hora de elegir, o lo que nosotros consideramos adecuado. Habrá casos y casos, pero creo que lo mejor es ser flexibles. Una forma de llevarlo a la práctica es hacer listas de regalos en las que anotemos juguetes y materiales a nuestro juicio adecuados, pero seleccionados por ambas partes, y también juguetes, digamos, comerciales. Además, tenemos que permitir a los niños que se confundan sin rescatarlos y sin el típico «Te lo dije», ¿no te parece? Para estos casos mis hijas reciben una asignación semanal, que normalmente ahorran para com-

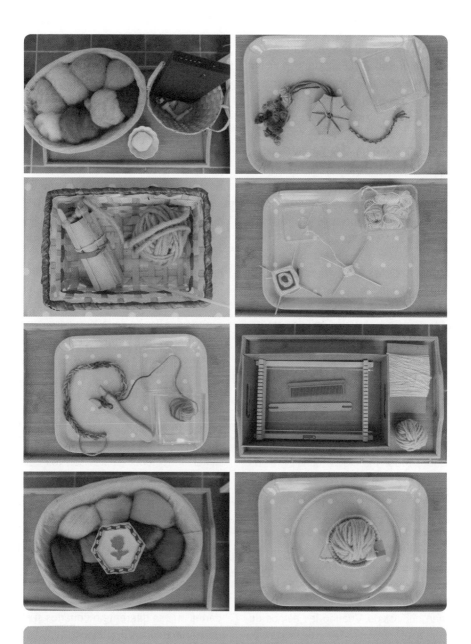

Las actividades de costura, además de ser una forma muy creativa de desarrollar el movimiento de las manos, estimulan las conexiones cerebrales.

prarse cosas que les gustan (lo último fue un libro de cocina). Llegar a acuerdos es esencial en la crianza, y también es fundamental un poco de «salsa» para comerte todos los «yo nunca».

La rotación de juguetes y materiales

Es importante que al niño le resulte cómodo alcanzar los juguetes, y que el ambiente sea armónico, sin acumulación de materiales. La cantidad ideal de juguetes y materiales es aquella que un adulto esté dispuesto a recoger sin agobio ni fatiga, por eso es de vital importancia la rotación. Yo diría que seis u ocho materiales en una estantería puede ser suficiente para los niños pequeños.

Simplificar el hogar siguiendo el planteamiento Montessori significa, en gran parte, tener menos juguetes, lo que implica que haya menos juguetes que recoger, más facilidad para elegir y sobre todo una mayor concentración. Quizá te parezca contraproducente que los niños solo puedan elegir entre unas pocas cosas, pero piensa si alguna vez te has visto sobrepasado en el supermercado intentando decidir qué yogur te apetece comprar de un surtido de veinte tipos distintos: es lo que les puede pasar a los niños cuando tienen demasiado. Cuando les damos demasiadas opciones les cuesta concentrarse en lo que pueden elegir, se genera más desorden y les queda menos espacio para trabajar con el material escogido.

Una manera de lograr la simplificación, aparte de comprar lo menos posible y animar a los peques a que donen lo que no usan, es hacer una rotación de juguetes. La rotación tiene las siguientes ventajas:

• Nos permite mantener el orden de forma más sencilla. Ya sabes: menos es más.

• Facilita la concentración del niño a la hora de elegir un juguete en vez de sacar varios al mismo tiempo.

• Nos obliga a fijarnos más en el niño para, mediante la observación, poder ofrecerle los juguetes o materiales que necesite en cada momento.

• Se renueva el interés de los niños por los juguetes.

Cuando queramos preparar la rotación de juguetes lo mejor es reservar un día tranquilo para organizarla con nuestros peques. Así podremos determinar entre todos cuáles son los que usan más (estos los dejaremos a mano), cuáles son los que utilizan un poco menos (estos los guardaremos para la rotación) y cuáles son los que no sacan nunca (estos serán los que donaremos, siempre que los niños estén de acuerdo). Los juguetes a los que les falten piezas o estén rotos podemos tirarlos, darles un uso diferente o donarlos si el desperfecto no es importante.

Es recomendable guardar los juguetes de la rotación en cajas rotuladas (y preferiblemente ordenadas por temáticas: juegos de mesa, juegos de motricidad, juegos de construcción, juegos sensoriales, etc.) a las que los niños puedan acceder fácilmente, o que al menos estén a la vista para que los peques nos pidan ayuda. Al cabo de una semana o dos podremos volver a rotar los juguetes, o antes si vemos que no muestran interés por los que tienen. Y por supuesto lo haremos también siempre que nos lo pidan.

Por otro lado, hay niños, como mis hijas, que no soportan la rotación estricta de juguetes. Observándolas, es cierto que no se detecta que su concentración disminuya por tener más de ocho materiales. En este caso, debemos contar con la colaboración de los niños, llegar a acuerdos y echarle imaginación al asunto. Nosotros hemos convertido el mueble del salón en un mueble juguetero que sirve de almacén, pero al que ellas acceden con facilidad y lo pueden abrir libremente. Un par de veces al año separan aquello con lo que juegan poco para donarlo, y lo más importante es que tenemos muchos acuerdos sobre cómo mantener el orden de las estanterías: cualquier cosa que saquen de los jugueteros al final del día debe estar recogida, y si quieren dejarla fuera tienen que cambiarla por algo del ambiente. Es nuestra forma de ser firmes y amables, de mantener el equilibrio en el que toda la familia está a gusto. Recuerda: siempre, siempre seguimos al niño, sin olvidarnos de seguirnos a

nosotros mismos. Igual para nuestra bebé seis materiales son suficientes, pero para sus hermanas no, así que nos toca adaptarnos y aceptar que esa es nuestra realidad, con sus alegrías y sus inconvenientes.

En cuanto a los conflictos relacionados con compartir o no compartir los juguetes, Maria Montessori usó la expresión «embrión social» para referirse a la etapa por la que pasa el niño de tres a seis años. A partir de los tres años, más o menos y en cualquier caso siguiendo al niño, los pequeños están listos para interactuar con otros niños de su edad. Debemos ofrecerles la máxima libertad posible a la hora de interactuar con los demás niños e intervenir tan solo cuando realmente sea necesario (si hay algún peligro o violencia física o verbal). Es habitual ver a los adultos obligar a sus niños a que compartan los juguetes, pero yo creo que no es una buena idea, especialmente con los niños menores de tres años.

Tan pronto como estén listos para ello, los niños compartirán los juguetes con gran alegría con sus amiguitos, siempre que nadie les haya obligado a hacerlo con desconocidos. Debemos, entonces, hacer un importante ejercicio de empatía antes de presionarlos para que presten sus cosas, sin permitir, por supuesto, que arrebaten los juguetes de los demás. A partir de los tres años podemos practicar lo que en el sistema Montessori llamamos «gracia y cortesía» y ensayar estas situaciones en un juego de rol, y hacia los cuatro años o un poco antes, detenernos a imaginar cómo se sienten los demás cuando compartimos las cosas con ellos. Pero obligar, nunca.

En casa tenemos esta norma: el primero que coge un material lo puede tener hasta que decida compartirlo. Cuando las niñas eran pequeñas había que estar pendiente de las situaciones de violencia y centrarnos en reorientar la agresividad hacia acciones que fueran respetuosas para todos. «Nos tratamos con suavidad, puedes golpear con el martillo este juguete en vez de a tu hermana.» Quizá nos respondan: «Ya, pero es que yo quiero pegar a mi hermana», y es normal: están expresando su emoción y nuestra función es reconocerla, diciendo: «Creo que te entiendo, debes de estar muy enfadada», y recordar el límite que hemos acordado, que es «En casa nos tratamos con respeto», así como ofrecer alguna alternativa o preguntar de forma abierta: «¿Crees que te ayudaría pasar un tiempo fuera positivo conmigo o prefieres que te acompañe a dar unos saltos en el jardín?». Ten presente que no se trata de «pagar» por los errores, sino de buscar soluciones y asimilar que cuando nos parezca que un niño se está «portando mal», en realidad es que se siente mal y está pidiendo ayuda.

Más difícil es cuando este tipo de situaciones se dan fuera de nuestro terreno conocido y participan otros padres con ideas distintas a las nuestras.

Toca ser asertivos y buscar el equilibrio entre la amabilidad y la firmeza y proteger a nuestro hijo si es necesario. Y sobre todo, pensar que una retirada a tiempo puede ser la mejor de las victorias. Como ejemplo, te pondré el caso de mis hijas mayores, que no pueden ser más distintas. Con cada una de ellas he tenido que trabajar aspectos diferentes: con una me he centrado en que pida las cosas por favor y que no tome los juguetes de los demás sin permiso, y con la otra, en que no deje que le quiten los juguetes si no es lo que ella quiere. Intento hacerlo siempre sin juzgar. Por ejemplo, ahora que son más mayores les digo: «Mira la cara de este niño. ¿Cómo crees que se siente después de que le hayas cogido su pala sin pedirle permiso? ¿Qué podemos hacer para que se sienta mejor?», o «Te veo triste. ¿Crees que te sentirías mejor si le pides al niño que te devuelva tu pala?».

Los niños pequeños es probable que no hayan desarrollado aún la empatía (recuerda la explicación de las partes del cerebro; la empatía se encuentra en el cerebro racional), así que con ellos puede que esta técnica no funcione, y es natural y normal. Nuestra función es mantener el límite que hemos acordado como adecuado y acompañarlos en sus frustraciones. Si los niños son muy pequeños, una opción útil es redirigir su atención hacia lo que sí pueden hacer.

Los libros

Además de los juguetes, los libros son otros materiales indispensables en cualquier hogar «montessorizado». Los libros que elijamos (al principio los escogeremos nosotros, más adelante lo harán ellos) podrán ser muy variados: álbumes ilustrados, cuentos infantiles cortos, cuentos largos para leerlos con ellos por capítulos, libros científicos, atlas de geografía, arte e historia, etc.

A los más pequeños podemos ofrecerles libros de páginas gruesas, con texturas distintas y espejos o con imágenes reales. El primer libro que mostramos a nuestra bebé recién nacida fue un libro de cartón duro con imágenes en blanco y negro. El objetivo no es que entienda el libro, ni que se entretenga, ni que lo coja el bebé solo; lo único que queremos es pasar un rato juntos disfrutando de la literatura mientras su mente absorbente interioriza nuestro amor por los libros. Ya sabes: dicen que los niños se hacen lectores en el regazo de sus padres, y estoy totalmente de acuerdo con esta afirmación.

Cuando los peques empiezan a pasar ratos boca abajo, podemos ofrecerles los libros de texturas. Si tienen hermanos, podemos animar a estos a que se los muestren o lean. Finalmente, cuando consigan sentarse por sí mismos, estarán encantados de manipular los libros e intentar pasar las hojas. Este es un ejercicio de motricidad fina muy importante, y además suele encantarles, por imitación del resto de la familia.

Quizá esta etapa es un buen momento para presentarles un libro, explicarles qué es, para qué se usa y, especialmente, que es un objeto muy delicado y cómo se pasan las páginas. No podemos pretender que interioricen de inmediato las normas de uso de los libros, así que, por ahora y hasta que estén preparados, solo dejaremos a su alcance libros de páginas gruesas. Los libros que tratan acontecimientos importantes de la vida de los niños (el nacimiento de un nuevo hermano, una mudanza, el hecho de dejar el pañal, la entrada en el cole, etc.) suelen gustarles mucho y son geniales para trabajar con ellos los miedos que puedan tener al respecto, verbalizar y normalizar estas situaciones y favorecer nuevas conversaciones sobre ellas. Una vez que son más mayores, en torno a los dos o tres años, los niños empiezan a demandar otro tipo de libros, y lo mejor es acompañarlos a la biblioteca a hacerse el carnet para que puedan elegir libros por sí mismos.

Volviendo de nuevo al tema de la fantasía, bien es cierto que en el sistema Montessori no se fomenta la fantasía, pues los niños aprenden en esta etapa partiendo de la realidad, por eso es imprescindible favorecer que tengan el máximo de experiencias reales posibles, intentando evitar inculcarles nuestras fantasías hasta que sean capaces de procesarlas. Se considera que es más coherente con el enfoque Montessori ofrecerles el mundo real y los libros de

Colocar pequeñas librerías con cuentos y otros libros a su altura proporciona gran autonomía a los pequeños.

situaciones cotidianas, pero también es importante recordar que vivimos en un mundo globalizado, que nuestros niños se juntan con otros niños y que la presión del grupo, incluso a edades tempranas, es importante. Respecto a esta cuestión, en *La mente absorbente del niño*, Maria Montessori dice:

En general se considera al niño como un ser receptivo y no como un individuo activo; y esto ocurre en todos los campos: el desarrollo de la imaginación también es tratado desde este punto de vista; se relatan al niño cuentos de hadas, historias encantadoras de príncipes y princesas, y se cree que todo ello desarrolla la imaginación, pero escuchando tales o cuales historias, el niño no hace más que recibir impresiones, no desarrolla por completo sus propias posibilidades de imaginación, una entre las más altas cualidades de la inteligencia. En el caso de la voluntad, este error aún es más grave, porque la educación habitual no solo evita a la voluntad la ocasión de desarrollarse, sino que obstaculiza este desarrollo e inhibe directamente su expresión. Toda tentativa de resistencia por parte del niño es tomada como una forma de rebelión: se diría que el educador hace todo lo posible por destruir la voluntad del alumno. Por otra parte, el principio educativo de la enseñanza a través del ejemplo conduce al educador a poner a un lado el mundo de la fantasía, a presentarse a sus alumnos como modelo.

Y de ese modo, imaginación y voluntad permanecen inertes y la actividad de los niños queda reducida a seguir al maestro, tanto si cuenta historias como si actúa. Finalmente, debemos liberarnos de estos prejuicios y afrontar con valor la realidad.

Hace un tiempo, en uno de los cursos que suelo dar a los padres salió este tema (siempre sale, es un tema polémico), y una de las madres explicó este caso: su hija se había quedado maravillada ante la polea que levantaba la puerta del garaje y había exclamado: «¡Magia!». La madre argumentaba que si le hubiera dejado creer a la niña que era magia, esta no habría querido investigar. Fue un buen momento para introducir un juego de poleas para manipular.

El planteamiento Montessori considera que animar a los niños a creer que un hecho científico no responde a las leyes de la naturaleza sino a las de la magia es una falta de respeto hacia ellos, ya que la circunstancia de estar en contacto con la realidad es lo que les permite a nuestros hijos construir su propio marco de referencia. Por supuesto, esto admite muchos matices. Por ejemplo, a mí me parece una falta de respeto decirle a un niño que a los bebés los trae una cigüeña de París porque nos dé vergüenza contarles la verdad. Debemos proporcionarles la información justa que nos estén pidiendo o ayudarles a conseguirla; por este motivo no me parece descabellado ofrecerles un cuento ilustrado donde un espermatozoide cuente la historia de cómo llegó al óvulo. Es una forma de acercarlos al conocimiento, igual que la serie de dibujos *Érase una vez la vida*, donde las células hablan y tienen ojitos. Así que yo, como ya habréis deducido a lo largo del libro, siempre me sitúo en el término medio. Cuando un planteamiento se convierte en dogma y se pierden el sentido y el propósito, se deja de seguir al niño.

Respecto a los libros, a veces compro libros preciosos, aunque sean de fantasía porque me interesa la historia que cuentan para trabajar algo concreto con las niñas. Asimismo, suelo buscar para ellas libros muy cuidados con imágenes y datos reales, pero si ellas en la biblioteca cogen libros de hadas, se los leo encantada, porque nuestra conexión madre-hija es mucho más importante que lo que yo piense del libro. Con los libros de princesas la conexión madre-hija se pone a prueba a menudo, pero yo les hablo de mujeres fuertes que cambiaron la historia siempre que puedo, y si quieren disfrazarse de princesas, respeto su decisión (incluso me compré yo un disfraz para jugar juntas). No les hablo de los Reyes Magos, ni de Papá Noel ni del Ratón Pérez, pero las animo a pasar mucho tiempo con amigos y familiares que sí les hablan de estas creencias, y cuando ellas las interiorizan, lo respeto. Ocurren cosas curiosas, como oír conversaciones del tipo «Mira, a mamá no le hables de Papá Noel, que no tiene ni idea, mejor se lo preguntamos a la prima o al abuelo». En una ocasión, en plena fiebre navideña, mientras estábamos haciendo manualidades mi hija mediana dijo: «Pues yo voy a portarme bien», y la mayor preguntó: «Pero ¿tú sabes qué es portarse bien?». «Claro, llorar cuando me enfado, patalear y todo eso.» «Que no, Emma, que portarse bien es recoger los juguetes, hacer caso, no llorar...» «Ah, entonces mejor no voy a portarme bien.»

Los niños pequeños siempre están mucho más conectados consigo mismos, en mayor sintonía con sus necesidades y sentimientos que nosotros. Recuerdo que yo estuve tentada de intervenir ante el continuo «Has sido bueno» del entorno, pero al final decidí no hacerlo porque cuanto más callada estoy, mejor resuelven ellas estas situaciones de forma espontánea. Ya sabes, educamos con el ejemplo. Cuanto más observo a mis hijas más pienso que, a pesar de que yo creía que mi tarea era educarlas, son ellas las que me están enseñando a mí. Me muestran que están completas y que mi única función como madre es preservar su esencia. Ahora que son pequeñas me alientan a ser un adulto en el que quieran reflejarse, y cuando sean más mayores, mi labor será confiar en que las herramientas que les he proporcionado les permitirán seguir siendo auténticas, equivocarse y aprender de los errores y ser firmes y amables, especialmente con ellas mismas.

LAS ÁREAS DEL AMBIENTE PREPARADO

Pero si el «recién nacido» debe absorber el ambiente para construir una adaptación, ¿qué tipo de ambiente podemos prepararle? Esta pregunta no tiene respuesta; el ambiente del pequeño debe ser el mundo, todo lo que hay en el mundo que lo rodea. Puesto que debe adquirir el lenguaje, deberá vivir entre gente que hable, de lo contrario no sería capaz de hablar; si debe adquirir funciones psíquicas especiales deberá vivir entre gente que las ejercite habitualmente. Si el niño debe adquirir costumbres y hábitos, debe vivir entre gente que los practique.

MARIA MONTESSORI, *La mente absorbente del niño*

En este capítulo vamos a llevar de la teoría a la práctica la organización del ambiente preparado que es nuestro hogar, y lo haremos dividiendo el espacio por áreas. También hubiera sido posible dividirlo por acciones, como son dormir, cocinar, asearse, jugar o leer, pues en definitiva es una distribución puramente funcional para explicar la organización de la forma más sencilla posible.

Dormitorio

¿Recuerdas que al principio del libro contaba que cuando nació mi hija mayor quería hacerlo bien? Los padres nos preocupamos mucho por nuestros hijos y en la primera etapa de su infancia tenemos la necesidad de que estén «correctamente estimulados», por eso los exponemos a todo tipo de actividades de estimulación temprana. Sin embargo, la única estimulación que les resulta imprescindible es la que viene del mundo real y verdadero al que van a enfrentarse. De esto me di cuenta cuando nació mi hija mediana, y lo he terminado de interiorizar con la pequeña.

Volviendo a nuestro pequeño *Homo sapiens*, estoy segura de que cuando era un bebé necesitaba lo mismo que nuestros hijos: respeto y cariño, libertad de movimientos, la ayuda justa para ser independiente y un entorno seguro en el que poder explorar. El concepto de seguridad puede implicar cosas muy distintas en el siglo XXI que en el Paleolítico, pero el niño, cuando nace, no sabe si ha llegado a un piso de Madrid con todas las comodidades o a un pueblito perdido en un país en vías de desarrollo en el que permanecerá en contacto estrecho con su madre por puro instinto de supervivencia. Las necesidades son las mismas.

Teniendo en cuenta estas necesidades, debemos organizar el ambiente preparado de tal modo que responda a ellas, que evolucione a medida que el niño va creciendo y que tenga en cuenta las dinámicas de la familia. Por ejemplo, una familia que viva en una casa de dos plantas probablemente preferirá organizar el ambiente preparado del niño en la planta baja, donde hacen vida, si solo suben a la planta superior a dormir.

Por otro lado, una familia con varios niños seguramente decidirá crearlo en el salón, pues el bebé querrá, de forma natural, estar con sus hermanos. Finalmente, si para el descanso nocturno la familia ha optado por el colecho, no es necesario que se organice un dormitorio Montessori como tal, sino más bien un cuarto de juegos. En definitiva, hay tantas soluciones como familias.

Cómo evoluciona el dormitorio

Cuanto más pequeños son los niños, más rápido cambian sus necesidades y, por tanto, más rápido tenemos que ir modificando el ambiente preparado, en este caso, el dormitorio. Por eso mi

El dormitorio del bebé

Si te has decidido por preparar el dormitorio del bebé «a la Montessori», puedes incorporar una serie de elementos con el fin de potenciar la autonomía, la libertad y el sentido de pertenencia del bebé, así como la belleza y la practicidad del espacio. Dichos elementos son los siguientes:

- Una cama de suelo. Si esta cama va a ser el sitio en el que dormirá el bebé, la habitación tiene que ser segura para cuando esté el niño solo.
- Un colchón pequeño, una mantita o una alfombra donde el bebé pueda moverse libremente (con móviles Montessori y algún juguete o libro).
- Un espejo de seguridad sobre la cama o junto a una barra para que el bebé pueda levantarse.
- Láminas bonitas colocadas a su altura y alguna plantita para decorar el espacio, que aun así ha de ser sencillo.
- Una pequeña librería o cesta con cuentos a su alcance.
- Unas estanterías a su altura, ordenadas y con muy pocos juegos y actividades, preferentemente de materiales naturales (madera, metal, tela...).
- Un armario a su altura, con pocas prendas y muy ordenado.

Durante la lactancia es una buena idea disponer también de una butaca cómoda en la que dar el pecho.

Si en tu familia os habéis decidido por el colecho, como venimos haciendo nosotros estos años, puedes preparar la cama de suelo para las siestas, o simplemente colocar un escalón de madera junto a la cama familiar y enseñarle al niño a subir y bajar solo en cuanto observes que es capaz de hacerlo. La ventaja de la cama de suelo frente a la cuna de barrotes es la autonomía que proporciona, y los niños pueden seguir siendo autónomos si duermen junto a sus padres (entendiendo la autonomía como la capacidad de tomar decisiones por uno mismo y llevarlas a cabo). La autonomía implica voluntad de querer hacer algo, no desamparo. El sistema Montessori es una ayuda para la vida, y el apego y las emociones son mucho más importantes que la búsqueda de la independencia.

Cuando el bebé se despierta de la siesta en una camita de suelo, observa que está en un lugar seguro, se baja del colchón y toma uno de sus libros para mirarlo. No necesita a nadie para que lo rescate de la cuna.

consejo es que no te gastes mucho dinero ni en el mobiliario ni en la decoración. Los móviles pronto dejarán de tener utilidad y será preciso retirarlos. La barra para levantarse perderá la utilidad a partir de que el niño empiece a andar, así que simplemente puedes instalar una barra de dominadas a su altura en el pasillo. Los materiales de las estanterías bajas se cambiarán por otros y los libros también serán distintos, con más páginas y más contenido. Es importante no saturar este espacio del dormitorio con demasiados estímulos para favorecer el descanso nocturno.

También podremos añadir una mesa y unas sillas pequeñas o con las patas recortadas para sus primeras actividades creativas (o para las meriendas si las situamos en la cocina).

Si llega un hermanito, una opción es colocar una litera bajita para el niño más mayor y dejar la cama de suelo para el bebé. En la estantería, para que los dos puedan manejar los materiales, podemos ceder al bebé la parte baja y asignar al mayor la más alta (siempre teniendo en cuenta la seguridad).

Cuando los espacios son compartidos por niños de distinta edad, tenemos que pensar en las necesidades de todos, lo cual es un gran reto. Ahora mismo nosotros estamos intentando ajustarlos a las necesidades de las tres niñas, pero con amor y creatividad se suple la falta de espacio.

Zona de juegos

La zona de juegos puede ser el salón, un espacio de la planta baja si tenemos dos plantas, el dormitorio o una habitación destinada de momento a cuarto de juegos y que más adelante pueda convertirse en dormitorio. Es muy recomendable organizar también un espacio de juegos en el exterior. En el capítulo 9 te daré más ideas para el espacio de juegos y hablaré de cómo puede evolucionar.

Esté donde esté, la zona de juegos puede contener distintas áreas. Así, podemos preparar diversos rincones:

• Rincón de actividades: al principio será una colchoneta, pero después podrá ser una pequeña estantería baja, con pocos juguetes ordenados que convendrá rotar para mantener el minimalismo y el atractivo. Junto a la estantería quizá sea bueno colocar una alfombra para proteger al niño del frío.

• Rincón de lectura: contendrá unos pocos cuentos colocados a su altura y de forma que pueda ver las portadas. Podemos rotarlos cada cierto tiempo.

• Rincón de creación artística: una parte de la habitación puede convertirse en una zona creativa donde habrá papeles y pinturas adaptados a la edad del niño. Es una buena idea prepararlo cuando el peque cumpla los dos años, o incluso antes según los niños. Nuestra bebé empezó a in-

Siempre digo que no sirve de mucho tener materiales Montessori por casa si nuestros hijos nos necesitan para poder beber un vaso de agua. Los dispensadores de agua a su altura pueden ser una opción.

teresarse por la creación artística antes de tener un año, así que buscamos el material adecuado para que trabajara con sus hermanas.

• Rincón de la música: bastarán unos pocos instrumentos, bien ordenados y lo más fieles posible a los auténticos, es decir, mejor ofrecer un triángulo o unos crótalos que una trompeta de plástico de juguete.

No olvides añadir plantas y alguna reproducción de obras de arte, colocadas a su altura, para que el niño absorba la belleza. En el capítulo sobre los niños mayores de tres años encontrarás más ideas para el espacio de juego, algunas de ellas perfectamente adecuadas a niños pequeños.

Cocina

En la cocina hay normas de seguridad especiales que debemos intentar que los niños entiendan lo antes posible. Difícilmente las asimilarán antes de los tres años, así que debemos prestar mucha atención a todo lo referente a la seguridad de los más pequeños. En cuanto empiecen a sostenerse de pie, y siempre en función de sus intereses, podemos hacer que vayan participando, muy progresivamente, en la preparación de los alimentos.

Si tenemos espacio podemos colocar unas estanterías para sus cosas, y si no, nos tocará ingeniarnos para organizar el espacio disponible, reestructurando todos los cajones de modo que

los niños puedan alcanzar sus útiles de cocina. No olvidemos colgar el delantal a su altura para que puedan usarlo sin pedir ayuda, al igual que los útiles de limpieza —seguros—, así podrán recoger ellos solos lo que ensucien.

En la cocina necesitaremos lo siguiente:

• Banquetas para subirse: para niños muy pequeños las torres de aprendizaje son una muy buena idea. Para niños a partir de los dos años, más o menos, una banqueta suele ser suficiente.

• Cuchillos y utensilios adecuados: deben ser apropiados para su edad y capacidades, y estar a su alcance. Antes de que los usen, es preciso hacer una presentación de cada uno de ellos. ¿De los cuchillos también? Sí, pero no será cualquier cuchillo. Recuerda que la seguridad es un límite infranqueable. Primero podemos ofrecer un cuchillo de untar, luego un cuchillo seguro (de plástico para cortar pan y verduras como la lechuga, o cortadores ondulados sin filo) y finalmente cuchillos específicos para cortar sin hacerse daño, etc. El sentido común y la supervisión son innegociables.

• Menaje y todo tipo de útiles y herramientas de vida práctica: cuencos, cucharas, recipientes para trasvasar y utensilios para preparar comidas sencillas, todo dispuesto a su altura.

• Utensilios de limpieza: es aconsejable situar en la cocina la zona de limpieza, equipada con útiles como un cepillo, un recogedor, una fregona, paños y espráis no tóxicos (de agua con limón y agua con jabón) para que puedan responsabilizarse de lo que ensucien, no como castigo, sino como parte del proceso. Limpiar es una bonita forma de experimentar las consecuencias de sus actos y repararlas, no con la intención de cumplir un castigo, sino de contribuir.

En nuestra casa decidimos preparar una cocina del tamaño de nuestras hijas. Tomamos una mesa que no usábamos y, con la ayuda de una caladora, le encastramos un pequeño barreño metálico, así como un grifo eléctrico conectado a una garrafa de agua. Debajo pusimos una estructura de cajones extraíbles para sus útiles de cocina y otra estructura para sus «electrodomésticos» (una pequeña olla lenta, una cazuela eléctrica, una sandwichera, una pequeña batidora). Saben que es una condición imprescindible contar con nuestra supervisión por motivos de seguridad, pero pueden usarlos con total autonomía.

Un día, en un taller, un padre me preguntó qué podía hacer cuando su hija derramaba cosas a propósito para limpiarlas, pues les estaba creando un conflicto en casa. Le pregunté qué creía que era lo que estaba fallando y qué podían aprender de ello. Al final los padres, por un lado, acordaron ofrecerle a su hija más autonomía, y por el otro, me pidieron información sobre actividades de vida práctica apropiadas para la peque. El conflicto se desvaneció: aprovechar los problemas como oportunidades es algo esencial en la crianza.

En otra ocasión, en una mentoría con mi grupo de compañeros facilitadores de disciplina positiva, estábamos trabajando la importancia de los errores como oportunidades de aprendizaje, y mis hijas estaban presentes. Una compañera derramó el agua como parte de la actividad y preguntó: «Vaya, ¿ahora qué hago? ¿Soy un error?». Mi hija mediana respondió: «Si se te cae el agua, lo limpias, no pasa nada»; para ella era algo tan natural y automático como pensar en que si te das un baño después tienes que secarte para no tener frío. Mi niña mayor fue más allá y dijo: «Y quizá la próxima vez podrías usar un embudo». ¡Qué forma tan bonita de centrarse en las soluciones y no en la culpa!

Además de banquetas y torres de aprendizaje, podemos organizar a los niños una pequeña cocinita donde preparar comidas «de verdad» y no simular que están jugando.

Baño

El baño es uno de los mejores lugares para ofrecer autonomía a los niños. La hora del baño les da una oportunidad inmejorable de jugar con el agua, la espuma y los trasvases, y si hay hermanos les permite pasar tiempo juntos.

El orden es igual de importante en el baño que en el resto de las estancias, de modo que debemos procurar tener las estanterías ordenadas o reorganizar los muebles que tengamos con cestas y bandejas.

Hay muchos trucos para fomentar la autonomía en el baño: poner en el lavabo y la ducha o bañera el jabón en pequeños botes o dosificadores, colgar las toallas o el albornoz a su altura en ganchos, instalar extensores en los grifos para que los pequeños lleguen más fácilmente a abrirlos, dejar a su altura cestos para guardar horquillas y coleteros, o poner relojes de arena para, por ejemplo, cepillarse los dientes durante al menos dos minutos. Observando a los peques sabrás cuáles trucos funcionan y cuáles no en tu familia. Muchas familias preparan el bidé para los niños y se evitan tener que usar alzadores para que lleguen sin dificultad al lavabo y puedan lavarse las manos y los dientes. Otras simplemente organizan una mesita, o preparan un lavabo a la altura de los niños, bien uno de plástico colocado en el borde de la bañera, bien una pequeña pila encajada en un mueble de madera. No podemos olvidar los espejos de seguridad a su altura, ni tampoco los cestos para braguitas de aprendizaje limpias por un lado y mojadas por el otro, para que los peques puedan cambiarse ellos mismos de ropa interior cuando están en proceso de dejar los pañales. Ni, por supuesto, los orinales o los escalones para llegar sin ayuda al váter.

El cubo de la ropa sucia es un recurso genial para que los niños se responsabilicen de su ropa y entiendan que la ropa no se limpia y aparece en el cajón por arte de magia, sino que requiere un proceso. En casa tenemos un cubo para pañales, ropa interior y prendas muy sucias, que lavamos con agua caliente, y otro para el resto de la ropa, que lavamos con agua fría. Esto luego facilita mucho la tarea cuando las niñas ponen la lavadora, pues esta tiene dos marcas en el programador con un dibujo de cada tipo de ropa: una braguita (agua caliente) y un vestido (agua fría).

Desde luego, tenemos que ser conscientes de la edad y la madurez emocional de los niños. La palabra «responsabilizarse» les viene demasiado grande a los niños muy pequeños, por eso con ellos trataremos más bien de crear un hábito y esperar que lo cumplan gracias a su sentido innato de cooperación y de pertenencia, siempre sin forzarlos, porque no podemos controlar a los niños, solo podemos cooperar con ellos.

Cada cosa en su lugar y un lugar para cada cosa. Las pegatinas facilitan el orden pues permiten dar un espacio concreto para devolver los útiles de limpieza a su lugar.

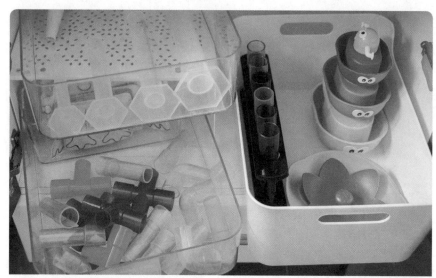

Arriba, pocos juguetes muy ordenados; abajo, pequeñas toallas a su altura, pañales y toallitas (dos o tres) para ofrecerles pequeñas elecciones en el cambio de pañal y un lavabo a su altura con todo lo necesario para el cuidado personal.

Entrada

Las características de este ámbito dependen de muchos factores: el clima, el espacio y las edades de los niños. Lo ideal es colocar en la entrada una sillita, una pequeña estantería para los zapatos y alguna cesta para bufandas y guantes en invierno. También son útiles unos percheros para que los niños puedan colgar su abrigo y su mochila. Si la entrada es pequeña, los niños pueden ponerse el abrigo en el salón o la cocina, que quizá sean más amplios y cómodos para vestirse.

Mis niñas suelen prepararse para salir en la entrada. Ahora hay una silla para la bebé, pero dentro de nada la retiraremos y se calzará en el suelo o en una silla plegable que tenemos colgada de la puerta por si las mayores necesitan quitarse las botas llenas de barro antes de entrar (imaginad la de veces que he respondido la pregunta cuando viene correo a casa). Hemos colocado también un cajón para vaciar la arena de los zapatos cuando regresamos del parque. Las niñas guardan sus abrigos y sus zapatos en el armario de la entrada, a su altura, mientras que los zapatos de los adultos están en zapateros, y los abrigos, en la parte superior del armario.

No hemos puesto una cesta aparte para guantes, gorros y bufandas, pero sí hay una dentro del armario. Como tampoco tenemos sitio para percheros, colocamos unos pequeños ganchos en las puertas del armario. Y añadiendo unos espejos irrompibles conseguimos un espacio apropiado para ellas en armonía con la poca amplitud de la entrada.

Espacios exteriores

Si tenemos la suerte de contar con un espacio al aire libre, ya sea terraza o balcón, ya sea patio o terreno, crear en él una zona exterior para los peques es una idea estupenda.

Lo ideal sería que la casa tuviera un terreno grande con huerto y mucho sitio para explorar, pero si en nuestro caso no es así, en el espacio de que dispongamos podemos instalar los equipos siguientes:

- Fregadero y tendedero (o espacio para tender) para que los niños puedan realizar las actividades de vida práctica relacionadas con este espacio en el exterior.
- Mesa o pared de agua en la que puedan experimentar con un elemento tan atrayente como es el agua, mediante trasvases de líquidos, vasos comunicantes y otros mecanismos para aprender física sin darse cuenta. Podemos instalar también molinos de agua.
- Bomba de agua, un recurso genial para grandes y pequeños, y un pequeño gran experimento de física, que aprenderán practicando y no sentados en una silla.
- Una pared musical con distintos instrumentos reutilizados o hechos con material reciclado.

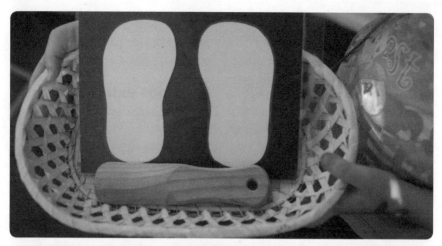

Una forma de favorecer que los niños puedan calzarse solos: una silla pequeña, una cesta con uno o dos pares de zapatos y una plantilla para que puedan interiorizar el lugar de cada zapato.

Herramientas reales pero de su tamaño, idealmente de bonitos colores, pequeños guantes y todo a su altura, ¡así podemos preparar su espacio de jardinería!

- Cocinita de exterior, un dispositivo genial para el juego simbólico (que, como ya se ha comentado, estrictamente no forma parte del sistema Montessori), y para realizar juegos sensoriales, mediante trasvases de arena o agua, mezclando flores, etc.
- Casita para juegos, también simbólicos, lo cual lleva a plantearnos dónde está la frontera entre juego simbólico y vida práctica en el sistema Montessori. Un juego de piezas para construir refugios es otra posible opción.
- Arenero con palas y cubos, mejor si tiene espacio para varios niños, pues además de servir para jugar a los trasvases y otras cosas, será un lugar donde desarrollar la gracia y cortesía. Es mejor elegir, si es posible, instrumentos de metal y madera aptos para exterior en lugar de los de plástico. Las actividades en el arenero pueden derivar fácilmente en juego simbólico, pero recuerda que una casa no es una escuela Montessori.
- Balanzas caseras de exterior para comprobar pesos y aprender cuestiones relacionadas con los volúmenes y las medidas a través de la experimentación.
- Pizarra de exterior con tizas para que los peques desarrollen toda su imaginación y creatividad o muestren su primer interés por la lectoescritura. Para ello nos basta con pintar un tablero con pintura especial para pizarra.
- Un atril de exterior por si quisieran desarrollar su creatividad, pero en vertical y al aire libre.
- Un comedero de pájaros, comprado o hecho en casa, nos permitirá observar las aves en su hábitat, sin molestarlas, enjaularlas ni perjudicarlas de ningún modo, lo cual es esencial para que los niños interioricen el profundo respeto por los animales que debemos sentir. En el sistema Montessori siempre preferimos lo concreto a lo abstracto, así que pensamos que es mejor que los niños vean los animales al natural que en los típicos puzzles de anatomía animal con pomos inspirados en Montessori, que pueden servir para completar el aprendizaje después.
- Rampas para coches y tocones para saltar, si tienes patio, son recursos geniales.
- Espacio para correr, saltar y trepar, pues debemos recordar que los niños están en un periodo sensible del movimiento y necesitan muchas oportunidades de ponerlo en práctica.
- Triciclos, bicis, patinetes, patines o carritos son otra forma de potenciar el periodo sensible del movimiento.

Aplicar el sistema Montessori en casa requiere en mayor medida adaptar el espacio y cambiar nuestra mirada que comprar materiales costosos, ¿no te parece? Y fuera de casa también, como veremos en el siguiente capítulo.

AYÚDALE A HACERLO
POR SÍ MISMO: LA PEDAGOGÍA
DE LO COTIDIANO

Por la calle, la madre habla y el niño escucha. La madre discute con un vendedor sobre los precios y el niño se halla presente; el niño ve y oye todo lo que hace la madre, y esto dura todo el periodo de adaptación, que es la razón de esta estrecha convivencia; porque la madre debe alimentar al niño y en cambio no puede abandonarlo solo, cuando sale de casa para dirigirse al trabajo. Al motivo de la lactancia se añade la ternura y el atractivo natural entre madre e hijo. Puesto que el alimento del niño es el amor que une a ambas criaturas, estas resuelven el problema de la adaptación al ambiente de modo natural. Madre e hijo no son más que una sola persona.

MARIA MONTESSORI, *La mente absorbente del niño*

Necesidades básicas

Integrar la pedagogía Montessori en nuestra casa tiene poco que ver con comprar materiales y decorar habitaciones y, en cambio, mucho con involucrar a los niños en las actividades diarias, hacerles sentir que son importantes, que pertenecen a la familia, que los tenemos en cuenta. Y eso pasa por respetar también todos sus ritmos.

Cuando son muy bebés es natural que quieran estar mucho tiempo en brazos. ¿Te acuerdas de la exterogestación? Los primeros días de vida simbiótica nuestros brazos necesitarán recuperarse... Para ello existen portabebés de varios tipos que permiten al niño observar con detalle la vida social que le espera cuando esté preparado para soltarse de tus brazos (el tendero, cómo preparas la comida, cómo tiendes la ropa, etc.). Hay personas que creen que los portabebés perjudican la autonomía, pero yo creo que no hay autonomía sin voluntad.

El bebé pronto empezará a indicarnos que quiere estar en el suelo y llegará un momento en el que ya no querrá que lo cojas y saldrá corriendo. Entonces tú te acordarás con ternura de la señora (la prehistórica no, la vecina del quinto) que pronosticaba que nunca se iba a desacostumbrar de los brazos.

Movimiento

Un ambiente preparado debe permitir al niño moverse libremente con seguridad, desde que nace. Al principio necesitará un colchoncillo, ni muy duro ni muy blando, donde tumbarse (con nosotros, con hermanos si los tiene o solo) a contemplar los móviles Montessori. Después empezará a voltearse, a sentarse y, pronto, a gatear. Finalmente, se levantará y andará, y en todas estas etapas debemos proporcionarle un sitio cómodo y seguro donde poder moverse. El desarrollo psicomotor se relaciona con la inteligencia y también con el desarrollo de la autonomía y la libertad. Utensilios como el parque, el tacataca y los andadores no son quizá lo más indicado para el movimiento libre. Las hamacas tampoco, pero pueden sernos útiles si las usamos con mucha mesura.

Sueño

Según la filosofía Montessori, los niños no deberían dormir en cunas, sino en un colchón colocado en el suelo, donde tengan el mayor campo de visión de la habitación y libertad de movimientos, y que les permita decidir en qué momento acostarse y levantarse sin que tenga que ir ningún adulto a «rescatarlos». Mi hija pequeña duerme en una camita en el suelo. Unas veces la dormimos en brazos, otras se duerme acostada en su camita pero acompañada; es raro que se duerma sola, aún necesita que estemos con ella. Cuando se despierta durante el día, se levanta y nos busca por la casa; cuando se despierta de noche, gatea para venir a la cama grande, pasando por la litera de su hermana, donde en ocasiones se queda acurrucada y si no, sigue gateando hasta llegar a nosotros.

Es posible que leas que Maria Montessori estaba en contra del colecho. Yo realmente no creo que fuera así. Maria Montessori era antropóloga y el primer *Homo sapiens* que pisó la tierra dormía acompañado. Por el mismo instinto de supervivencia de muchos mamíferos, los seres humanos tendemos a dormir juntos. No hay que confundir autonomía con independencia; si un niño no quiere dormir solo, forzarlo a hacerlo no beneficia en nada a su autonomía. Recupero este párrafo del libro *El niño y la familia*, de Maria Montessori, y te invito a que saques tus propias conclusiones.

> El niño ama muchísimo al adulto. Cuando va a la cama, siempre quiere que una persona amada esté con él. Sin embargo, la persona amada dice: «Hay que impedir este capricho: el niño no debe adquirir esta mala costumbre de no saber dormirse sin que alguien esté cerca». Un día, tristemente diremos: «No hay nadie que llore por el deseo de tenerme cerca cuando está por dormirse. Todos piensan en sí mismos, se duermen llenos de pensamientos del día transcurrido, ¡nadie se acuerda de mí!». Solo el niño se acuerda y todas las noches dice: «¡No me dejes, quédate cerca de mí!», y el adulto responde: «No puedo, tengo que hacer, ¿qué es este capricho?». Entonces piensa en corregirlo, porque de lo contrario ¡nos haría a todos esclavos de su amor!

Aun así, no creo que el colecho sea lo mejor para todas las familias. Hay niños que se despiertan más si duermen acompañados y hay adultos que no duermen tranquilos si están los niños cerca. Cada familia tendrá que encontrar la mejor solución para su descanso: a algunas les beneficiará el colecho, a otras, la cohabitación en el mismo cuarto, y otras, dormir en cuartos separados. Lo importante es no perder de vista el objetivo a largo plazo.

Lactancia

Cuando un niño nace es capaz de pocas cosas en cuanto al movimiento, pero puede reptar hasta el pecho de su madre de forma totalmente instintiva y prenderse del pezón sin que nadie le diga o le enseñe cómo hacerlo. Con nuestra hija mayor vivimos esta experiencia y fue increíble: la primera de las muchas lecciones que nos enseñó. Unos minutos antes de que el recién nacido repte hasta el pecho, madre e hijo se habrán mirado a los ojos y se habrá producido el pico de oxitocina más alto de su historia (hasta ese momento).

La leche materna es todo lo que un niño necesita durante aproximadamente los primeros seis meses de su vida. Rica en nutrientes y anticuerpos, le permite crecer y desarrollarse de forma óptima. La lactancia es cosa de dos y todos deberíamos respetar sin hacer juicios el espacio temporal en que se desarrolla, al igual que deberíamos respetar a cualquier mujer que opte por no lactar a su hijo, sea por el motivo que sea. Si estás en ese momento vital, hagas lo que hagas la gente te juzgará, así que decide según lo que te pida el cuerpo y filtra a través de una pantalla de tranquilidad todos los comentarios que te puedan hacer daño.

En cualquier caso, además de propiciar un clima de intimidad, es importante que bebé y mamá (o un cuidador secundario) se miren a los ojos el máximo tiempo posible. Sobre todo si hay hermanos en la casa, es complicado atender al bebé con plena conciencia y dedicación en cada una de las tomas. No nos sintamos culpables por ello y reservemos al menos un par de tomas al día para que sean especiales. ¡Disfrutemos del privilegio que es tener un bebé pequeñito en nuestros brazos! Las cosas no siempre van como nos gustaría en esos meses difíciles, pero el tiempo pasa en un suspiro y conviene vivirlos con plenitud. Yo recuerdo ahora con mucho cariño los despertares nocturnos de mis hijas cuando acababan de nacer: la casa a oscuras, todo en silencio, un bebé que necesita a su mamá y una mamá que lo necesita a él. En ese momento quizá tengas sueño y no lo veas así, pero la realidad es que los bebés no solo se nutren de leche, también de ternura. Por cierto, igual que te recomendaba buscar una tribu, te animo a que busques un grupo de apoyo, donde recibirás información y apoyo de madre a madre. Por desgracia, la lactancia no siempre es fácil y necesitamos aliento e información veraz.

La alimentación complementaria

En torno a los seis meses, los niños suelen mostrar interés por la comida, al tiempo que pierden el reflejo de extrusión —empujar las cosas que entran en su boca con la lengüita— y comienzan a mantenerse sentados. Es entonces cuando solemos introducir la alimentación complementaria. El niño, al tomar los primeros alimentos que no son leche, empieza a degustar el mundo, que es algo magnífico. Por eso es importante poner mucho cuidado en evitar los conflictos relacionados con la comida, que solo aportan sufrimiento a toda la familia. Siguiendo el principio de autonomía que queremos que nuestros hijos desarrollen, debemos tenerlos en cuenta a la hora de introducir la alimentación complementaria, bien ofreciéndoles la comida en trozos (la técnica llamada Baby Led Weaning [BLW] en inglés; profundizaremos en este tema en la página 222), bien ofreciéndoles una cuchara precargada si les damos purés, en vez de limitarnos a introducir la cuchara llena dentro de su boca. Otra posibilidad,

Si elegimos bien el menaje, los niños pueden utilizar lo mismo que nosotros, a un tamaño más reducido. Por ejemplo, este vasito de yogur tiene el tamaño perfecto para esas pequeñas manitas. Si se rompiera el cristal sería una magnífica oportunidad de mostrarle cómo reparamos los errores.

más sencilla para ellos, es darles un tenedor pequeño con la comida pinchada previamente hasta que puedan pincharla ellos. No hay una única forma de introducir la alimentación complementaria. Para algunos padres el BLW no es una opción válida, les parece peligroso y angustiante. En estos casos no sería adecuado, puesto que la sensación de tensión se reflejaría en los niños debido a las neuronas espejo. Otros padres necesitan controlar más lo que comen sus hijos, saber que los niños están comiendo los alimentos variados que consideran imprescindibles y en las cantidades apropiadas. Otros padres piensan que el BLW es demasiado sucio, y les supone un conflicto demasiado grande que choca contra su necesidad de autocuidado.

Para mí lo realmente importante es ofrecer comida sana y variada, y que los niños puedan tener un margen de decisión con el que los padres se sientan cómodos. En nuestro caso, nos decidimos por el BLW con las tres niñas y fue una experiencia preciosa verlas disfrutar y comprobar cómo se autorregulaban. Por encima de todo, confiábamos en ellas, en su proceso y en que podíamos aflojar un poco más el control.

Higiene

A los bebés podemos tomarlos en brazos con suavidad y decirles mientras los bañamos lo que vamos a hacer: «Ahora voy a limpiarte la carita, ahora los pies...». Pronto querrán hacerlo solos y debemos permitírselo siempre que sea posible. Cuando sea necesario intervenir y asegurarnos de que están limpios para evitar infecciones (limpiar heces, lavar los dientes), podemos cooperar, por ejemplo, estableciendo un sistema de turnos y dejando que los niños elijan el orden de los turnos si lo desean: «Primero te lavas tú los dientes y luego yo repaso», o al revés. No importa demasiado que queden restos de suciedad detrás de las orejas, pero la higiene dental es fundamental para evitar infecciones. En este punto debemos ser muy firmes a la par que amables, ¡y echarle imaginación al asunto! A mi niña mayor le decíamos que las bacterias se hacían caca en su boca, porque la relación entre higiene dental y caries es demasiado abstracta para los niños y no la entienden. Así, convertir la explicación en un juego era una forma divertida de hacerle comprender la necesidad de lavarse bien los dientes.

En un baño preparado adecuadamente, un niño puede realizar todas estas actividades por sí mismo. Mostrándole despacio el modo de hacer cada cosa, siguiendo siempre los mismos pasos como si de un ritual se tratase, se lo haremos aún más atractivo. Probablemente se lavará las manos varias veces, ya que se encuentra en un periodo sensible de refinamiento sensorial. Querrá repetirlo constantemente solo por sentir la humedad en las manos y observar la espuma. Exactamente igual ocurrirá con lavarse el cuerpo, el pelo y los dientes, y con peinarse. Lo hará todo el tiempo solo porque le gusta, porque vive en el presente, en lo consciente, y disfruta el proceso más que el resultado.

Cambio de pañal

Siempre debemos informar al niño de lo que vamos a hacer, pedirle permiso y hacerlo de forma lenta y pausada. A algunos bebés no les gusta nada el cambio de pañal, así que es necesario hacerlo rápidamente o convertirlo en un momento de conversación y conexión con él, siempre siguiendo al niño. Tan pronto como sea posible empieza a cambiarlo de pie, pues esta postura suele disminuir mucho su oposición, a la vez que le permite tomar conciencia de lo que estamos haciendo con los desechos del cuerpo. Tanto si está de pie como si está tumbado podemos animarlo a cooperar y a que tome una toallita para limpiarse solo. Una muy buena idea es cambiarlo sobre un cambiador en el suelo o utilizar un cambiador Pikler, que da al mismo tiempo libertad de movimiento a los niños y comodidad al adulto. Si lo consideras buena idea, empieza a usar pañales de tela. Sé que los pañales de tela pueden parecer desfasados, pero los actuales no tienen nada que ver con los que utilizaban nuestras madres, y les ayudan a tomar conciencia de que cuando orinan mojan los pañales, algo que con los modernos pañales desechables y superabsorbentes no es posible.

Control de esfínteres

El sistema Montessori trata de fomentar la autonomía del niño, pero sin forzar su desarrollo, así que no se trata, en absoluto, de obligar a los niños a dejar el pañal. También te digo que podemos facilitarles un proceso que, es cierto, en ocasiones empieza a una edad temprana: nuestros recursos son ofrecerles un adaptador para el váter, un escalón y braguitas de aprendizaje para que puedan cambiarse solos o con nuestra ayuda. Es un proceso evolutivo, uno de los más importantes de la infancia, y creo que es un error acelerarlo o entrenar al niño con métodos basados en premios y castigos.

Vestirse

Lo recomendable es preparar su armario de forma que tenga acceso a la ropa. Colgar las prendas en perchas, marcar los cajones con pegatinas, organizar la ropa por alturas siguiendo un orden (jerséis, camisetas, pantalones, calzoncillos, calcetines), cualquier sistema que le funcione al niño será un buen sistema. Dependiendo de la edad o las características del niño, podemos ofrecer más o menos opciones (por ejemplo, guardar en el armario solo la ropa de invierno y no las camisetas de manga corta, o colocar previamente varios conjuntos —unos seis bastarán para los

Si preparamos el ambiente para potenciar su autonomía y les damos el tiempo necesario para practicarlos, los niños pequeños pueden vestirse solos. Quizás para algunas prendas necesiten nuestra ayuda, es importante ofrecerles solo la ayuda que nos pidan y no hacer nada por ellos que quieran hacer por sí mismos.

Cinco pasos para controlar los esfínteres siguiendo el planteamiento Montessori

1. Observa a tu hijo y adáptate al periodo sensible en el que se encuentra. El niño es el protagonista, nosotros nos limitamos a ayudarlo en lo que él no pueda hacer, y le permitimos decidir cómo, cuándo y con qué pañal lo cambiaremos. Cuando se lo cambies, haz que participe, pídele que elija uno y muéstrale la diferencia entre el seco y el mojado, explícale que tiramos la caca al váter porque ya no la necesitamos. Enséñale también a lavarse las manos y lo importante que es hacerlo cada vez que usemos el váter. Pronto empezará a hacerlo él también, como un ritual. En algún momento puntual, puede ser necesario distraerlo con juguetes, libros o el móvil, pero no es lo más indicado para que tome conciencia del proceso. Normalizar la situación y que la entienda como algo natural es clave. Para ello resultan útiles los libros y cuentos sobre el control de esfínteres, que a los niños suelen gustarles mucho, y también animar al pequeño a que pase contigo al baño y observe lo que haces.

2. Enséñale a cambiarse sin tu ayuda. Cuando observes que ha comenzado este periodo sensible, compra con el peque braguitas de aprendizaje y muéstrale cómo quitárselas y ponérselas solo. En un momento determinado decidirá que quiere usarlas, pero ¡será cuando él decida que le apetece y no antes! Al principio puede que precise cierta ayuda (llevar las braguitas con *leggings* es la mejor opción), pero pronto dominará la técnica. Aunque no controle aún los esfínteres, el hecho de poder quitarse unas braguitas y ponerse otras sin ayuda de nadie es un paso enorme hacia su autonomía, que es de lo que se trata, ¿no?

3. Crea un ambiente preparado en el baño. Organiza el baño de forma accesible, con un orinal cómodo o un taburete reductor escogido por el niño. A no ser que lo herede de un hermanito mayor, lo mejor es que lo elija él mismo y que sea lo más sencillo posible. Si se lleva poco con sus hermanos aprenderá por imitación y no será necesario mostrárselo, pero si no, le podemos explicar qué es y para qué sirve, y decirle que cuando esté listo y tenga ganas podrá usarlo cuando quiera. Otros niños prefieren empezar directamente con el reductor; en este caso, asegúrate de que sea cómodo para que lo use sin ayuda. Los pequeñines aprenden por imitación y motivación. Deja a su alcance ropa limpia y braguitas de aprendizaje para que pueda cambiarse solo, así como un cubo para dejar la ropa mojada y sucia, o allánale el camino a la lavadora. Si además ponéis la lavadora juntos, doble enseñanza.

4. No recurras a los premios, y mucho menos a los castigos. El error es el motor del aprendizaje. En el planteamiento Montessori no se contemplan los premios ni los castigos, no solo porque se considera que el niño y su dignidad están por encima de este tipo de prácticas, sino también porque están directamente relacionados con el resultado y no con el desarrollo del proceso. En el sistema Montessori equivocarse no es algo que se deba evitar, todo lo contrario, sirve para mejorar y para dominar el proceso. Los métodos conductistas puede que funcionen en un periodo corto de tiempo, pero no favorecen ni la autonomía, ni la concepción que tiene el niño de sí mismo: son procedimientos que generan en él cierta dependencia de nosotros, pues se traslada su expectativa interna (ser independiente y autónomo) a la expectativa de los padres (los niños querrán agradarnos y hacernos felices).

5. Sigue al niño. Él te dirá cómo y cuándo quiere dejar el pañal. Es su proceso, no el tuyo. Tú solo puedes acompañarlo. En general deseamos respetar su ritmo, que un día nos diga «Ya no quiero llevar más pañal» y acompañarlo en el proceso de dejarlo. Sin embargo, esto no siempre es fácil en nuestra sociedad actual. Si nos vemos obligados a acelerar el proceso debido a la escolarización, siempre podemos hacerlo tomando como punto de partida al niño y ofreciéndole toda la empatía y el respeto que podamos darle, además de una dosis extra de mimos y compresión, y sobre todo, con la máxima flexibilidad posible.

niños de tres años, y solo dos serán suficientes para los muy pequeños— y que el niño decida qué conjunto quiere ponerse).

A la hora de elegir la ropa, es mejor seleccionar prendas sencillas, como unos pantalones o *leggings* que pueda ponerse solo, y camisetas un poco más grandes de su talla que sean fáciles de poner sin nuestra ayuda. Es mejor evitar botones, cremalleras y lazos hasta que él mismo pueda abrocharlos. Cuando lo vistamos le iremos anticipando los movimientos, explicando lo que estamos haciendo con mucho cuidado y respeto. Cuanto más cómoda sea la ropa, mejor

Pocas prendas, todo en su lugar, con etiquetas que facilitan el orden y todo a su altura, ¡este puede ser el armario de un niño pequeño!

para ellos, su movimiento y su autonomía. En el caso de bebés pequeños, es aconsejable evitar las capuchas, pues pueden restringir el movimiento de la cabeza o incluso molestar antes de que el niño tenga habilidad para quitársela, y en cuanto a los pequeños gateadores, mejor evitar los vestidos y faldas.

En las escuelas Montessori se emplean unos bastidores de vida práctica: no son otra cosa que marcos con una tela con botones, corchetes y cremalleras, y representan una buena actividad para favorecer la concentración y practicar la motricidad fina. Son sencillos de fabricar de forma casera, pero es igualmente efectivo ofrecer a los niños su ropa, quizá colocada en un bastidor que delimite la zona de trabajo, para que practiquen con los distintos cierres. Lo importante es que trabajen sentados frente al material, pues hacerlo con la ropa que llevan puesta es más complicado. ¿Verdad que cuesta más subir la cremallera de nuestro vestido que la de otro? Quiero recalcar, sobre todo, que no existe autonomía si no existe voluntad, y que si nos piden ayuda para vestirse, no lo hacen con la intención de retarnos, sino porque tienen un motivo que no estamos viendo.

La vida práctica

Junto con las actividades diarias de los niños respecto de sí mismos, podemos fomentar su autonomía mediante lo que Maria Montessori llamó «actividades de vida práctica». Para mí son uno de los aspectos más importantes del sistema Montessori una vez implantado en casa: nos permiten pasar tiempo juntos y desarrollar habilidades sin comprar un solo material, y suelen interesar muchísimo a los niños. Con estas actividades los niños también adquieren conciencia de lo que ellos pueden hacer por los demás: preparar un zumo puede ser una actividad muy positiva desde el punto de vista de la motricidad, pero lo más interesante es luego ofrecérselo a una persona para que se lo beba, así se sienten parte de la familia y saben que pueden contribuir al cuidado de los demás. Si les preparamos adecuadamente el ambiente, pueden llevar ropa a la lavadora, escoger el programa, tender la ropa, doblarla e ¡incluso plancharla con nuestra vigilancia! Al principio no les saldrá muy bien y necesitarán mucha supervisión, pero poco a poco irán siendo cada vez más eficientes, autónomos y responsables.

Por otro lado, en las escuelas Montessori se presenta a los niños este tipo de actividades para que, a través de la repetición, dominen los movimientos, ejerciten la concentración y se preparen para otras actividades posteriores; es lo que llamamos «preparación indirecta». En las escuelas Montessori es necesario descontextualizar las actividades en bandejas, para estructurarlas y porque no siempre hay material suficiente para que las realicen todos los niños, y también para que puedan practicarlas previamente hasta que las dominen.

Con un poco de práctica y supervisión, y con los instrumentos adecuados (la plancha es de viaje), los niños pueden incluso planchar la ropa, doblarla y guardarla en sus cajones.

Consejos para cocinar con niños

1. Empieza desde pequeñines. A los bebés les encanta participar en las actividades cotidianas. Cuando mis niñas eran chiquitinas cocinábamos con ellas en una mochila portabebés, y eso les despertó la curiosidad y el interés por la cocina. Podemos aprovechar para enseñarles a lavarse las manos antes y después de cocinar y explicarles por qué nos recogemos el pelo si lo llevamos largo.

2. Adapta el espacio a los niños. Es esencial que tengan las cosas a su altura para alcanzarlas fácilmente sin necesitar nuestra ayuda. En casa tenemos un cajón con platos, vasos y cubiertos y algunos snacks. Asimismo, puedes comprar un escalón o una torre de aprendizaje, uno u otro en función de la edad y capacidades del niño. Ofrece siempre una lección de gracia y cortesía, por ejemplo, enséñales a desplazar correctamente el escalón sin arrastrarlo y hacer mucho ruido (por respeto a los vecinos principalmente).

3. Prepara una zona para los útiles de limpieza, con bayetas o toallas pequeñas y algún líquido (nosotros usamos vinagre diluido y agua jabonosa). Es preciso que aprendan a limpiar si se produce un accidente. No les regañes cuando se manchen o derramen líquidos, es muy evidente la posibilidad de controlar el error. Enséñales cómo subsanar el incidente con una sonrisa. Da ejemplo.

4. Horno abierto, manos en la espalda. Siempre, incluso cuando el horno está apagado, pedimos a las niñas que se mantengan a una distancia prudencial y pongan las manos en la espalda. La constancia y la suavidad es la clave con los niños. También hay alternativas para no tener que encender el horno (olla lenta, olla programable...).

5. Para usar un cuchillo, SIEMPRE tiene que haber un adulto delante. Los cuchillos suelen provocar bastante temor en los padres. Es muy comprensible pues son muy peligrosos, pero mi opinión es que debemos enseñarles a utilizarlos de forma progresiva. Cuando los niños tienen entre un año y un año y medio se les puede ofrecer un pequeño cuchillo de untar, sin filo. Después, un cuchillo de plástico para verduras, que no es peligroso para ellos, así podrán cortar algunos alimentos. Los peladores y los ralladores vendrán a continuación, junto con los cuchillos de filo. En cualquier caso, la supervisión de un adulto es INNEGOCIABLE.

6. Removemos, removemos, paramos. Cuando los niños son pequeños, puede ocurrir que se emocionen removiendo y salga el líquido o la masa volando por los aires. Con esta sencilla cancioncilla, propiciamos que se concentren en lo que hacen e intenten mantener un ritmo pausado.

7. Cuidado con el huevo crudo. Las normas de este tipo son las que más les cuesta asimilar a los niños porque es difícil ver una relación causa-efecto entre consumir ciertos alimentos crudos y enfermar. Vigilancia, paciencia y repetición.

8. Enséñales de dónde vienen los alimentos que ven en el supermercado. Ir de excursión en otoño para coger setas, salir a finales de verano a coger moras o manzanas, visitar una granja y ver que las gallinas ponen huevos y que ordeñando a las vacas se obtiene leche o montar un pequeño huerto urbano son actividades muy recomendables que contribuirán a que los niños comprendan qué son y de dónde proceden los alimentos que consumimos.

9. Hecho es mejor que perfecto. Es una de mis máximas vitales, pero cuando trabajo con niños me resulta absolutamente imprescindible. ¿De verdad importan tanto la presencia y un producto final ejemplar, o es más provechoso que los niños aprendan y se diviertan? No obstante, en algunas ocasiones conviene marcar pautas: por ejemplo, una comida demasiada salada o demasiado dulce no es agradable, así que va bien darles un cuenquito a los niños con la cantidad de sal, pimienta o canela que consideramos que debe llevar un guiso. Si es importante para la receta que se sigan unos pasos, pon números en los ingredientes para que los niños puedan seguirlos. Pero los «fallos» estéticos no deben empañar la diversión y la alegría por estar disfrutando juntos.

10. Y, por último, lo más importante es pasarlo bien, divertirse a toda costa, conseguir que cocinar sea un recuerdo memorable para tus hijos, una actividad apasionante y no solo una obligación.

En un hogar es más sencillo realizar las actividades de vida práctica. Una forma de que las practiquen es tener a los niños en la cocina junto a nosotros. Si están muy interesados en ellas y aún no tienen demasiada habilidad, también podemos ofrecerles las bandejas para que practiquen primero y no se frustren en demasía. La frustración es un sentimiento igual que la alegría o la tristeza, pero a veces es necesario ayudar a los niños haciendo que den pequeños pasos para que no se desmotiven con una actividad concreta.

Mi actividad de vida práctica favorita es la cocina, como ves. Aunque es cierto que el esfuerzo que debe hacer el adulto para que el niño participe no es pequeño, las ventajas de hacerlo son numerosas: en la cocina pasamos tiempo juntos, se fomenta la autonomía y la autoestima, los niños aprenden a seguir una secuencia de normas, experimentan el mundo que los rodea y las consecuencias naturales de sus actos y desarrollan los sentidos. Además, aprenden lenguaje (palabras nuevas, otros idiomas, abreviaturas...) y matemáticas (doblar una receta, calcular cantidades, pesar, medir volúmenes...). Sin contar con que la cocina es un laboratorio de física y química en potencia, ¡y comestible!

Cierra los ojos y piensa en una receta. Visualiza todo lo que hace falta para prepararla. Imagina los olores de las especias que usamos para cocinar, el tacto de la espuma al fregar los platos, el sabor de la comida recién cocinada, los distintos colores de las frutas y las verduras, o los sonidos al batir enérgicamente los huevos o machacar algo con un mortero. ¿Es o no es una experiencia sensorial cocinar?

Cocinar es mucho más barato que una torre rosa y encima nos da la oportunidad de pasar tiempo juntos a la par que alimentarnos con comidas ricas.

En definitiva, es muy positivo para la relación padres-hijo. Bueno, me falta señalar lo más importante: colaborar en las tareas con nuestros hijos desarrolla nuestra empatía, paciencia y capacidad de dejar hacer a nuestros hijos y permitirles cometer errores, algo que nos hará mucha falta cuando ellos lleguen a la adolescencia —y a la aDOSlescencia—, ¿no crees?

Otras actividades geniales son cuidar el huerto e ir a la compra, haciendo antes la lista de lo que falta y colocando las cosas después. Igual estás pensando que soy demasiado optimista. ¿Crees que «ir a la compra con un niño pequeño» y «genial» no deberían escribirse en la misma frase? Al principio ir a comprar con niños puede ser un poco estresante, especialmente cuando ya comienzan a caminar, pero pronto serán una verdadera ayuda para nosotros.

Para mí, ir a la compra con mis hijas mayores es delicioso. En casa ellas saben dónde está todo y miran lo que se ha acabado y se necesita, hacen la lista en una pizarra, pasamos la lista a un papel, me dan conversación y luego me ayudan a colocar la compra. No siempre fue así, claro. Alguna vez lloré en silencio durante una rabieta delante de un montón de adultos que en vez de ayudar, juzgaban, pero todo se puede entrenar.

Si ir a la compra se convierte en un infierno porque los niños piden muchas cosas (¿y quién no? el supermercado entero es puro marketing) puedes evitar las horas más complicadas o

Preparar alimentos es una competencia vital para todos los seres humanos; con instrumentos adecuados pueden hacerlo desde bien pequeñitos.

La pedagogía de la escuela bosque

Maria Montessori decía: «Ninguna descripción, ninguna ilustración de cualquier libro puede sustituir a la contemplación de los árboles reales y de toda la vida que los rodea en un bosque real».

El planteamiento Montessori considera muy importante la creación de un ambiente preparado que pueda satisfacer las necesidades, es decir, los periodos sensibles, de los niños. En este sentido, en la pedagogía del bosque escuela es la naturaleza misma la que actúa de ambiente preparado. Las familias que estamos orientadas a la filosofía Montessori podemos disfrutar también de sesiones de bosque escuela no solo para adquirir conocimientos sobre la naturaleza, sino también para aprender de forma vivencial lectoescritura, matemáticas, física, química y biología, y sobre todo para cultivar, especialmente en los seis primeros años de mente absorbente, un profundo respeto por la naturaleza y el medio ambiente.

Aprender en la naturaleza permite, con una inversión muy pequeña, seguir varios de los principios montessorianos: los de movimiento, exploración, autonomía y libertad, el uso de materiales concretos, manipulativos y bellos, y en especial, el de aprender mediante las vivencias. Lo más importante, sin embargo, es que el aprendizaje tiene un sentido inequívoco, un propósito muy claro, centrado en el proceso pero también en el objetivo que quiere conseguir el niño, que este se ha marcado como reto, por ejemplo, trepar a un árbol o utilizar el fuego para cocinar. Antes de realizar actividades como estas, el acompañante habrá hecho una evaluación exhaustiva del riesgo, porque la seguridad es esencial en esta pedagogía. Aun así, es el niño quien experimenta el riesgo y cómo puede manejarlo, lo que redunda en el desarrollo de la autonomía, tan importante para Montessori.

Encontrarás más información en http://bosquescuelas.com.

Hay algo que se desprende de estos árboles y que habla directamente con nuestra ánima, algo que ningún libro, ningún museo, podrá darnos. Los bosques nos revelan que no hay únicamente árboles, que existe toda una colección de pequeñas vidas interrelacionadas.

*De la infancia
a la adolescencia*

acordar antes que compraréis algo que no sea demasiado perjudicial (unos yogures especiales o unas natillas de chocolate, por ejemplo), no como premio ni castigo, sino como acuerdo, del mismo modo que haríamos entre iguales. Tampoco pasa nada por posponer esta actividad un tiempo: lo que con un año es un infierno con dos o tres puede convertirse en una experiencia magnífica.

Una forma estupenda de que los niños aprendan biología y respeto por el medio ambiente es organizar un huerto en casa, en caso de disponer del espacio necesario. Puede ser vertical y urbano o, mejor aún, tradicional en el patio de casa. El contacto con la tierra y las plantas y observar los ciclos de las hortalizas es realmente enriquecedor para cualquier niño pequeño, ¡aparte de la satisfacción de comerse los frutos que ha cultivado!

No me gustaría terminar sin recordar que es muy importante la seguridad a la hora de utilizar productos químicos de limpieza o manejar un cuchillo, el fuego o líquidos calientes. Estas actividades deben realizarse SIEMPRE bajo nuestra supervisión, y este ha de ser uno de los límites inquebrantables. Cuando hay niños de distintas edades, los mayores pueden convertirse en nuestros ayudantes y vigilar el cumplimiento de estas normas, así como contribuir a que los pequeños las entiendan e interioricen. Los padres somos sin duda un modelo para nuestros niños, pero los hermanos también lo son.

Excursiones

Aplicar la pedagogía Montessori en casa no significa aplicarla entre cuatro paredes, más bien todo lo contrario. Salir de excursión o de paseo es una actividad que suele encantar a la mayoría de los niños. Podemos *montessorizarnos* también fuera de casa:

> **En la biblioteca:** La biblioteca es el símbolo de la cultura por excelencia. Tenemos la suerte además de que las bibliotecas se estén transformando poco a poco en lugares muy acogedores para los niños, con espacios dedicados a los libros infantiles e incluso con actividades como cuentacuentos cuyo objetivo es dinamizar la cultura infantil. Nunca es demasiado pronto para sacarles a nuestros niños el carnet y acudir a la biblioteca con ellos a elegir libros y, sobre todo, a que observen e interioricen las normas que hay que cumplir en ella (moverse con calma, hablar en voz baja, respetar los turnos, etc.). Son normas que solo pueden asimilarse a través de la vivencia y de nuestro ejemplo.

Quizá la primera vez que vayamos a la biblioteca solo podamos quedarnos un par de minutos, pero los niños se irán amoldando cada vez más a las normas de estos espacios. Incluso puede que cerca de tu casa haya alguna «bebeteca», un espacio pensado para que los más pequeños sean niños y a la vez se interesen por los libros.

No solo aplicamos el enfoque Montessori en nuestra casa, tanto si salimos de excursión al campo como a las ciudades, podemos encontrar oportunidades de aprendizaje en todas partes.

> **En la naturaleza:** La naturaleza es la mayor fuente de conocimiento de los niños pequeños, un lugar donde pueden aprender, investigar y desarrollar todo su potencial de forma totalmente espontánea, sin preparación y sin apenas intervención adulta. Si no vivimos en un entorno natural, podemos aprovechar los fines de semana para salir al campo con los niños y, si esto tampoco fuera posible, no hay que olvidar los jardines botánicos y los parques de nuestra ciudad. Para los afortunados que viven junto al mar, las posibilidades se multiplican: conchas, algas, pequeños animalitos, incluso fósiles... Realmente el medio natural favorece la autonomía y el aprendizaje libre, al tiempo que satisface las necesidades de movimiento y exploración de los niños. Como los materiales son desestructurados, jugar con ellos será ideal para favorecer la imaginación. Por ejemplo, para un niño que tiene un ordenador infantil y un móvil de juguete es fácil jugar a que trabaja como mamá, pero en la naturaleza no le quedará otro remedio que emplear una piedra plana y otras piedrecitas junto con un palo, y dar un paso más en el proceso de abstracción y en el juego imitativo. Además, cualquier cosa que el niño aprenda relacionada con las matemáticas y el lenguaje la aprenderá de forma natural y mediante la experiencia, igual que, lógicamente, todo lo que pueda aprender sobre el medio ambiente. Ciertamente, si pensamos en aquel pequeño *Homo sapiens*, nos daremos cuenta de que tenía que estudiar muy bien su ambiente si quería sobrevivir, por eso la naturaleza es esencial para satisfacer los periodos sensibles y las tendencias humanas de los niños. Asimismo, estar en la naturaleza implica también absorber un amor natural por ella y, por tanto, su cuidado, que es sin duda uno de los valores que nos gustaría transmitir a nuestros hijos. Y todo ello fruto de la vivencia. Jamás me dirían mis hijas: «¿Te acuerdas de cuando hice el cubo del trinomio?», pero se acuerdan perfectamente de cuando encontramos una huella de jabalí...

> **En la ciudad:** Tanto si vivimos en una gran capital, como si solo las visitamos en escapadas y vacaciones, las ciudades son un lugar maravilloso para empaparse no solo de la cultura (visitando museos y salas de exposiciones), sino también de la historia de la ciudad. Las calles están llenas de historias y leyendas que harán las delicias de los niños más curiosos. Las ciudades pueden agobiar a adultos y niños por igual. Si se agobian los primeros las neuronas espejo pronto se encargarán de transmitir la angustia a los niños, así que tampoco es necesario hacer maratones culturales con niños pequeños. Todo llegará.

> **En museos y exposiciones:** Por último, los museos son una reserva ina-

gotable de cultura para los más pequeños. Como en las bibliotecas, en los museos hay que cumplir una serie de normas específicas, pero no debemos perdernos la oportunidad de visitarlos. La manera de poder hacerlo es simplemente ser muy flexibles, simplificar la visita, elegir museos del tipo «prohibido no tocar», explicar la visita y pactar lo que haremos cuando la edad lo haga posible. También habrá que tener a punto un plan B cuando sean demasiado pequeños (o vayamos con hermanos pequeños). Otra manera increíble de disfrutar de la cultura son las versiones online de los museos.

Con los tesoros que los niños vayan coleccionando en estas excursiones podemos preparar mesas de observación, bien de la naturaleza, bien de una temática concreta, que favorecerán el aprendizaje autodidacta. Para niños pequeños podemos crear una sencilla mesa de observación de la naturaleza, en la que recopilemos los elementos que vayan recogiendo en las salidas al campo o la playa. En vez de regañarlos por coger cosas del suelo podemos aprovechar su curiosidad, limitando, eso sí, la cantidad de cosas que lleven a casa.

Cuando el niño sale, es el mismo mundo quien se brinda al infante. Saquemos a los niños al mundo exterior para enseñarles los objetos reales en lugar de hacer objetos que representen ideas para luego encerrarlos en estanterías y armarios.

De la infancia a la adolescencia

En casa tenemos una cajita con separadores donde las niñas pueden guardar sus tesoros. Mediante la caja ponemos un límite físico: solo guardamos lo que quepa en la cajita, pero les permitimos a las niñas recoger los tesoros que quieran. Reunir más o menos tesoros puede depender del espacio, y en una familia es preciso llegar a acuerdos para que todos estemos cómodos.

Para montar una mesa de observación de la naturaleza no es necesaria mucha inversión. Bastará con unas cajitas y una lupa o un microscopio pequeño para que los niños empiecen a investigar. En casa podemos continuar cultivando la curiosidad que han despertado las salidas. Una forma sería realizar experimentos sencillos de física y química, o acudir a una biblioteca para consultar atlas y libros detallados sobre plantas y animales, libros de astronomía o sobre el espacio exterior, libros que hablen del Big Bang, de las distintas religiones, etc. ¿Te he demostrado ya que el sistema Montessori va mucho más allá que los materiales?

Consejos para visitar museos con niños pequeños

1. Lo mejor es hacer una visita *kid-friendly* que una pensada para adultos. La visita a un museo suele ser uno de los primeros encuentros del niño pequeño con las normas sociales. Entender que no se puede gritar, ni correr, ni saltar, ni trepar puede ser complicado (especialmente antes de los tres años), así que para hacerlo fácil lo más recomendable es elegir un museo *kid-friendly*. ¡Los museos donde está «prohibido no tocar» son geniales para iniciarse!

2. Es preferible una exposición temporal que la exposición permanente. Las exposiciones temporales son bastante asequibles para niños pequeños, son más cortas y más rápidas de ver, así que los niños no se cansan tanto y los padres podemos terminar de ver la exposición.

3. Un museo gratis es mejor que uno con un coste elevado. Si has invertido mucho en la entrada del museo y tienes que salir a los cinco minutos, la frustración puede ser enorme, aunque entendamos las necesidades de los niños peque-

ños. Así que mejor busca una exposición o un museo gratuitos, o infórmate de las franjas horarias de entrada gratuita que tienen algunos museos.

4. Conviene ir al museo con las necesidades básicas cubiertas. Para evitar el *sueñambre*, esa mezcla de sueño y hambre que es la pesadilla de todos los padres de niños pequeños, rellena los estómagos de frutos secos, fruta o sándwiches y mucha agua antes de entrar al museo o la exposición. Ten la precaución de llevar la mochila portabebés o el carro para los ataques de sueño; en algunos museos prestan carros para este menester.

5. Es ideal prepararse previamente. No hace falta hacer una tesis doctoral sobre el tema, sino simplemente informarse de si el museo ofrece algún tipo de kit infantil (yincanas o juegos de pistas), enterarse de qué piezas pueden gustar más a los niños e ir a verlas directamente si es un museo con una colección muy vasta, llevar papel y ceras o echar un vistazo a libros relacionados con el tema de nuestra biblioteca (después los niños pueden continuar investigando lo que les haya resultado más curioso e interesante).

JUEGOS, ACTIVIDADES Y MATERIALES POR EDADES

De este modo, la humanidad tiene dos periodos embrionales: uno prenatal, similar al de los animales, y otro posnatal, exclusivo del hombre. Así se interpreta el fenómeno que distingue al hombre de los animales: la larga infancia.

MARIA MONTESSORI, *La mente absorbente del niño*

Etapa de los O a los 6 meses

Cuando nace un bebé sentimos la necesidad de tenerlo en contacto con nosotros piel con piel. ¿Te acuerdas de la sensación que te embargó cuando lo tomaste por primera vez en brazos? Lo que yo sentí fue un impulso irrefrenable de proteger al bebé y tenerlo conmigo. Tal como te explicaba al principio, desde que nace hasta que, más o menos, empieza a gatear, el bebé atraviesa un periodo de exterogestación en el que necesita estar en estrecho contacto con su madre (o padre u otros familiares) para poder desarrollarse y nutrir de la mejor forma posible al embrión espiritual que es.

Los seres humanos no tenemos marsupio como los canguros, que son otros mamíferos cuyas crías pasan también por la exterogestación, pero tenemos brazos y esa es la ventaja competitiva que nos ha dado la naturaleza. Nuestras crías pueden nacer inmaduras porque los humanos somos capaces de cuidarlas y proporcionarles un hábitat adecuado durante las semanas de vida simbiótica.

Siempre digo que el ambiente preparado del neonato es el cuerpo de su madre (o padre), por lo que el porteo te facilitará el contacto continuo. No es que los niños se acostumbren a los brazos, es que antes de nacer estaban siempre acunados en el vientre de sus madres y no dejan de necesitar que los mezan por el simple motivo de haber nacido. Cualquiera que sea el tipo de lactancia por el que hayas optado (recuerda que debe ser un periodo de unión, cobijo y amor), estas primeras experiencias de placer para el niño son de vital importancia, especialmente al principio de su vida.

En ocasiones he oído decir que la crianza en brazos se opone al libre movimiento y la autonomía. No creo que sea cierto, porque no es lo mismo autonomía que independencia: autonomía es querer hacer algo y hacerlo por ti mismo, mientras que independencia es tan solo hacer algo por ti mismo. ¿Quiere un niño de algunas semanas estar siempre en el suelo o por el contrario prefiere intercalar suelo y contacto con la persona que lo llevó nueve meses en el vientre (y con el resto de su familia)?

La crianza en brazos nos permite conocernos mejor padres e hijos. Poco a poco el niño nos hará saber cuándo quiere estar en brazos porque le hace falta cobijo y contención y cuándo necesita bajar al suelo para explorar su entorno.

Si estamos en casa, podemos portearlo mientras hacemos las tareas del hogar o para que observe cómo juegan sus hermanos desde nuestros brazos, y ofrecerle un colchón donde tumbarse y explorar en determinados momentos, dependiendo del carácter del niño.

Maria Montessori hablaba de un colchoncillo suave en el que poder sostener a los bebés. Es lo que llamamos *topponcino*, que resulta muy útil no tanto para que los padres cojan al recién nacido (aunque es práctico si el bebé se duerme tomando el pecho y queremos depositarlo sobre la cama), sino más bien para cuando lo toman en brazos sus hermanos. Por un lado, el bebé se sentirá seguro en la superficie firme y conocida (por el olor, la temperatura, la textura...) y por otro lado, el hermano mayor podrá tomarlo en brazos de forma autónoma sin tenernos a nosotros vigilantes y preocupados. Estos primeros momentos de apego entre hermanos son sagrados, y cualquier cosa que ayude a que transcurran con la mayor calma posible es bienvenida.

Poco a poco el bebé pasará cada vez más tiempo despierto, y si estamos fuera de casa, desde nuestros brazos podrá observar todo tipo de escenas que le ayudarán a comprender el mundo al que ha venido. Maria Montessori también habló de esto en *La mente absorbente del niño*:

> En los lugares en que la civilización no ha destruido esta costumbre, la madre no confía el niño a otra persona; el niño participa en la vida de la madre y la escucha. Se dice que las madres son locuaces: esto también contribuye al desarrollo del niño y a la adaptación al ambiente. Pero si el niño solo oye las palabras que le dirige la madre, poco aprenderá; en cambio, cuando escucha el complejo diálogo de las personas adultas, poco a poco aprende incluso la construcción, y ya no son las palabras sueltas que silabea la madre; es la palabra viva en el pensamiento y hecha comprensible por los actos.

La mayor ventaja que tiene el porteo no es que nos deja las manos libres, sino que proporciona un estrecho contacto con los niños nos permite conectar con ellos y saber lo que necesitan en cada momento. Gradualmente los niños irán prefiriendo el suelo a nuestros brazos. Entonces será el momento de ofrecerles una serie de materiales dejándolos a su alcance, pues al principio saben coger pero no soltar, y puede producirles cierta angustia tener en las manos algo que no han cogido voluntariamente. Los materiales más adecuados son sonajeros de madera, libros de peluche o tela, juguetes de agarrar o rodar, una pelota especial, discos interconectados, una pelota Montessori, una cadena de bolas, etc.

Una alternativa a los móviles tradicionales de cuna son los móviles Montessori, que tienen como objetivo trabajar la agudeza visual. Pueden sustituir a ese tipo de móviles de plástico con mil sonidos y colores, si bien nunca sustituirán a la interacción con la familia y a los sonidos de la naturaleza.

Con mi hija bebé me he dado cuenta de que hay tiempo para todo. Cuando sus hermanas estaban trabajando con materiales o jugando, a ella le gus-

De arriba abajo y de izquierda a derecha: Munari, Gobbi (pintado y a ganchillo), octaedros, alternativa a ganchillo que muestra los colores primarios, discos interconectados, bailarines y arcoíris.

Los móviles Montessori

Si no tienes la suerte de tener jardín y te apetece construir y observar los móviles para tu peque, no olvides nunca que es esencial observar cómo interactúa con ellos. Poner los móviles suspendidos en el aire justo encima del espacio donde está el niño puede hacer que este se centre demasiado en lo que tiene sobre la cabeza, así que no podemos olvidar colocar otros materiales que llamen su atención sobre el colchoncito en el que se encuentre y a los lados, como un libro en blanco y negro, una pelota de prensión o un sonajero de madera.

Explico someramente en qué consisten algunos de los móviles:

1. Móvil Munari. A partir de las tres semanas. Consta de una esfera de cristal y unas tarjetas con formas en blanco y negro. Es bello y simple, pero las medidas y proporciones de las piezas deben ser exactas, así que no resulta fácil de construir.

2. Móvil de los Octaedros. A partir de las seis semanas. Está compuesto por tres octaedros del mismo tamaño de los colores primarios: rojo, azul y amarillo (en casa lo más sencillo es construirlo con papel holográfico).

3. Móvil Gobbi. A partir de las ocho o doce semanas. Consiste en cinco esferas de hilo con una gradación de tonos de un mismo color.

4. Móvil de los Bailarines. A partir de los tres o cuatro meses. Está formado por cuatro formas que simulan unos bailarines que se mueven al agitar el niño los brazos.

5. Móvil Arcoíris. Otra posibilidad es este precioso móvil, con un funcionamiento similar al de los bailarines, para la misma edad.

6. Móvil de los colores primarios. A partir de los cuatro meses, aproximadamente. De color azul, amarillo y rojo, es el único móvil táctil, por eso se coloca más cerca del suelo, también permite practicar la prensión.

Respecto a este último, personalmente, creo que el niño puede practicar con otros objetos a su alcance, siendo quizás más interesante para su autonomía y capacidad de explorar el entorno, ofrecerle simplemente unos discos interconectados que pueda manipular a su antojo, extrayendo más información sensorial (puede chuparlos, chocarlos y hacer ruido...).

Otra opción es suspender en el aire, mediante una tira o cordel, como una anilla grande, un cascabel, una pelota de tela, un sonajero, incluso un pañuelo de seda. Siempre objetos que el niño pueda manipular.

taba mirar sus móviles desde el colchón, disfrutando del placer de sentirse parte del grupo; cuando las mayores estaban por allí correteando, le encantaba mirarlas fijándose en sus movimientos, como si los memorizase para el momento en que ella estuviera preparada para hacerlos, y cuando estábamos en el jardín, prefería fijarse en los pájaros, los insectos y las flores.

Si te animas a comprar estos móviles o a fabricarlos (es ideal construirlos con los hermanos mayores y que se los ofrezcan como regalo al nacer), tienes dos opciones para colocarlos: usar un soporte de madera especial para móviles o hacer un soporte más casero, instalando un gancho en el techo con un hilo de pescador que cuelgue. En la punta del hilo puedes poner un *snap* o enganche automático para cambiar los objetos que quieras suspender en el aire y no tener que ir colgándolos del techo cada vez.

Como decíamos antes, la exterogestación es el tiempo que tarda un bebé humano en adquirir unas habilidades motoras similares a las de otros primates recién nacidos, que desde que nacen se sujetan a la piel de su madre con las manos. Los bebés humanos no pueden hacerlo porque aún no han desarrollado una sustancia llamada mielina, que es una red de fibras que recubre los axones de las neuronas. La mielinización es escasa en el recién nacido.

Debido a la ausencia de mielina, los bebés apenas logran sostener la cabeza y necesitan ser llevados al principio en brazos o sobre un colchoncillo. La mielinización tarda en producirse unos doce meses, tiempo durante el cual el bebé pasa de ser un individuo prácticamente desvalido en lo que a movimiento se refiere a ser una persona capaz de caminar erguida sobre sus dos piernas, algo exclusivo de los seres humanos.

El proceso que consiste en arrastrarse primero, caminar a cuatro patas después y finalmente caminar sobre las dos piernas es una analogía del proceso evolutivo del hombre: se inicia con peces en el agua (como el ser humano en el útero), y sigue con reptiles que se arrastran, mamíferos de sangre caliente que caminan y seres humanos que andamos erguidos. Este proceso evolutivo que ha durado miles de años al niño le toma tan solo un año. La doctora Montessori decía que al terminar este periodo los niños son héroes, y vaya si lo son. Los bebés irán desarrollando poco a poco el libre movimiento, incluso algunos llegarán a reptar por la casa. El libre movimiento no es solo importante para la mielinización y la creación de sinapsis, sino también para la construcción de las emociones y la inteligencia. Cuando un niño se mueve con un propósito en mente sucede lo siguiente: primero recibe un estímulo del ambiente, entonces se genera un interés y lo pone en práctica, así que intenta moverse hacia ese estímulo. En algún momento con-

La cesta de tesoros no es una propuesta Montessori, pero casa muy bien con el enfoque; con ello los bebés pueden explorar y refinar sus sentidos.

seguirá llegar a él, con lo cual habrá ejercitado los músculos y, sobre todo, experimentará una sensación de logro y recabará información sobre el objeto. Estos datos se enviarán al cerebro, se almacenarán y se irán conectando con nuevas experiencias. ¿No es increíble todo lo que puede lograr un niño simplemente reptando hacia un sonajero? Un aprendizaje vivencial que ya desde esta tierna etapa trabaja las funciones ejecutivas. Es decir, el movimiento libre permite que se construya la inteligencia, por eso no es necesaria la estimulación temprana en niños sanos, basta con que puedan moverse y con preparar un entorno rico en estímulos para ellos.

En ese momento el ambiente preparado deberá crecer un poquito. Podemos mantener el colchoncillo y seguir adaptando la casa. Va bien colocar unos cuantos juguetes en una pequeña estantería, como una pelota de prensión, un sonajero de madera, unos discos interconectados o incluso una cesta de tesoros, pues aunque no se sostengan sentados, la podrán explorar boca abajo. Otro material de prensión es el sonajero de cascabeles, una pieza de madera con dos cascabeles a cada lado. Los bebés muy pequeños pueden empezar a utilizarlo simplemente cerrando el puño. Al producir sonido irán siendo conscientes de que pueden manipular su entorno, y al mismo tiempo, desarrollarán los músculos de las manos. Al principio

cogerán el objeto con la mano entera y después con los deditos, hasta conseguir hacer la pinza en el siguiente periodo, de los seis a los doce meses.

Etapas del movimiento

Como decíamos, cada niño tiene un ritmo, el que le manda su naturaleza, su maestro interior, y acelerarlo no reporta ningún beneficio porque al final todos los niños sanos llegan a los mismos hitos. Cabe decir que valorar estos hitos es precisamente útil para comprobar que su desarrollo es sano, pero lo importante de verdad no es el fin, es el proceso.

El movimiento es una de las primeras formas de expresión de un niño y en cada una de las posturas intermedias que lo llevan a voltearse, gatear, sentarse o caminar está trabajando el equilibrio y la inteligencia a partir de la autonomía y la confianza en sí mismo.

La postura inicial del movimiento libre es la de tumbado de espaldas (decúbito dorsal), aunque, como ya hemos comentado, el niño también puede empezar a moverse desde la postura biológica (boca abajo sobre el cuerpo de su madre) y reptar para engancharse al pecho, por ejemplo. Este también es, sin duda, un movimiento inicial que muchos bebés realizan a los pocos minutos de nacer.

Estando boca arriba, los niños empiezan a investigar su propio movimiento y a girarse de lado. Cuando tienen suficiente fuerza, se ponen boca abajo. Al principio no saben cómo sacar el bracito de debajo de su cuerpo, pero con la práctica lo conseguirán.

El siguiente paso es voltearse de boca abajo a boca arriba, que es uno de los movimientos más importantes, pues gracias a él consiguen estar de nuevo en reposo sobre la espalda. Antes de que lo haga el niño solo, si notamos que el pequeño está demasiado agobiado y frustrado y necesita ayuda, podemos ponerlo nosotros en la postura inicial, boca arriba. Poco a poco él se irá ejercitando hasta lograr hacerlo por sí mismo. Esto sucede de igual forma en cada una de los postura y posiciones intermedias.

Pasado un tiempo empezarán a arrastrarse, a reptar moviendo brazos y manos, y finalmente acabarán gateando y realizando una serie de posturas intermedias para llegar a sentarse solos, que es sin duda lo más recomendable para seguir animando este movimiento libre.

Cuando el movimiento surge del niño, este siempre puede volver a la posición inicial (o boca abajo si lo desea) si se cansa. Esto le proporciona una gran autonomía.

Después los niños comenzarán a desear ampliar el movimiento y empezarán a incorporarse sujetándose en un lugar seguro, que puede ser una barra instalada en la pared o una mesa u otro mueble. A continuación caminarán de lado para finalmente dar pequeños pasos y combinarlos con el gateo en sus desplazamientos.

Más tarde ya podrán andar deprisa y correr, pero el movimiento libre no terminará ahí, porque querrán saltar, trepar, escalar o balancearse, y ese movimiento será también una forma de expresión, un lenguaje sin palabras.

¿Dónde puede llevar a cabo estos movimientos el niño? En un colchonchito firme y cálido colocado en el suelo, en un entorno seguro. Podemos tener una serie de ayudas, como la llamada rampa Pikler, el triángulo Pikler o el cajón Pikler, no obstante, lo más importante para el niño es el acompañamiento del adulto, que permita y proteja velando por su seguridad.

El del movimiento es un periodo sensible de vital importancia. Los niños necesitan el movimiento, y nuestro rol es proteger este periodo sin que los pequeños se vean interrumpidos o forzados. Antes no es mejor, solo el niño —si está sano— sabe lo que más le conviene para su desarrollo. Y siempre que tengas dudas, consúltalas con el pediatra.

No he detallado las edades para evitarte agobios. Mis tres hijas han seguido cada una un ritmo distinto. La bebé fue la primera en darse la vuelta y la última en sentarse; la mediana, la primera en gatear y la última en andar; y la mayor fue la que más tardó en gatear y la que anduvo primero. Al final todas llegaron a los mismos hitos siguiendo su propio ritmo.

El movimiento libre les permitirá tener un desarrollo físico muy equilibrado, primero tumbados en el suelo, luego se sentarán por sí mismos y finalmente comenzarán a andar, también sin nuestra ayuda.

Etapa de los 6 a los 12 meses

Los hitos de este periodo serán la conquista del movimiento (el gateo o la bipedestación) y la conquista de la alimentación (los sólidos o alimentación complementaria). Lo ideal, si queremos fomentar la autonomía del pequeño, es que ambos surjan a demanda del niño, tal como he explicado en páginas anteriores.

Respecto de la motricidad, como decía antes, Maria Montessori consideraba que los niños tienen un maestro interior, un guión interno que los motiva a conquistar el movimiento y el equilibrio. Los adultos no debemos intervenir en absoluto en este proceso normal.

¿Cuál es entonces el papel del adulto en el proceso de la conquista del movimiento del niño? Acompañarlo, es decir, permanecer a su lado y confiar en el procedimiento. Estar a cargo de un bebé de esta edad es realmente una tarea agotadora; debemos centrarnos en ofrecerle autonomía y libertad, y eso se materializa en el ambiente preparado. Acompañar no significa no hacer nada, sino no hacer «de más». Significa observar para adecuar el entorno y el material y para determinar en qué fase de desarrollo está el niño, y significa conectar con él sin intervenir en su juego.

El ambiente preparado deberá ofrecer al niño en este momento más que nunca un entorno seguro y amplio para que el pequeño pueda explorar, y trabajar así su motricidad gruesa. Cuanto mayor es la seguridad del espacio, menos intervención del adulto se requiere. Los límites y normas que hemos decidido como padres para ellos deben ser claros y coherentes con el momento de desarrollo del niño y su seguridad.

Al explorar sin depender de nosotros, el niño desarrolla su capacidad de tomar decisiones y, por tanto, su voluntad. Por eso es muy importante no intervenir, salvo que por su seguridad sea absolutamente necesario. Debemos adaptar nuestra casa (estanterías, armarios y cajones) para que el niño pueda explorar sin que nosotros tengamos que vigilar todo el rato ni decirle continuamente no, lo cual sería peor, pues frenaría sus ansias de conocer el mundo a través de los sentidos, como le pide su mente absorbente, y le generaría un sentimiento de frustración intenso.

Así, los beneficios del movimiento libre son claros tanto a nivel físico (mayor agilidad, coordinación y equilibrio), como cognitivo (se crean nuevas conexiones neuronales al intentar poner en práctica los proyectos previos, por lo que los niños se hacen más creativos, sin contar con la importancia del gateo para la visión y el equilibrio, y por ende, la lectoescritura) y emocional (aumenta la autoestima y la sensación de empoderamiento y de ser capaz, así como de formar parte de la familia siendo autónomos y no dependientes).

El ambiente con un bebé cambia a menudo. Cuando Vega consiguió ponerse en pie sola con ayuda de la barra, retiramos las estanterías y subimos un poco el espejo. El niño intenta adaptarse y nuestra función es adaptar el ambiente para ayudarle lo justo y necesario.

Cuando sentamos a un niño en vez de permitirle que lo haga él solo le estamos restando autonomía y la capacidad de controlar la situación. Esto hará que el niño requiera constantemente de un adulto para poder salir de esa postura, en la que no se siente cómodo al principio, y, más tarde, cuando ya esté a gusto sentado (lo que ve sentado puede que le resulte más atractivo que lo que ve en otras posturas), necesite ayuda para volver a sentarse. En definitiva, le estamos mandando al niño un mensaje de incapacidad, le estamos haciendo ver, desde la más temprana infancia, que depende de un adulto para poder desenvolverse.

En cambio, cuando permitimos y alentamos el movimiento libre, podemos acompañar a los niños de una forma mucho más agradable, que logrará que adquieran confianza en sí mismos y se sientan seguros y satisfechos. Estarán orgullosos de cada pequeño logro sin necesidad de ninguna alabanza extrínseca. Darles libertad y autonomía forma parte también de mantener una relación horizontal con ellos, en la que todos contribuimos y a la que todos aportamos nuestras propias capacidades (la habilidad del adulto es proteger y la del niño, aprender). De esta forma estamos mejorando la voluntad y no la mera independencia: querer sentarse y poner en marcha los procesos de aprendizaje y entrenamiento físico para lograrlo no es en absoluto lo mismo que simplemente ser senta-

do por un adulto. En el segundo caso, el niño puede sentirse como un objeto manipulado en manos del adulto; en el primero, el niño se forma una imagen de sí mismo como una persona capaz y libre.

Si es la primera vez que lees algo sobre el movimiento libre puede que estés confuso, incluso quizá te sientas culpable, pero ya sabes que debemos ver los errores como oportunidades de aprendizaje. ¿Qué pasa si ya he intervenido en el movimiento libre y he sentado a mi bebé?, te preguntarás tal vez. ¿Qué pasa si ya lo he puesto a andar en vez de esperar a que lo haga solo? Debemos relativizar. Hacer esto no tiene repercusiones gravísimas para la salud del bebé, lo que ocurrirá, probablemente, si lo hemos sentado, es que se perderá muchas posturas intermedias y su equilibrio no será tan bueno. Lo positivo es que siempre podemos reparar nuestros errores.

Un ejemplo: a Abril, mi hija mayor, tratamos de criarla siguiendo estos principios, pero había un par de mañanas a la semana que no éramos nosotros quienes la cuidábamos y, con todo el amor y el cariño, esos días la sentaban. Su desarrollo ha sido bastante parecido al de sus hermanas globalmente, aunque es verdad que realizó menos posturas intermedias y gateó bastante poco —solo unos días antes de empezar a andar, y después combinó marcha y gateo—. Y por otro lado, durante el resto de su infancia le hemos dado muchas oportunidades de sentirse capaz y autónoma.

Lo que quiero decir es lo siguiente: ¿tan importante es el movimiento libre? Sí, por supuesto lo es. ¿Se le provoca un daño irreparable al bebé cuando lo sentamos o lo ponemos a andar? En absoluto, y ahora que tienes la información puedes decidir cómo actuar. Si se ha dado esta situación, te animo a subsanarla, es decir, deja de sentar a tu bebé. Puede que se sienta

La mirada Pikler y el movimiento libre

La pedagogía Pikler se desarrolló en Budapest de la mano de la pediatra Emmi Pikler, que estaba convencida de que las condiciones de vida y el entorno de los niños influían en su salud física. Como este sistema pedagógico se concibió en un orfanato húngaro, tiene una serie de características específicas del proyecto en el que nació, pero en muchos otros aspectos es un planteamiento extrapolable al ambiente familiar y a las escuelas infantiles.

Los principios de este sistema son los siguientes:

• Potenciar la actividad autónoma del niño en todos los ámbitos.
• Cultivar la relación afectiva privilegiada, que se establece en los momentos de cuidado (alimentar, vestir, cambiar, bañar...), y se considera muy valiosa.
• Centrarse en el conocimiento del niño en sí mismo y de su entorno, apostando por la cooperación y por la seguridad al mismo tiempo.
• Buscar en última instancia la salud y el bienestar de los pequeños a través del desarrollo motor, el juego libre, la resolución respetuosa de los conflictos y el valor de los cuidados.

En el Instituto Pikler-Lóczy de Budapest se realizaron durante más de medio siglo registros diarios, por eso sus estudios sobre el movimiento libre son un valioso aporte a la pedagogía Montessori. Ambos planteamientos parten de la base de que cualquier movimiento tiene que surgir de la iniciativa del niño para poder fomentar así su autonomía. Cada pequeño es distinto y tiene su propio ritmo, que en estas edades puede variar enormemente (las tablas de desarrollo se pueden encontrar en el libro de la doctora Pikler *Moverse en libertad*). Solo siguiendo a su maestro interior sin sentirse presionado por su entorno, el niño logrará un proceso motriz adecuado.

Alrededor del año muchos niños ya pueden comer solos y sin (apenas) ensuciar, desarrollando la motricidad fina, la concentración y, sobre todo, sintiéndose capaces y autónomos.

muy frustrado y llore, y es natural; para él será fundamental tu acompañamiento emocional, que estés a su lado animándolo y alentándolo será primordial. También puedes volver a la última postura que logró hacer el niño de forma autónoma, y si es más mayor, no conviene olvidar el valor reparador del juego: jugar a ser leoncitos o gatitos con niños que no gatearon debido a una intervención nuestra puede ser una buena idea. En todo caso, siéntete responsable, actúa si consideras que es necesario y olvida la culpa.

Respecto a la alimentación complementaria, una de las formas de iniciarla más acordes con la filosofía Montessori es la práctica del BLW, es decir, introducir la alimentación complementaria siguiendo la regulación del bebé. Esta forma consiste en pasar de la leche, materna o artificial, a la comida normal sin necesariamente darle al niño comida triturada. El BLW favorece una relación independiente con la comida y la toma de decisiones, pues el niño tiene la oportunidad de decidir cuánto y cómo comer y cuándo ha terminado.

El BLW no restringe las comidas a solo alimentos enteros, sino que contempla la posibilidad de ofrecer a los niños cucharas precargadas de puré o alimentos más líquidos si es lo que estamos comiendo el resto de la familia. Se trata en definitiva de hacerle partícipe, de que se sienta uno más en la familia y de confiar en el proceso y su autonomía.

Antes de iniciar la alimentación complementaria, debemos asegurarnos de que el niño cumple los siguientes requisitos:

- Tiene alrededor de seis meses de edad.
- Demuestra interés por los alimentos.
- No tiene reflejo de extrusión (es el mecanismo por el que los bebés expulsan cualquier objeto que toque su garganta, por seguridad).
- Sabe expresar con gestos el hambre y la saciedad (gira la cabeza o cierra la boca cuando no quiere más, por ejemplo).
- Se mantiene sentado por sí mismo.

Cuando se opta por el movimiento libre, el niño acostumbra a sentarse solo después de empezar a gatear, de modo que lo normal es que lo consiga en torno a los nueve meses. ¿Qué podemos hacer entonces si el niño tiene mucho interés por comer pero todavía no se mantiene sentado? Buscar el equilibrio: una posibilidad es sentarlo en nuestro regazo, que es una postura totalmente natural e intuitiva, durante los ratos cortos que pasa comiendo con nosotros. Lo importante es que al menos pueda mantenerse erguido para evitar atragantamientos, lo que implica un grado importante de maduración muscular.

Como ya he mencionado, no hay una sola forma de introducir la alimentación complementaria. Eso sí, te animo a procurar que el niño participe lo más activamente posible en el proceso: ofrécele las cucharas precargadas en vez de limitarte a introducírselas en la boca, o la comida cortada en trozos tan pronto como nos sintamos cómodos con ello.

En esta etapa de los seis a los doce meses, aparte de avanzar en el movimiento y la alimentación complementaria, los niños están en el periodo sensible del lenguaje. Es un buen momento para introducir los libros y leérselos en nuestro regazo, y para no dejar de nombrar objetos o las partes de su cuerpo. Y, además, los niños seguirán trabajando con sus manitas, así que tendremos que ofrecerles materiales con los que sean capaces de seguir progresando.

Ya he explicado que el método Montessori no consiste solo en determinados materiales, pero por si necesitas un poco de inspiración o te apetece fabricar alguno en casa, te voy a contar cuáles serían los más adecuados para este periodo:

- Una barra con espejo, instalada en su habitación o en otro lugar de la casa, para que pueda incorporarse y ponerse de pie mientras se mira en el espejo.
- Los juguetes encaminados a motivar el gateo, como un rodari o pelotas de prensión (como las llamadas Montessori, que tienen unos gajitos para agarrar; las Pikler, que realmente vienen de la pedagogía Waldorf; o las

de caucho con agujeritos. Irá bien cualquier tipo de pelota que permita hacer posible la bondad de ajuste y que el niño pueda agarrarla con sus pequeñas manitas sin que represente un esfuerzo demasiado grande). Las pelotas son muy útiles para colgarlas a modo de móvil en la primera etapa, y también es bueno dejarlas cerca del niño para que juegue o las lance con el pie o la mano en la etapa siguiente.

- La cesta de tesoros. Se trata de una cesta o panera llena de objetos diversos relacionados con la vida cotidiana. Tim Seldin, autor de *Cómo educar niños maravillosos con el método Montessori*, propone entre cincuenta y cien objetos de distinto tamaño, forma, color, textura, peso y sabor, pero no es necesario que sean tantos (aunque la propuesta original es de Elinor Goldschmied, maestra experta en primera infancia, casa muy bien con Montessori). Las cestas de tesoros pueden ser temáticas (hechas con útiles de cocina o del baño) y reutilizarlas más adelante con tarjetas de lenguaje o con objetos de un mismo color y distintos tonos o matices.
- Las botellas o sonajeros rodantes, que pueden estar hechos por los hermanitos a modo de regalo, son geniales para estimular el movimiento de los pequeños. Conviene que no sean imposibles de coger o los niños se frustrarán. En el sistema Montessori siempre planteamos el reto justo

que los niños puedan asumir, o al menos lo intentamos

- Las cajas de permanencia, que no solo sirven para explorar las leyes de la física, sino que además pueden reducir la angustia de la separación, pues permiten comprobar que cuando un objeto sale del campo visual no desaparece, solo cambia de sitio. En el sistema Montessori se usan varias cajas de permanencia, que se gradúan de menor a mayor dificultad para ir asumiendo un reto cada vez mayor. En casa no hace falta tenerlas todas, e incluso podemos fabricarlas con una caja de zapatos. Otra posibi-

Sentarse solos y la práctica del BLW

El movimiento libre es algo esencial desde el punto de vista del planteamiento Montessori, pues favorece el desarrollo natural de los periodos sensibles y la autonomía de los niños pequeños. Consiste en no poner al niño en ninguna postura que no pueda conseguir por sí mismo.

Si seguimos el sistema Pikler a rajatabla, los niños no practicarán BLW, sino que comerán sentados en el regazo de su madre o su cuidador, pasando por una serie de fases en las que su postura irá evolucionando hasta convertirse en un movimiento más autónomo.

Para mí, el BLW es más respetuoso con las necesidades de los niños, al menos lo ha sido con las necesidades de mis hijas, que desde bien bebés estaban deseosas de comer como nosotros. Además, dos de ellas nunca admitieron ser alimentadas por nadie.

Mi opción fue seguir al niño y encontrar el equilibrio entre lo que yo creía mejor y lo que me estaban diciendo ellas (a veces a gritos). Mientras todavía estaban adquiriendo la habilidad de sentarse por sí mismas, comieron en mis brazos o en los de su padre u otro cuidador principal. En ningún caso empezamos antes de que lograran mantenerse sentadas con la espalda erguida sobre nosotros, lo cual es un requisito imprescindible para evitar atragantamientos a la hora de alimentarse.

Me refiero en concreto al periodo de tiempo, que dura escasas semanas, entre que pudieron mantener la postura en la que nosotros las habíamos colocado (en nuestros brazos, de forma natural, sin que sufriera su espalda) y el momento en que se sentaron solas, pasando por todas las posturas intermedias.

Esa fue nuestra opción, espero que tú encuentres la tuya. Como siempre, ¡sigue al niño!

Las cajas de permanencia o materiales similares a este ayudan a desarrollar la coordinación mano-ojo y también a entender el concepto de permanencia de un objeto.

lidad es comprar un juego de encajar formas tradicionales y adaptarlo. Por ejemplo, podemos empezar por darle al niño el cilindro, que es el reto más sencillo al no tener aristas, y cubrir el resto de los huecos; a continuación, le iremos dando el cubo, el prisma triangular y la estrella, y finalmente dejaremos todos los huecos sin el cartoncillo y pondremos las figuras en una cesta aparte.

- Puzzles sencillos. Si podemos elegir, lo mejor es que sean puzzles que aíslen las dificultades, sencillos y con pomos lo suficientemente gruesos para que pueda cogerlos un niño pequeño. Permiten la coordinación mano-ojo y también la práctica del agarre.

- Juguetes de ensartar. Hay guías lisas y onduladas para mover con los deditos la pieza en su interior, y guías verticales para ensartar, primero aislando la dificultad y luego con tres colores. No es necesario tener estos materiales Montessori en casa, pues el típico juguete con una guía de madera y piezas redondas para ensartar, fácil de encontrar en cualquier sitio o heredado de hermanos o primos mayores, sirve igualmente para practicar la coordinación mano-ojo y el trabajo de prensión de las manitas. Basta con adaptarlo un poco, ofreciéndole al niño al principio la guía con una anilla de madera, después añadiendo las piezas redondas de una en una hasta darle por fin todas las piezas en una cestita. Podrá incluso ordenarlas en algún momento.

- Huevo y copa. Es un sencillo juego de motricidad fina. Comprar el «original» de Montessori no es imprescindible, pues puede servir una copa de la cocinita de juguete o una de madera comprada en una tienda de manualidades, y un huevo de madera de juguete o de mercería. El juego tiene una segunda fase: con una bola y una clavija.

- Los sonajeros o botellas de sonido pueden fabricarse fácilmente en casa (lo cual es ideal si hay hermanos mayores) y son una buena forma de que los niños tengan sus primeras experiencias musicales conscientes (pues desde el útero ya pueden escuchar y memorizar canciones).

- Juego de cuencos de distintos tamaños, de madera, redondos, concéntricos, que pueden utilizar para tomarlos entre las manos, para rellenarlos con cosas, para ordenarlos uno dentro del otro o haciendo una torre, para golpearlos contra el suelo o uno con otro. Más adelante podrá seguir usándolos: le servirán cuando queramos enseñarle a ordenar por tamaño o como recipientes para clasificar cosas de distintas medidas.

Etapa de los 12 a los 18 meses

En este momento, el niño se encuentra totalmente inmerso en el periodo sensible del movimiento, por lo tanto, debemos darle la oportunidad de trepar, escalar, caminar, correr, etc. Y ofrecerle, también, un ambiente en el que pueda hacerlo.

Asimismo es necesario limitar un poco el tiempo que pasan los niños dentro de casa y salir a la naturaleza, donde tendrán espacio suficiente para moverse. Sobre todo, debemos tener mucha paciencia y reservar para los desplazamientos el tiempo suficiente que les permita ir caminando la mayor parte del trayecto posible, y que nosotros, o más bien nuestras prisas, podamos tolerar.

Algo muy importante para facilitar el movimiento libre es vestir a los niños con la ropa adecuada, es decir, cuanto más cómoda mejor, evitando vestidos y capuchas, pues restringen el movimiento. En esta época algunos empiezan a tener voluntad de vestirse solos; en este caso podemos ayudarlos seleccionando la ropa apropiada (camisetas un poco más grandes que las de su talla, o *leggings* en vez de vaqueros) y mostrándoles cómo hacerlo en pequeños pasos, además de acompañarlos cuando se frustren por no conseguirlo al ritmo que ellos quieren.

Cuando los niños se decepcionen tendremos que buscar el punto medio entre permitir y rescatar. La frustración es un sentimiento más, que nos mueve a aprender y a superarnos, pero que a los niños pequeños puede hacerlos sufrir. Por otro lado, rescatarlos, no permitirles experimentar esta frustración no es hacerles tampoco ningún favor. Creo que la virtud está en el término medio. Por ejemplo, si vemos que un niño se siente frustrado y está sufriendo mucho, podemos acercarnos, ayudarlo a dar el paso en el que se ha atascado y retirarnos. Al terminar, el niño seguirá teniendo sensación de logro. En otros momentos no será posible ayudarlo y el niño expresará su frustración con vehemencia. Entonces solo podremos acompañarlo, estar a su lado y abrazarlo si nos lo permite.

Por otro lado, el niño en esta etapa empieza a querer usar las manos con un fin. Se ha dado cuenta de que puede modificar el ambiente en el que vive (una de las capacidades que, como recordarás, nos diferencian de los animales), así que podemos ofrecerle los siguientes materiales: puzzles sencillos con pomos, una cesta de pelotas, un bote o una hucha para sacar e introducir objetos, sus primeras construcciones, tuercas y tornillos, etc.

También, especialmente hacia el año y medio, podemos proponerle sus primeras actividades de vida práctica con un cepillo, una fregona y otros útiles de limpieza, como un espray (es mejor no usar productos químicos, bastará con agua con jabón o vinagre diluido en agua) y una bayeta o un plumero. Conviene recordar siempre que los adultos nos centramos en el resultado y los niños en el proceso, así que ellos querrán limpiar para imitarnos y vivir ese proceso que nos tiene ocupados tantas horas al día (especialmente con niños pequeños), pero no por ver la casa limpia y recogida, sino por mera curiosidad e imitación. Responsabilizarlos de sus «accidentes» podrá llegar unos meses más tarde, siempre con nuestra ayuda y cariño.

El periodo sensible del lenguaje está en pleno desarrollo, por eso durante los tres primeros años de vida debemos hacer todo lo posible por ayudar a los niños para que dicho desarrollo sea lo más amplio posible. No hay que hacer nada excepcional, solo ofrecerles nuestro lenguaje y nuestra cultura, hablarles como haríamos con un igual, sin diminutivos, ni tonos de bebés, con las palabras apropiadas para cada cosa que tiene nuestra lengua. En vez de decir: «Mira, un *guau-guau*», podemos decir: «Mira, un perro», o incluso «Mira, un pastor alemán» o «Mira, un bichón maltés» si conocemos su raza.

No sé si conoces el lenguaje de signos para bebés oyentes. Es, desde luego, una buena idea implementarlo en nuestra casa, pues los niños hacen gestos de manera natural: por ejemplo, cuando quieren que los cojamos suelen abrir y cerrar las manos. Su lenguaje aún no está bien definido, pero los pequeños precisan comunicarse, expresar sus necesidades y sus deseos. El lenguaje de signos permite conectarnos con ellos, incluso diría que hasta hablamos más con ellos al tratar de enseñarles los signos. Además, no retrasa la aparición del lenguaje verbal, sino que más bien ayuda a reducir la frustración cuando no pueden comunicarse y necesitan decirnos algo.

Respecto a los materiales, podemos ofrecerles pequeñas actividades de expresión artística y materiales que les permitan trabajar la coordinación mano-ojo y los sentidos, así como todo lo que tenga que ver con el refinamiento del desarrollo motor.

Algunas actividades que pueden realizar los niños en esta etapa, siempre según sus intereses y habilidades, son las de la lista siguiente. Están ordenadas por orden alfabético y no cronológico, para que puedas seguir al niño sin que te influya lo que «debería» estar haciendo a esta edad.

1. Abrochar velcros
2. Apilar cubos
3. Balancearse en un caballito
4. Beber en un vaso pequeño de cristal
5. Cortar fruta con un cuchillo de mano (sin filo)
6. Dejar su ropa en el cesto de la colada
7. Emparejar objetos iguales
8. Empujar un carrito
9. Jugar con pelotas de texturas
10. Jugar con tuercas y tornillos grandes de madera
11. Jugar con un circuito de bolas

Cualquier juguete es susceptible de ser presentado «a la manera Montessori». Con estas tuercas los pequeños practicarán el giro de la mano y los mayores, el emparejamiento por color.

12. Lavarse las manos
13. Limpiar una mesa con la bayeta
14. Llevar su pañal sucio a la basura (o a la cesta de la colada)
15. Meter anillas o cubos en una guía vertical
16. Meter bolas por un tubo de cartón.
17. Meter y sacar objetos de la bolsa misteriosa
18. Modelar con plastilina casera (comestible)
19. Pasar las hojas de un libro de páginas gruesas
20. Poner la lavadora
21. Ponerse y quitarse los calcetines y los zapatos
22. Tirar de un caballito de arrastre
23. Transportar una bandeja
24. Usar los cubiertos
25. Usar un dispensador para servirse agua

Nota: Cuando les presentamos a los niños una actividad de vida práctica es preciso hacerlo siguiendo una serie de pasos. Asimismo, la actividad debe seguir una secuencia de dificultad progresiva en el tiempo (por ejemplo: usar primero el cuchillo de untar, después el cuchillo de plástico para verduras y por último el cuchillo afilado infantil).

Según vayan dominando las destrezas, podremos ofrecerles las siguientes actividades. Tendremos en cuenta que un niño no tiene por qué dominarlas todas a la misma velocidad: igual es hábil vistiéndose, pero no con los cuchillos, o viceversa. Siempre les presentaremos la actividad marcando los puntos de interés, en silencio y en conexión (véase el siguiente capítulo), y nos centraremos en el proceso y no en el resultado. Así, no es necesario que los niños terminen las actividades como se las hemos presentado. El objetivo no es el fin, no es el logro, buscamos el proceso. Cada pequeño aprendizaje construye su mente absorbente y contribuye a que el niño se sienta parte de la familia y sea consciente de que participa en la vida familiar, cuidando de sí mismo, del ambiente y de los demás.

Etapa de los 18 a los 24-36 meses

A partir del año y medio, el buen desarrollo psicomotor le permite al niño hacer ciertas actividades, pero no todas. En esta etapa debemos ayudarlo a realizar la transición de bebé a niño, durante la cual nuestra función como padres podría resumirse en los siguientes puntos:

• Enseñarle a hacer las cosas sin nuestra ayuda.
• Acompañarlo en sus frustraciones cuando no pueda hacer las actividades, aunque sean simples.
• Observarlo mucho para descubrir cuáles son sus intereses y escucharlo para que se sienta comprendido.

Fases del juego en los niños

Para que exista un juego libre en el que el niño lleve la iniciativa sin intervención del adulto, son indispensables, como hemos visto previamente, un ambiente preparado adecuado (materiales apropiados para la edad del niño y sus periodos sensibles en un espacio atractivo y seguro) y un adulto que acompañe observando sin emitir juicios. Debido al proceso de mielinización, el niño va adquiriendo poco a poco más capacidad para mover los brazos, desde los hombros hasta los dedos, y esto se refleja en su juego. Así, el niño desarrollará su juego de forma autónoma siguiendo un esquema parecido al resumen temporal que tienes a continuación. No olvides que cada niño va a su ritmo. Mis tres hijas han tenido cada una un ritmo distinto, una fue más precoz al hablar, otra era muy hábil con todo lo que implicara motricidad fina y la otra, en cambio, lo era con la motricidad gruesa. Al final todas habrán alcanzado los mismos hitos, cada una a su tiempo, siguiendo lo que les dictaba su maestro interior, su naturaleza.

Cuando los niños son recién nacidos y los depositamos sobre un colchoncillo tipo *topponcino*, suelen mirar a un lado u otro. Si están en brazos nos mirarán a nosotros, en concreto nuestra boca. Después, en las primeras semanas simbióticas, empiezan a descubrir sus manos, se dan cuenta de que pueden moverlas y son parte de su cuerpo.

Más tarde, entre los tres y los cinco meses, los niños empiezan a coordinar las manos de una manera cada vez más efectiva.

En torno a los cinco meses comienzan a coger objetos, al principio solo saben cogerlos y luego aprenden también a soltarlos. Las manos permanecen fijas en relación con los antebrazos; después se desarrollará la articulación del codo.

Alrededor de los seis meses acostumbran a golpear esos objetos contra el suelo y, al sentir el ruido que hacen, experimentan placer y sorpresa, curiosidad y descubrimiento, en definitiva. Los niños van averiguando así las características de los objetos, y a través de los sentidos captan las diferencias que existen entre los distintos materiales, lo cual responde al periodo sensible del refinamiento de las percepciones sensoriales.

A partir de los siete meses los niños adquieren cierta destreza con el objeto que tienen en las manos, y llegan a ser capaces de manipularlo. Existe ya una coordinación entre el hombro, el codo y la muñeca.

A partir de los ocho meses empieza un juego presimbólico (no tiene la misma estructura que el juego simbólico de los niños más mayores, pero sí un fuerte componente de imitación), como cuando cogen una pieza de madera y dicen «Hola» mientras se la ponen en la oreja como si fuera un teléfono o cogen un cuenco y un palito y hacen que toman café.

Hacia los ocho o los doce meses los niños pueden manipular dos objetos por separado, pero al mismo tiempo. En torno a los doce meses experimentan con dos objetos a la vez, interaccionando con ellos. Al año y medio manipulan varios objetos haciendo actividades como apilar, alinear, encajar o coleccionar.

A partir de los dos o tres años comienzan a participar en el juego conjunto colaborativo (es cuando realmente empieza a producirse la socialización con iguales).

El objetivo de este esquema es simplemente orientarte sobre cuáles pueden ser las actividades más adecuadas para los niños en cada momento de su desarrollo.

A lo largo de estas fases del juego se van desarrollando también la mano y sus movimientos, en cuatro etapas:

• Prensión cubitopalmar: El niño toma el objeto con la palma y los tres dedos centrales.
• Prensión digitopalmar: El niño toma el objeto con la palma y los dedos pulgar, índice y medio juntos.
• Prensión radiodigital: El niño toma el objeto oponiendo totalmente el pulgar.
• Prensión de tijera o pinza: El niño toma el objeto oponiendo por fin índice y pulgar.

Sobre los niños que están en esta etapa, Maria Montessori decía:

> También hay una tendencia a infringir las leyes de la gravedad y a superarlas: al niño le gusta trepar, y para hacerlo debe agarrarse a algo con la mano y hacer fuerza. Ya no se trata de aferrar por posesión, sino de aferrar con el deseo de subir. Es un ejercicio de fuerza, y hay todo un periodo dedicado a este tipo de ejercicios. También aquí aparece la lógica de la naturaleza, porque el hombre debe ejercer su propia fuerza.
>
> *La mente absorbente*

Hacia el año y medio se produce el periodo de máximo esfuerzo, un esfuerzo que permite a los niños demostrar una fuerza increíble y una capacidad física formidable. De repente, el niño se da cuenta de que ha desarro-

La arena kinética no es un material Montessori, pero unido a estos sólidos geométricos les permite un aprendizaje muy rico y vivencial.

llado una gran fortaleza, tanto en las manos como en los pies, y se siente impulsado a ejercitarse todavía más. Es un pequeño atleta. Pondrá todos los medios en este entrenamiento, al contrario que los adultos, que solemos aplicar la ley del mínimo esfuerzo, buscando las formas más rápidas y cómodas de llegar a un objetivo. El niño de un año y medio, en cambio, está muy concentrado en el proceso y quiere probar sus propios límites: lo vemos intentando coger objetos muy voluminosos o ayudando con la compra más pesada, y se propone mover muebles, llevar mucho peso y caminar largas distancias. Debemos hacer lo posible por permitírselo, pues si lo ayudamos, por una compasión mal entendida, no hacemos otra cosa que perjudicar su autoestima y su desarrollo. Siempre que la acción del niño sea segura y respetuosa para él y los demás, te recomiendo no intervenir: te maravillarás ante su magnífica fuerza y su exhibición de voluntad y constancia. Nuestra función es dejar que haga estas actividades y animarlo, porque son importantes para sus conexiones cerebrales y su autoestima. Tiene necesidad de hacerlas, se lo dicta su maestro interior, su naturaleza.

A esta edad los niños empiezan a desear actividades con un objetivo (por ejemplo, barrer para recoger lo que han tirado, no solo por barrer), especialmente al final del periodo, así que podemos continuar ofreciéndoles actividades de vida práctica para que perfeccionen sus habilidades y para que comiencen a asimilar las normas (aunque normalmente no lo lograrán antes de los tres años). Las actividades de vida práctica estarán relacionadas con las siguientes destrezas: gracia y cortesía, giro de la mano, giro de la muñeca, práctica de la pinza con tres dedos, cuidado del ambiente, cuidado de sí mismos, preparación de la comida, manualidades, etc.

En este capítulo encontrarás dos anexos con ejemplos de actividades posibles para esta etapa y para la siguiente, que es preciso seleccionar siempre siguiendo los intereses del niño.

El trabajo del niño es lo más importante, es algo casi sagrado, que debemos respetar sin interrupciones salvo en caso de fuerza mayor. Celebremos con ellos sus retos y logros, pero no los alabemos sin más. Los hitos de esta etapa son comer sin ayuda, vestirse sin ayuda y realizar pequeñas tareas cotidianas (como limpiar o poner la mesa ellos solos).

En algún momento entre los dos años y medio y los tres, el niño dejará de «parecer» un bebé y se habrá convertido en un niño pequeño.

Felicidades, has criado un niño maravilloso, el embrión espiritual se ha desarrollado perfectamente en un clima de amor, comprensión y cariño.

¿Pasamos al siguiente reto?

El cumpleaños Montessori, la celebración de la vida

En las escuelas Montessori se suele celebrar el cumpleaños de los pequeños de una forma muy específica, que permite al homenajeado interiorizar el concepto de cumplir años. A la vez que tiene una finalidad didáctica (aprender el paso del tiempo, las estaciones, los movimientos del Sol), la celebración facilita que el niño o la niña se sienta especial en su día y exteriorice este sentimiento junto a sus compañeros. El del paso del tiempo es un concepto muy abstracto y puede que los niños más pequeños no logren comprenderlo en profundidad, pero aun así estos pueden participar perfectamente en la celebración.

En el círculo o el lugar donde realicen los pequeños las asambleas, se coloca un tapete y, encima, se disponen fotos de la infancia del peque. Los niños se sientan en el suelo formando una elipse, como la órbita de la Tierra, alrededor del tapete. Entonces se les explica: «Hoy vamos a celebrar el cumpleaños de [nombre del niño] paseando alrededor del Sol».

Se distribuyen los nombres de los meses sobre el tapete o el suelo y se les dice a los niños: «Estos son los nombres de los doce meses del año. Hay doce meses en cada año y la Tierra tarda un año entero en dar una vuelta alrededor del Sol».

Se anima al niño a situarse sobre el mes de su nacimiento y se pronuncia una frase explicando el nacimiento. En este momento se enciende una vela, que representará el Sol, y se le ofrece al pequeño un globo terráqueo.

Se invita al niño a que dé vueltas alrededor de la elipse que forman los compañeros sentados con el globo terráqueo en las manos, muy despacio, simbolizando el paso de los meses. Cada vez que complete una vuelta decimos el nombre del niño y a continuación: «¡Ya tiene un año! ¿Qué cosas hacías cuando tenías un año?». También se le puede cantar la canción «La Tierra gira alrededor del Sol», especial para la ocasión.

Al terminar las vueltas, se canta «Cumpleaños feliz» u otra canción. A mis hijas les gusta mucho soplar las velas después.

Es una celebración muy sencilla, pero no por ello menos emotiva, y que puede organizarse en cualquier hogar o aula.

Anexo
(Posibles) regalos útiles antes del nacimiento

- Silla de coche (a contra marcha el máximo tiempo posible)
- Camita de suelo (y/o cuna de colecho)
- Fulares portabebés (y/o mochila ergonómica)
- Mobiliario a su altura (mesas y sillas pequeñas, estanterías de poca altura, banquetas y adaptadores...)
- Juguetes para bebés (pelota de prensión, sonajeros, cochecitos de madera...) y materiales de encaje, arrastre, alineamiento...
- Instrumentos musicales reales
- Utensilios de cocina reales
- Materiales para la expresión artística
- Libros bellos (con imágenes reales para niños pequeños e historias alentadoras para niños más mayores)
- Ropa cómoda (que le permita desarrollar el movimiento libre y la autonomía a la hora de vestirse solo) y ropa para jugar bajo la lluvia, el agua y el frío
- Una torre de aprendizaje (o una banqueta, según la edad) y/o una cocinita real adaptada a su altura
- Materiales para el juego desestructurado
- Materiales que le permitan desarrollar los sentidos
- Juegos de mesa (para jugar con los adultos y otros niños)
- Regalos no materiales: tiempo, tiempo y más tiempo

Anexo
Ejemplos de actividades para niños de 1 a 3 años (por orden alfabético)

Motricidad gruesa
1. Llevar objetos pesados
2. Llevar una alfombra y estirarla
3. Mover una silla
4. Subir y bajar escaleras
5. Transportar una bandeja
6. Trepar por una rampa

Vida práctica
7. Arreglar flores
8. Ayudar a preparar un bizcocho
9. Barrer el suelo
10. Cortar pan de molde con un cortapastas
11. Cortar fruta o queso
12. Decir hola y adiós
13. Doblar la ropa
14. Fregar el suelo
15. Lavar los platos
16. Lavar ropa
17. Limpiar con la bayeta
18. Limpiar la mesa
19. Limpiar las ventanas
20. Limpiar un espejo
21. Limpiar una pizarra
22. Machacar trocitos de pan
23. Moler café (o trigo) con un molinillo
24. Ordenar los cubiertos
25. Pelar un huevo
26. Pelar un plátano y cortarlo en rodajas
27. Poner y quitar la mesa
28. Regar una planta y cuidarla
29. Servirse agua
30. Servirse la comida
31. Tender la ropa
32. Trasvasar con cuchara
33. Trasvasar con esponja
34. Trasvasar en seco
35. Trasvasar líquidos
36. Untar mantequilla en la tostada

Cuidado de uno mismo
37. Abrochar prendas (abotonar, subir cremalleras...)
38. Lavarse las manos y la cara
39. Limpiar los zapatos
40. Limpiarse la nariz
41. Peinarse
42. Ponerse el abrigo
43. Ponerse los zapatos
44. Vestirse y desvestirse

Coordinación mano-ojo
45. Abrir y cerrar botes
46. Abrir y cerrar cerraduras
47. Coser una tarjeta con agujeros
48. Emparejar cajas y tapas
49. Emparejar candados
50. Ensartar anillas en una barra
51. Ensartar cuentas de gran tamaño en un cordel
52. Jugar con una cesta con pinzas
53. Meter y sacar palillos de un bote agujereado
54. Ordenar matrioshkas
55. Hacer puzzles con pomos
56. Vaciar y llenar una caja

Actividades sensoriales

57. Clasificar objetos por colores y tamaños
58. Emparejar objetos
59. Hacer construcciones que impliquen gradaciones
60. Jugar con saquitos sensoriales para trabajar el sentido estereognóstico
61. Sacar objetos de la bolsa misteriosa

Lenguaje y música

62. Aprender las estaciones
63. Aprender las partes del cuerpo
64. Aprender los animales y sus sonidos
65. Aprender los nombres de las prendas de vestir
66. Cantar canciones y bailar
67. Emparejar miniaturas con tarjetas
68. Emparejar tarjetas e instrumentos
69. Emparejar sonidos e instrumentos
70. Jugar a las rimas
71. Jugar al veo veo de sonidos
72. Jugar con tarjetas de vocabulario
73. Leer poesías
74. Practicar el juego del silencio
75. Practicar los trazos en la bandeja de sémola
76. Presentar un libro (pasar páginas, tomarlo y dejarlo, leerlo)
77. Utilizar instrumentos de música

Actividades artísticas

78. Estampar con un sello
79. Hacer un *collage*
80. Modelar con plastilina o arcilla
81. Pintar con agua en el suelo
82. Pintar con pintura comestible
83. Pintar con pintura de dedos
84. Pintar con tiza en el suelo
85. Pintar con un pincel sobre pergamino mágico
86. Pintar un mural
87. Recortar con tijeras
88. Troquelar con troqueladora

Naturaleza y ciudad

89. Coleccionar hojas (pequeño herbario)
90. Cuidar un huerto urbano de plantas aromáticas
91. Hacer un comedero para pájaros
92. Ir a la biblioteca
93. Ir de excursión a un museo
94. Hacer una mesa de observación de la naturaleza
95. Observar cangrejos y otros animalitos en la playa
96. Observar un insecto en un bote (y soltarlo después)
97. Plantar una judía (u otra planta)
98. Prensar flores
99. Recoger conchas en la playa
100. Recoger fresas o tomates

Anexo
Ejemplos de actividades para niños de 3 a 6 años (por orden alfabético)
(Además de todas las del anexo anterior)

Motricidad gruesa
1. Balancearse en la tabla curva
2. Caminar por la línea
3. Practicar posturas de equilibrio
4. Transportar una mesa

Vida práctica
5. Amasar y estirar la masa
6. Contestar el teléfono y llamar por teléfono
7. Cortar con cuchillo
8. Cortar rodajas de manzana
9. Exprimir naranjas
10. Hacer una tortilla
11. Pasar la aspiradora
12. Planchar ropa
13. Poner el lavavajillas
14. Seguir una receta
15. Utilizar un sacapuntas
16. Voltear tortitas

Cuidado de uno mismo
17. Atarse los zapatos
18. Cortarse las uñas
19. Hacer trenzas
20. Lavarse el pelo
21. Limpiarse los dientes
22. Prepararse la maleta

Coordinación mano-ojo
23. Coser
24. Ensartar cuentas con aguja e hilo
25. Ensartar cuentas pequeñas con cordón
26. Hacer cadeneta
27. Hacer pulseras de hilo
28. Repasar con un punzón
29. Utilizar un telar

Actividades sensoriales
30. Clasificar colores
31. Experimentar con botellas de olores
32. Experimentar con botellas de sabores
33. Experimentar con cajitas de sonidos
34. Jugar al memo sensorial
35. Jugar con una caja de telas

Lenguaje y música
36. Adivinar acciones descritas con mímica
37. Aprender letras de canciones
38. Contar una historia
39. Dibujar con resaques
40. Dibujar en la pizarra
41. Dibujar un abecedario ilustrado
42. Dibujar un cuento
43. Escribir el nombre en la pizarra
44. Hacer un *collage* con letras
45. Identificar las señales de tráfico
46. Jugar al veo veo de sonidos avanzado

47. Jugar con tarjetas de nomenclaturas
48. Jugar con una caja de sonidos
49. Leer órdenes
50. Practicar con las letras de lija y la bandeja de sémola
51. Relacionar canciones y artistas
52. Relacionar los tonos de las campanas (con un antifaz)
53. Relacionar letras mayúsculas y minúsculas
54. Relacionar objetos con la letra por la que empiezan
55. Relacionar piezas y estilos musicales
56. Tocar un instrumento
57. Utilizar el alfabeto móvil

Actividades artísticas

58. Modelar con cera de abeja
59. Pintar con acuarela
60. Pintar con ceras
61. Pintar con lápices acuarelables
62. Pintar con pintura acrílica
63. Pintar con témpera sólida
64. Pintar en tela
65. Pintar en vertical
66. Pintar en vidrio

Matemáticas

67. Asociar número y cantidad
68. Contar objetos en un paseo por el campo
69. Jugar con material Montessori casero (ábacos Montessori, juego de los sellos, juego del banco, listones numéricos, números de lija)
70. Leer cuentos de conteo y cantar canciones de números
71. Trazar cifras en la bandeja de sémola

Naturaleza y mundo físico

72. Buscar piedras y mirarlas con el microscopio
73. Calcar hojas con ceras
74. Clasificar animales (vertebrados/invertebrados; vivos/no vivos...)
75. Fabricar un volcán y hacerlo erupcionar
76. Hacer un calendario del tiempo y las estaciones
77. Llevar un diario de la naturaleza
78. Observar los ciclos de la naturaleza (en animales y plantas)
79. Clasificar en magnético y no magnético
80. Clasificar objetos o animales en agua, tierra y aire
81. Explorar los vasos comunicantes
82. Hacer el experimento de la leche y el jabón
83. Hacer el experimento de la vela
84. Observar los estados de la materia: sólido, líquido y gaseoso
85. Realizar experimentos y explorar el mundo físico de forma sensorial y vivencial
86. Trabajar la diferencia entre flotar y hundirse

Geografía

87. Dibujar el mapa de los continentes
88. Dibujar el universo
89. Experimentar con el globo terráqueo y el mapa de los continentes
90. Hacer puzzles de mapas de los continentes
91. Modelar formas de la tierra en arcilla y emparejarlas con las tarjetas rugosas o de tres partes
92. Relacionar animales y continentes
93. Relacionar banderas y países (o comunidades autónomas)
94. Relacionar monumentos emblemáticos y continentes

Tiempo, arte e historia

95. Aprender a leer la hora
96. Hacer una línea del tiempo
97. Hacer una mesa de observación de un periodo de la historia
98. Investigar biografías de mujeres y hombres ilustres
99. Relacionar obras de arte con su autor, estilo o periodo.
100. Visitar un yacimiento paleontológico

¿Y DESPUÉS QUÉ HACEMOS? CONSEJOS PARA NIÑOS DE 3 A 6 AÑOS

Actualmente muchos sostienen, como yo, que la parte más importante de la vida no es la que corresponde a los estudios universitarios, sino al primer periodo, que se extiende desde el nacimiento hasta los seis años, porque es en este periodo cuando se forma la inteligencia, el gran instrumento del hombre. Y no solo la inteligencia, sino también el conjunto de facultades psíquicas.

MARIA MONTESSORI, *La mente absorbente del niño*

Cuando el bebé se convierta en niño

Un día te despiertas y, de repente, ¡ya no tienes bebé! El bebé ha desaparecido, ahora es un niño que lo quiere hacer todo solo y ya no te necesita para nada. La frontera entre el bebé y el niño se cruza en un momento determinado entre los dos años y medio y los tres años. La mayoría de nosotros empezamos a tener recuerdos conscientes en este periodo, pues es entonces cuando al parecer se constituye la memoria. El neocórtex comienza a formarse y con él, la razón, la empatía, la lógica... Es por ello por lo que en casa el ambiente preparado debe cambiar sustancialmente cuando el bebé deja de serlo para convertirse en un niño.

Hasta los tres años el niño aprende de forma inconsciente, pero a partir de esta edad ya aprende con un propósito: observa algo y quiere saber más cosas sobre ello. Por ejemplo, un bebé ve a los demás caminar y piensa que él también quiere hacerlo, pero este pensamiento es inconsciente. Un niño de cuatro años ve a otros niños montar en bicicleta y decide, voluntariamente, poner todo su empeño en adquirir esta destreza. En ambos casos la mente es absorbente, sin embargo, se manifiesta de forma distinta. Sigue existiendo un periodo sensible del lenguaje (que se completará con el interés por la escritura y la lectura, siempre a su ritmo) y del refinamiento de los sentidos. La necesidad de movimiento

y orden todavía están presentes, pero un poco más atenuadas.

Si, cuando nació el niño, preparamos su dormitorio según las recomendaciones del planteamiento Montessori, tan solo tendremos que modificar algunas cosas: la cama de suelo puede dar paso a una cama bajita y podremos sustituir los móviles Montessori, la barra y el espejo por más estanterías para materiales. En todo caso, es recomendable que el niño tenga el armario con la ropa a su altura, clasificada para que elija lo que quiera ponerse y pueda encargarse de mantenerla ordenada. En este sentido, va bien usar pegatinas con símbolos de los distintos tipos de prendas y perchas a su altura.

La casa, el ambiente preparado de nuestros hijos, podría tener, para los niños de esta edad, los siguientes espacios: de aprendizaje y juego, de expresión artística, de expresión musical, de lectura y de exterior, así como de vida práctica (que ya vimos en el capítulo anterior). Enseguida vamos a verlos todos uno por uno.

Espacios de aprendizaje y juego

Como decía antes, no tenemos por qué separar el espacio de juego estructurado del de juego desestructurado, pero si nuestra casa es pequeña y compartimentada, puede ser una buena opción, especialmente si hay hermanos de varias edades, como es nuestro caso, que no podemos dejar determinados materiales al alcance de la bebé. Puede ser una habitación aparte, un rincón del salón o la buhardilla, si tuviéramos.

En todo caso, en cualquier ambiente, una buena forma de delimitar el espacio es utilizar bandejas y esterillas en vez mesas y sillas, pues los niños pequeños no suelen querer permanecer mucho tiempo sentados, lo cual es perfectamente normal. También es probable que deseen trabajar en la estantería donde guardamos los materiales, y poco a poco, por cuestiones prácticas, se irán sentando. Si hemos decidido tener materiales Montessori —que no son, como sabes, imprescindibles—, siempre estarán colocados en el mismo orden, salvo que, por falta de espacio, decidamos rotarlos. Las actividades de vida práctica se pueden hacer también en este espacio, no solo en la cocina y baño. Adquirir estanterías, cestos, cestas, cajas y demás estructuras para guardar los materiales es buena inversión. Las bandejas de poliexpán del supermercado nos servirán perfectamente mientras vamos consiguiendo bandejas más bonitas y adecuadas; lo importante es ponerse en movimiento, ya iremos perfeccionándonos con el tiempo.

Las bandejas deben estar preparadas con todo lo que necesitará el niño pequeño para hacer la tarea. Por ejemplo, en una bandeja de arreglo floral podemos preparar un jarrita con agua, unas tijeras, una pequeña bayeta o esponja para recoger los derrames, un jarrón bonito, un plato para dejar las flores y un cuenco para depositar las ramitas que no usemos. Esta preparación proporciona al niño la sensación de orden y estructura y lo ayuda a concentrarse. Cuando los niños han repetido el ejercicio muchas veces, ya tienen el orden en la cabeza y no necesitan tanta estructura. Así, es muy posible que un día llegue a casa con flores que haya recogido en el campo, coja lo que le haga falta del mueble (los útiles sí deben estar a su alcance) y prepare el arreglo floral sin ninguna ayuda. Las presentaciones preparan para la vida, ese es su objetivo indirecto.

Hacer una presentación «a la Montessori»

Una de las preguntas que más nos planteamos a la hora de aplicar el sistema Montessori en casa es cómo se hace una buena presentación de materiales (por favor, recuerda que en casa los materiales no son necesarios). La presentación Montessori es un verdadero arte. Los guías Montessori le dedican buena parte de su formación, y como padres es difícil que consigamos presentar los materiales de la misma forma. Así, la presentación de un material en una escuela Montessori no será igual que una presentación en casa. Me gustaría que, sobre esta cuestión, tuviéramos muy en cuenta lo siguiente: no somos guías Montessori, nuestras presentaciones no serán tan perfectas, pero esto no es motivo para pensar que nuestros hijos no se beneficiarán de un buen ejemplo de cómo llevarlo a cabo. De hecho, en un aula Montessori, en la que, como sabes, hay niños de distintas edades, los más pequeños en ocasiones aprenden a usar los materiales gracias a otros más mayores. Estos no hacen las presentaciones como los guías que los acompañan, pero la conexión entre estas dos personitas es mucho más importante que ofrecer una presentación perfecta. Nuestra función en casa es ser un compañero mayor, no un guía Montessori.

En las presentaciones que realicemos, sin ser guías expertos en la materia, lo esencial es descomponer la actividad en distintos pasos, marcando los puntos de interés. El número de pasos debe ser suficiente para favorecer la asimilación de la información que ofrecemos a los niños.

Es habitual tener la duda de por qué las presentaciones son en silencio o lo más silenciosas posibles. Realmente, para mí este es uno de los grandes aciertos del sistema Montessori, pues permite educar con el ejemplo en un momento en el que los niños aprenden por imitación. Si expresáramos con palabras lo que nos proponemos explicar, quizá los niños no pondrían tanta atención en lo que hacemos y se concentrarían en lo que decimos. De esta forma, en cambio, ponen todo su interés en el ejemplo, como si fuera un ritual especial para ellos. Asimismo,

el hecho de no usar palabras permite que niños en diferentes estados madurativos entiendan la actividad, y aunque las presentaciones suelan ser individuales, puede haber un compañero (o un hermanito, en casa) mirando. Incluso pueden ser presentaciones grupales, especialmente con niños mayores. Exactamente igual pasa cuando se hablan varias lenguas en una escuela y no todos los niños tienen el mismo nivel de comprensión, por lo que es difícil acertar con el vocabulario específico que usemos.

Además, todas las personas aprendemos de forma distinta. No sé si conoces la teoría de las inteligencias múltiples de Howard Gardner; si no es así, te invito a que te informes sobre ella. Hay personas que tienen memoria visual y necesitan imágenes, otras que tienen memoria auditiva y necesitan escuchar, y aún otras que tienen memoria muscular y necesitan hacer y practicar. En la escuela tradicional suele fomentarse un solo tipo de memoria, la auditiva, mediante la clase magistral. Tal vez es por eso por lo que nos choca que en el método Montessori las presentaciones sean mudas.

Si te animas a hacer una presentación con tus peques, busca un momento de calma en el que podáis estar solos y dedícales toda tu atención siguiendo estas recomendaciones generales. No te olvides de descomponer el trabajo y preparar todo lo necesario en las bandejas o cestas. Por ejemplo, pa-

Los saquitos de texturas permiten refinar el sentido estereognóstico; podemos jugar a clasificar también con cuentas de colores. Montessori en el hogar no tiene por qué ser ni caro ni elitista.

Cómo presentar materiales y actividades

1. Elige un momento tranquilo en el que tanto tu hijo como tú estéis relajados y no haya distracciones ni prisas.

2. La presentación comienza acudiendo a la estantería a buscar el material y termina devolviéndolo a su sitio (salvo con niños muy pequeños, a los que podemos ofrecerles practicar y luego acompañarlos a devolver el material si es necesario).

3. Durante la presentación siéntate junto a tu hijo, a su derecha —para que tu brazo no le obstaculice la vista—, mejor que uno frente al otro.

4. La actividad siempre se hará sobre una esterilla, a ser posible lisa y de color claro, salvo que ese trabajo en concreto se realice mejor en una mesa. Extender y recoger una esterilla es una lección en sí misma, hacedlo despacio y con esmero. Utiliza esterillas gruesas que permitan «controlar el error» —se sostendrán al ponerlas en vertical—, aunque los salvamanteles son también una buena opción, muy económica y fácil de almacenar.

5. Siempre se trabaja de izquierda a derecha y de arriba abajo. Todas las actividades y materiales Montessori son intencionales, es decir, constituyen una preparación indirecta.

6. Habla lo menos posible y en voz baja, para que el niño se concentre en lo que hacen tus manos, y vea especialmente que tratas los materiales con sumo mimo y cuidado. Los movimientos han de ser lentos, con pequeñas pausas para señalar los distintos pasos, y cuando cojamos un objeto debemos destacar la pinza digital (índice, pulgar y corazón).

7. Ensaya previamente para evitar vacilaciones a la hora de presentar la actividad, aunque no es necesario pasarse la noche repasando. No se trata de hacerlo perfecto, como un guía Montessori, pero sí podemos mostrarles cómo hacer algo de forma pausada y poniendo toda la atención en ello, por ejemplo, cómo limpiar un espejo despacio y con delicadeza.

8. Sigue al niño. Si el niño no tiene paciencia para permanecer quieto durante toda la presentación debemos plantearnos dos posibilidades: la actividad no le interesa (en este caso la guardaremos para más adelante), o le interesa pero no puede esperar su turno (entonces podemos hacer dos cosas: recordarle que su turno empezará enseguida y hacer la presentación más corta o, simplemente, dejarle el material y observar).

9. No te lo tomes como algo personal. Cuando la presentación no funcione, no pienses que es por tu culpa, piensa en cómo hacerlo mejor. Evita también las frustraciones: si la actividad ha sido costosa en tiempo o dinero y el niño no le presta atención, puede que se interese por ella en otra ocasión, o quizá no lo haga, pero sea como sea, debemos dejar atrás NUESTROS egos y NUESTRAS expectativas y no perder la conexión con el niño.

10. Sé flexible. En casa no es necesario hacer una presentación formal para cada actividad. Una casa no es una escuela, nosotros no tenemos formación específica y nuestro objetivo es ofrecer al niño la posibilidad de desarrollar su autonomía sin perder la conexión con él en ningún momento. Por supuesto, es imprescindible una presentación para usar un cuchillo, por motivos de seguridad, pero ¿realmente es necesaria para limpiar una mesa si nos han visto hacerlo mil veces? Bastará con que tengamos cuidado cuando notemos que nos están observan-

do y hacerlo como si fuera una presentación (primero aplicar el jabón y después limpiar en círculos, de izquierda a derecha, de arriba abajo). Si las presentaciones que hacemos no funcionan, siempre podemos tomar el camino de la espontaneidad.

11. Confía. Poco a poco el niño interiorizará el motivo por el que le hacemos la presentación de un material: ofrecerle conocimiento y autonomía. Pronto te pedirá él mismo las presentaciones de materiales y lo sorprenderás enseñando a sus hermanos a usar un cuchillo o hacer trasvases.

12. Nunca jamás te desconectes de tu hijo. Recuerda que el objetivo es acercarlo al conocimiento y proporcionarle autonomía, no que repita exactamente lo que hacemos. Si hace algo de un modo diferente al que has propuesto, puede que necesite otra presentación o puede que simplemente necesite practicar, pero no hace falta que recalquemos su error. Si el niño se ha dado cuenta de la equivocación, él mismo la enmendará, y si no se ha dado cuenta, es que no estaba preparado para reconocerla. En todo caso, nuestros juicios sobran en un ambiente Montessori.

ra presentar la guía vertical para ensartar cubos, tomaremos la bandeja y pondremos por un lado la guía y por otro, una cestita pequeña con los cubos. Si los niños son mayores, la actividad consistirá en ensartar cuentas, y haremos lo mismo: pondremos en la bandeja una cajita con una aguja sin punta para coser y una cestita con las cuentas. Todo bellamente dispuesto. Así invitamos al niño a usar ese material.

Espacios de expresión artística

Desde muy pequeños, los niños se sienten atraídos por la expresión artística. No en vano, nuestros ancestros ya encontraron la manera de dibujar y pintar en las cuevas para manifestar lo que sentían en aquel momento. Esas pinturas son las predecesoras de la escritura, que, en mi opinión, es uno de los legados de la humanidad y una forma de exteriorizar los pensamientos al igual que los primeros garabatos de nuestros hijos representan los suyos. Por eso es imprescindible organizar un espacio de expresión artística adecuado para nuestros hijos. Para mí es el más difícil de mantener ordenado, así que lo revisamos todas las semanas para organizar el material y reponer lo que sea necesario.

Es recomendable que este espacio se encuentre en una habitación con mucha vida y que tenga todo tipo de materiales para la creación a la altura del niño. Lo sé, estás pensando que poner los rotus en el mismo cuarto que el sofá blanco no es una buena idea. Y no lo es: hasta que los niños interioricen las normas toca supervisar y proporcionar material adecuado en cantidad, tamaño y utilidad.

No les enseñamos a dibujar, sino que les ofrecemos una presentación sobre el uso del material y luego ellos lo exploran libremente. No les decimos cómo, ni de qué manera o color deben dibujar algo. No hay juicios externos. No hay preguntas. No hay presiones. Solo tratamos de que fluyan la creatividad y la expresión.

Te animo también a hacerles responsables de la limpieza posterior (limpiar manchas de pintura o barrer el suelo de papelitos o plastilina). Al principio lo haremos juntos, pero pronto irán entendiendo que una norma de respeto a los demás es cuidar el ambiente de nuestra casa y que eso implica dejar el espacio tal como se lo han encontrado. Quizá en algún momento no quieran recoger. Entonces debemos afrontar la situación con toda la empatía posible y pedirles cooperación, o llegar a acuerdos y establecer normas nuevas. Almacenar sus dibujos merecería un libro aparte, pero una muy buena idea es dejar una cuerdecita para colgar sus preferidos e ir fotografiándolos para montar después álbumes con ellos.

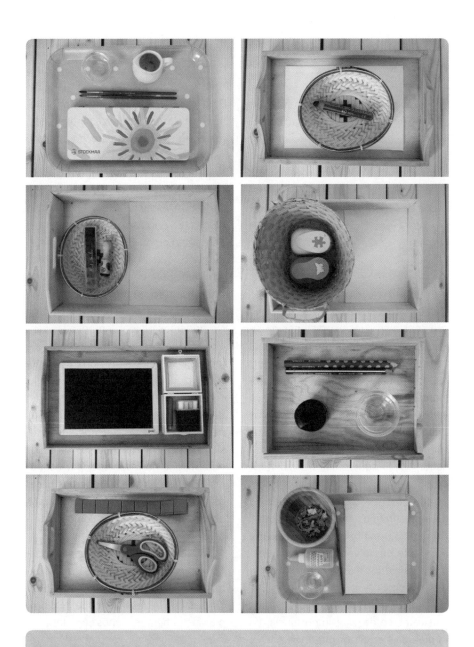

Los materiales de expresión artística también pueden ser presentados en bandejas.

Espacios de expresión musical

Music can touch us in a way that nothing else can. No better gift can we give to the children than to open this door for them.

La música puede conmovernos más que ninguna otra cosa. No hay mejor regalo para un niño que abrir esta puerta para él.

MARIA MONTESSORI

Los bebés, que antes de nacer ya son sensibles a las expresiones musicales, enseguida empezarán a mover la cabeza y a golpear rítmicamente ciertos instrumentos musicales. Seguramente, nada más empiecen a andar, se verán impulsados a bailar, con los ojos brillantes de felicidad, igual que sus sonrisas. Y es que la música es fascinante, por su riqueza cultural e histórica y por el efecto que ejerce en nuestro cuerpo y nuestra mente. Cuando no nos encontramos bien, tanto adultos como niños, una forma rápida, eficaz y agradable de volver a conectar nuestros hemisferios musicales es bailando y cantando.

Ofrecer a los niños instrumentos musicales es de vital importancia. En la medida de lo posible, lo mejor es que sean instrumentos reales, no imitaciones de juguete. Ciertamente, resultaría muy complicado tener un violín en casa para los niños, pero sí es factible proporcionarles a los peques una flauta de madera o un triángulo. Para dar un paso más podríamos llevarlos a clases de música para niños, si les apeteciera, pero esto no siempre es posible. Las clases serían un regalo para sus mentes absorbentes, pero también tenemos la opción de ofrecerles un espacio rico en estímulos musicales en casa, con instrumentos sencillos como unas maracas o un metalófono, que son lo suficientemente intuitivos para no requerir ningún tipo de presentación previa. Bastará con disponerlos de forma bella y armónica. No podemos olvidar tampoco las canciones, que además de una fuente de lenguaje son una expresión de nuestra cultura.

Las escuelas Montessori disponen de preciosos materiales manipulativos para desarrollar las percepciones musicales, demasiado costosos de tener en el hogar, por espacio y por economía. En casa, lo que sí podemos hacer es exponer a los niños a distintos tipos de música, tanto clásica como moderna y en varios idiomas.

Podemos organizar un espacio para que los niños tengan sus instrumentos musicales y experimenten con ellos. Y no estaría de más crear nuestros propios instrumentos, menos afinados pero muy originales, con todo tipo de materiales de desecho.

Algunos de los instrumentos que tenemos en casa son:

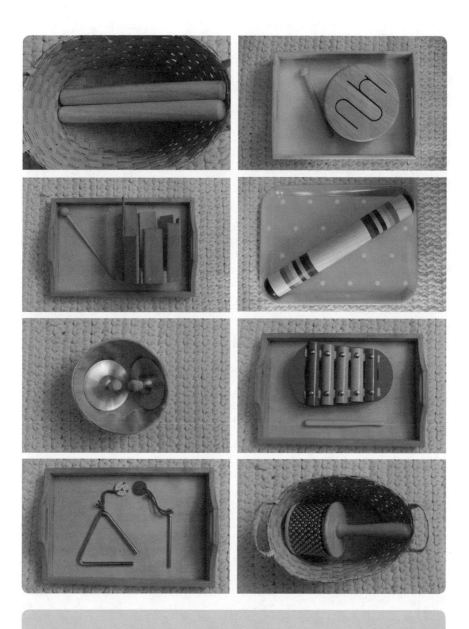

Podemos elegir también instrumentos reales, en vez de los juguetes de plástico que imitan instrumentos musicales; los cestos y las bandejas nos ayudan a presentarlos.

La lección de tres periodos

Es una lección Montessori especial, por decirlo de alguna manera, que sirve principalmente para mostrar a los niños, después de experimentar la vivencia, el vocabulario relacionado con ella de una forma muy sencilla.

Periodo 1: identificación

Situamos sobre una alfombra o mesa tres objetos (tres colores, tres frutas, tres números, tres letras del abecedario, etc.) y a la vez que los señalamos decimos sus nombres. Ejemplo: «(Esta es la) manzana, (esta es la) pera, (este es el) plátano», mientras los señalamos y el niño los mira.

Periodo 2: reconocimiento

Preguntamos al niño si puede encontrar o señalar uno de los objetos mientras decimos su nombre. Cambiamos el orden de los objetos y se lo volvemos a pedir, y así con los tres objetos. Si el niño se confunde no lo corregimos, pues al continuar él mismo se dará cuenta del error. siempre que esté preparado. En caso de que no lo esté, volveremos al paso uno. Suele funcionar muy bien pedirles a los niños que hagan acciones con los objetos, diciéndoles, por ejemplo: «Señala la manzana», «Señala la pera» y «Señala el plátano», o «¿Puedes ponerte la manzana sobre la cabeza?» y «¿Puedes ponerte el plátano encima de la rodilla?».

Periodo 3: nombrar

Cogemos uno por uno los objetos y le preguntamos los nombres al niño, sin decirlos nosotros —así la dificultad es creciente—, diciéndole: «¿Qué fruta es esta?» El niño contestará: «La manzana», o «La pera», o «El plátano». Si se confunde, no lo corregimos, sino que señalamos el objeto que ha nombrado de forma incorrecta y le volvemos a preguntar qué es. Él mismo advertirá el error si está preparado. Si no lo advierte, volvemos al paso uno.

Nota: Con los niños pequeños (1-3 años) lo habitual es saltarse el tercer periodo, pues sería bastante probable que tuviéramos que corregirlos, así que con ellos solo trabajaremos los dos primeros periodos, identificar y reconocer.

- Maracas
- Güiro
- Triángulo
- Castañuelas
- Campanas de colores
- Arpas de mano
- Cabasa
- Crótalos
- Palo de lluvia y tambor de tormenta (ideal para los cuentos)

Si además tenemos un espacio de exterior y estamos seguros de que no vamos a molestar a los vecinos, podemos preparar un panel musical de exterior con todo tipo de materiales, como sartenes de metal, cuerdas o palos de madera.

Otra idea es ofrecerles a los niños un pequeño reproductor y CD con música grabada que puedan escuchar ellos solos, aunque te avanzo que pronto sabrán utilizar el móvil para escuchar música y lo que te pedirán será un altavoz. Crecen muy rápido, con nocturnidad y alevosía. Un día tienes bebés y al día siguiente preadolescentes, que cambian las maracas por los vídeos de Youtube.

Espacios de lectura

Que los peques tengan un rincón de lectura especial para ellos puede ser una buena idea si disponemos del espacio suficiente para montárselo. Realmente no hace falta gran cosa: una estantería o baldas a su altura y un par de cojines cómodos. Antes de poner en marcha el rincón de lectura, debes tener en cuenta los siguientes requisitos:

- Que sea un lugar donde los niños puedan relajarse, estéticamente bonito y cómodo para leer un largo rato, con cojines o una mecedora o un silloncito.
- Que tenga libros a su altura para que puedan decidir con independencia cuál cogerán.
- Que las estanterías sean pequeñas o a su altura. Para los bebés, una cesta grande o una caja de madera es suficiente.

Separar las áreas de aprendizaje por rincones es algo que responde a nuestra necesidad de estructura. Por ejemplo, no es recomendable situar el espacio de expresión artística junto al espacio de lectura, puesto que pueden mancharse los libros, especialmente cuando hay niños muy pequeños. Si prevemos que en una zona determinada habrá mucho movimiento, y por consiguiente poca tranquilidad y mucho ruido, porque allí los niños usan, por ejemplo, una tabla curva o una pared de escalada, no es ideal colocar el rincón de lectura cerca de ella, porque este último será un espacio relajante y el de movimiento, más energético. Por suerte, el ambiente no es estático se puede aprender y reparar los errores y apreciarlos como las oportunidades que son.

Si ponemos unas estanterías a su altura y donde puedan ver las portadas, los niños se mostrarán mucho más receptivos a la lectura. Si tenemos muchos cuentos, podemos considerar rotarlos cada semana.

Breve resumen de los materiales de una escuela Montessori

En las escuelas Montessori existe un ambiente preparado que se estructura respecto a una serie de áreas y que permite al niño construirse a sí mismo al mismo tiempo que permite su aprendizaje de acuerdo a todos los principios que explicamos al comienzo del libro. En un aula Montessori se interrelacionan los distintos materiales para conciliar varios periodos sensibles (como por ejemplo el uso de letras de lija para aprovechar el periodo sensible del refinamiento de las percepciones sensoriales, como el tacto). En el libro *La revolución Montessori*, su autor, E. M. Standing, colaborador de Maria Montessori, explica cómo ideó la doctora la forma de maximizar todos estos periodos sensibles en su método educativo:

> La doctora Montessori, que siempre observa y sigue a la naturaleza, en lugar de tratar de suprimir esos instintos, los reconoce como dones divinos, y se esfuerza para permitirles su práctica más plena, encauzándolos hacia fines educativos. Así, para solo tomar un ejemplo, al niño que obtiene tal placer en tocar las cosas y en sentir sus formas se le da todo un alfabeto de letras de papel de lija (cada letra armada en una tarjeta separada) y se le alienta para que la sienta por todos los lados *ad lib* con su primer y segundo dedos, es decir, los dedos que utiliza para escribir.

Por eso uno de los grandes éxitos del material es que facilita el análisis de las dificultades para luego presentarlas de forma aislada. Esto permite también la bondad de ajuste y plantearle al niño un reto asequible para él. A este motivo se debe que el material de aritmética o geometría se trabaje siempre desde un primer nivel sensorial y no desde la abstracción.

El uso secuenciado del material es, al mismo tiempo, un paso hacia la abstracción, como se ve muy bien en las actividades con material matemático. Al principio los niños necesitarán todo tipo de apoyos (perlas, sellos, ábaco), pero luego lograrán tal nivel de abstracción que solo les hará falta utilizar lápiz y papel, y ni siquiera para el cálculo mental requerirán ningún apoyo.

Por ejemplo, los niños tienen seis maneras distintas de hacer una suma: con las cuentas doradas, con el marco de números, con la escalera corta de cuentas, con los números impresos, con el juego de los puntos o con el ábaco. Cuando emplean estos materiales realizan la misma operación con distintos medios, lo que contribuye a que comprendan que hay distintas formas de llegar a un objetivo y pueden elegir la que más les convenga.

Cuando un niño llega a la Casa de los niños empieza a trabajar con los

Hacer la colada de trapitos y toallas suele gustar también a la mayoría de los niños y puede ser una bonita oportunidad de trabajar en equipo.

materiales de vida práctica, que son determinantes desde el punto de vista del desarrollo mental y del equilibrio del carácter. Decía Maria Montessori que una de las necesidades más urgentes de un niño pequeño es tener la oportunidad, de forma repetida y continuada, de ejecutar movimientos delicados y acciones complicadas que se encaucen hacia fines inteligentes.

Seguidamente usará los materiales sensoriales, que están directamente relacionados con el periodo sensible de las percepciones sensoriales y requieren una actividad muscular, sea para separar, sea para comparar, emparejar o arreglar. Los niños siempre aprenden haciendo porque se sabe que no hay nada en el intelecto que no existiera primero en los sentidos, como decía Aristóteles.

A continuación pasará a tomar sus primeras lecciones de escritura, lectura, aritmética y geometría, así como de todo tipo de cuestiones sobre el medio, y lo hará siempre con un material específico que permitirá su autoeducación.

Una de las grandes ventajas del método Montessori muy vinculada a la autoeducación es la mezcla de edades, que allana el camino hacia las transiciones suaves (de nido a comunidad infantil, de comunidad a Casa de los Niños, de casa de niños a taller [primaria]), no marcadas por la fecha del cumpleaños o el inicio del curso escolar, sino por las necesidades del niño. En los grupos de niños de distintas edades (con una diferencia de tres años; no se trata de tener niños muy pequeños con niños muy grandes, pues supondría un gran reto para el aprendizaje), estos se ayudan constantemente los unos a los otros, observan necesidades o errores y actúan en consecuencia, cooperando y no compitiendo, con fraternidad y no con juicios.

El ambiente preparado sería así el tercer factor en la educación, que tiene la misma importancia que el maestro y los niños. Con un ambiente preparado, que permita el orden y por tanto la elección entre los distintos materiales y conceptos, los niños son capaces de estar toda la mañana trabajando sin la intervención del adulto, incluso aunque el adulto no esté presente. En un ambiente Montessori normalizado esto es absolutamente posible. El guía redirige y conecta, no manda y ordena. Muestra el uso del material y da lecciones, pero de modo impresionista, alejado de las lecciones magistrales ajenas a los niños. Son lecciones constructivistas que permiten a los niños elaborar sus propias conclusiones respecto de su experiencia, aprendiendo mediante el descubrimiento.

Para todo ello es muy importante la conservación del orden del ambiente, donde no hay nada fuera de lugar. Asimismo, la presentación y el uso de los materiales sigue un orden preciso.

El niño aprende a apreciar el orden y a volverse ordenado no a través de las consignas de maestros y padres, sino a través de la influencia indirecta del orden en el ambiente preparado.

Maria Montessori nos habla también del principio del gancho, según el cual todos los materiales de un ambiente están conectados con algo en lo que van a tener que continuar trabajando los niños en la etapa siguiente, y esto es también un ejemplo del orden mental que está implícito en el ambiente.

Otro de los fundamentos del método Montessori es ofrecerles a los niños la mínima dosis de reto necesaria, la bondad de ajuste que permita el equilibrio entre lo que los motive a seguir y lo que no los frustre en demasía y los obligue a dejarlo de lado. Esto no tiene que ver con una falta de atención del guía, sino que más bien deriva del hecho de que el niño puede autoeducarse con la mínima dosis de ayuda. «Cualquier ayuda innecesaria es un obstáculo para el desarrollo» (Montessori), es decir, a los niños no les hace falta que los rescatemos de las situaciones, en cambio, con todo su ser nos dicen: «Ayúdame a hacerlo por mí mismo».

Para ello el control del error está presente en todos los materiales Montessori y en el ambiente preparado, así no es necesario que el maestro ejerza esa función y puede recobrar su verdadero objetivo, guiar al niño, «darle un rayo de luz y seguir nuestro camino» (Montessori). Algo también muy característico de los materiales Montessori es que presentan a la vez el todo y las partes, lo que facilita el desarrollo de la independencia.

Como ves, es muy complicado aplicar todo esto en una casa: nos faltarían niños y nos faltarían medios. Nuestra labor a la hora de adoptar el método Montessori en nuestra casa es otra. Es más bien alentar y proteger, hacer que los niños participen en la vida familiar y agradecer su contribución, velar por una buena convivencia manteniendo al mismo tiempo la libertad y la independencia. Si no permitimos la independencia y la libertad en un entorno adecuado se acaban por producir «desviaciones», que para la doctora Montessori son comportamientos disruptivos que tienen los niños cuando se les niega la canalización de la energía vital que traen consigo. La energía no se pierde, sino que se desvía, y es tarea del guía redirigirla hacia fines más adecuados para los niños. La solución de todas las desviaciones es ofrecerles trabajo, tareas y actividades, dispuestas en un ambiente de libertad. Y para eso no hacen falta materiales Montessori en nuestra casa.

En resumen, el material Montessori es el conjunto de medios con los que los niños pueden desarrollar el trabajo que necesiten, para maximizar sus periodos sensibles. No es un mero material didáctico, sino un material de desarrollo.

El material Montessori tiene, en consecuencia, las siguientes características:

- Atrae al niño porque permite desarrollar una necesidad vital.
- Ofrece experiencias y también la posibilidad de interactuar con ellas de una forma que sea adecuada (si no fuera así lo animaríamos a tomar otro material).
- Tiene control del error para permitir la autonomía del niño (el error no es negativo, al contrario, se considera el motor del aprendizaje, el mismo material le muestra cómo hacerlo) y a veces es muy delicado, lo cual ayuda a fomentar el control de las manos.
- Está dispuesto de forma que favorece el orden, lo cual facilita que el niño se oriente, se sienta seguro y no desperdicie energía y concentración en buscar lo que necesita (en comunidad infantil además lleva un código de color).
- Tiene un lugar, el niño respeta el sitio donde se encuentra, puede cogerlo, usarlo en la mesa de trabajo y devolverlo al finalizar.
- Tiene un sentido, se coloca por áreas, cada material en un sitio específico, con un lugar para cada cosa, y se ordena de izquierda a derecha y de menor a mayor dificultad.
- Tiene un propósito inteligente y una interrelación de sus propósitos. Los materiales Montessori tienen siem-

pre dos propósitos: uno directo, el aprendizaje inmediato, y otro indirecto, el aprendizaje que se asimila y absorbe pero que hasta más adelante no se enlazará con el siguiente aprendizaje. Además, los materiales van de lo concreto a lo abstracto y de lo fácil a lo difícil, y aíslan las dificultades.

En un aula, el material Montessori se organiza en estas áreas:

Área de vida práctica: Agrupa todas aquellas actividades que permiten a los niños desarrollar la concentración, practicar la capacidad de seguir las normas y cuidarse a sí mismos y al ambiente. Estas actividades los preparan para habilidades que desarrollarán posteriormente.

Área sensorial: Compuesta por todos los materiales que facilitan el refinamiento de los sentidos (propósito directo) al mismo tiempo que preparan a los niños para la siguiente etapa (propósito indirecto).

Área de lenguaje y matemáticas: El aprendizaje siempre seguirá los tiempos que el mismo niño se imponga. Los materiales son manipulativos y buscan aislar la dificultad y, en definitiva, le permiten comprender objetos concretos. En una escuela se ordenan de una forma determinada que facilita el proceso de aprendizaje, y se empiezan a usar alrededor de los cuatro años. Nuestra misión es hacerles ver la utilidad de este aprendizaje, no tanto en sí mismo, sino como una forma de acercarnos al conocimiento del mundo que nos rodea.

Ciencia y cultura: Zoología, botánica, arte y cultura, astronomía, ecología, geografía, geología, historia, ciencias físicas. En ella se realizan todo tipo de actividades y experimentos que son una preparación para la educación cósmica futura (en primaria o taller).

Aunque ya he dicho que para aplicar la filosofía Montessori en casa no es necesario tener todos los materiales, ni siquiera alguno de ellos, voy a relacionar a continuación tanto los materiales como las actividades que podrían ser más importantes. No olvides que hay una secuencia de introducción. Incluyo este listado en el libro por una mera cuestión divulgativa, para que tengas una idea de cómo funciona el método Montessori, siempre teniendo en cuenta que una casa no es una escuela y precisa una adaptación profunda.

Los materiales y actividades más significativos de cada área son los siguientes:

Área de vida práctica

• Gracia y cortesía: Actividades que implican normas sociales y de respeto, como saludar o despedirse, pedir permiso para pasar, caminar sin molestar el trabajo de otro niño (o hermanito), llevar una alfombra o una bandeja o una silla, llevar y ofrecer cuchillos (u objetos afilados), llamar a la puerta, contestar y llamar por teléfono, sonarse los mocos y taparse la boca al toser o bostezar, etc.

• Cuidado del ambiente: Barrer, lavar (una mesa, una muñeca o un coche, una piedra, los platos), poner la mesa, abrillantar, dar de comer a los animales, cuidar las plantas (regarlas y retirar las hojas o flores muertas), recoger la basura en el patio, recoger y ordenar, etc.

• Cuidado de sí mismos: Abrochar (marcos de cierres con velcro, automáticos o *snaps*, botones grandes, botones pequeños, cremallera, enganches, hebillas, lazos y nudos, imperdibles), ponerse y quitarse y colgar el abrigo, higiene personal (lavarse las manos, los dientes, el cuerpo, peinarse, sonarse los mocos, trenzarse el pelo), limpiar zapatos, doblar calcetines, camisetas y demás prendas de ropa, preparar una maleta, etc.

• Preparar comida: Cortar en rodajas frutas y verduras, pelar frutos secos, romper los espaguetis, untar, poner fruta en brochetas, batir claras de huevo, medir en seco y en húmedo, moler café o trigo, pelar un huevo duro.

• Giro de la mano: Transferir objetos de una cesta a otra, transferir agua con una esponja, transferir agua con

Una misma actividad adaptada a varias edades: para los más pequeños, cuentas grandes y cordel con palito; poco a poco cuentas y agujas más pequeñas hasta lograr coser sus propias creaciones.

jeringa, transferir con pinzas grandes, etc.

- Giro de la muñeca: Transferir en seco (de jarrita a jarrita, de jarrita a jarra con cuello ancho, de jarrita a jarra con cuello estrecho, con embudo, empezando con legumbres grandes —alubias— y terminando con las más pequeñas —lentejas—), transferir con agua (exactamente igual), barrer con cepillo y recogedor, utilizar un sacapuntas, usar un rallador, batir huevos, utilizar herramientas (abrelatas, batidor de leche, mortero, cascanueces, etc.), abrir y cerrar tapas de tarros y cajas, cortar papel, doblar servilletas, pasar las páginas de un libro, limpiar el polvo (con trapo, con plumero, con limpiacristales, etc.), enrollar (la alfombra, una servilleta en un servilletero, plastilina o arcilla, etc.)
- Pinza (con tres dedos): Transferir con cuchara y con pinzas pequeñas, transferir agua con cuentagotas, pinzar la ropa, usar pinzas para la ensalada, usar palillos orientales, etc.
- La mayoría de los materiales necesarios para realizar estas actividades de vida práctica son los que se usan habitualmente en cualquier hogar, así que no es necesario hacer una gran inversión. Estas actividades son, en definitiva, la base de la pedagogía Montessori, mediante las cuales, además, incluimos a los niños en nuestras tareas cotidianas.

- **Área sensorial**
Para el refinamiento de los sentidos podemos encontrar en un aula Montessori los siguientes materiales:

- Vista:
Discriminación por
  - Tamaño: Cilindros con botón, cilindros sin botón, torre rosa, escalera marrón, listones rojos
  - Color: cajas de color número 1, 2 y 3
  - Forma: Gabinete de geometría, sólidos geométricos, triángulos constructivos, cubo del binomio, cubo del trinomio
- Oído: Cilindros de sonido y las campanas Montessori
- Olfato: Cilindros de olor
- Gusto: Botellas de sabores
- Tacto: Tablillas de lija, caja de telas, tablillas báricas, botellas o tablillas térmicas

Algunos son fáciles de hacer en casa (cilindros de sonido, olor y sabor o la caja de telas), mientras que para otros necesitamos mucha precisión, sin contar con que se requiere un ambiente preparado con más materiales para que funcionen realmente bien. Así, lo que propongo es que pensando en estos materiales y los intereses de los niños, inventéis juntos juegos y actividades que tengan un propósito directo similar.

Lenguaje

• Pre-escritura:

Vida práctica: La mayoría de las actividades de vida práctica tienen una preparación indirecta para la posterior lectoescritura. Por ejemplo, a la hora de limpiar una mesa, lo hacemos en la misma dirección en la que escribimos, mientras que los trasvases van encaminados a favorecer la pinza digital y el desarrollo de los músculos de las manos, y, en general, todas procuran promover la concentración de los niños pequeños.

Sensorial: Desde el punto de vista sensorial, los juegos de clasificar, de memoria y de secuencias, así como los puzzles, son una preparación indirecta para la lectoescritura. También lo son las que implican el trabajo de las manos, como hacer parejas, repartir objetos, meter cuentas en botes vacíos de especias, usar llaves y candados, pinchitos o clavijas, etc.

• Escritura: Podemos llevar a casa la siguiente secuencia de materiales:

1. Caja de los sonidos fonética: Para desarrollar la conciencia fonológica y aislar los sonidos que tienen las palabras, y toda clase de juegos del tipo veo veo.

2. Letras de lija: Para que los niños interioricen las formas de las letras (los símbolos de los fonemas) y las relacionen con los sonidos correspondientes. Para llevar a cabo el aprendizaje, los niños trazan sobre una bandeja de sémola las formas de las letras. Puede ser sémola o arena, la sal no os la recomiendo por si tuvieran alguna herida.

3. Los resaques metálicos: Permiten refinar aún más los movimientos de las manos. Una forma de ampliar la actividad principal es recorrer el contorno por dentro y por fuera. Es un trabajo muy creativo que suele gustar mucho a los niños pequeños.

4. Alfabeto móvil: Usar los símbolos de las letras para escribir ¡y acabar leyendo palabras de forma natural!

Más adelante habrá otras actividades, como los dictados mudos, las órdenes, escribir en la pizarra, luego en el papel, hacer libritos, etc. No requieren materiales muy caros, sino asequibles y fáciles de preparar en casa, pero no olvides proponérselas al niño solo si responden a sus intereses.

Matemáticas

Preparación para las matemáticas: Libros de conteo, correspondencia uno a uno, canciones de números, clasificaciones, etc.

Listones numéricos: Similares a los listones rojos sensoriales, los podemos presentar con la lección de tres periodos, para ordenarlos, clasificarlos de pequeños a grandes, usarlos para sumar, restar, contar, etc.

El experimento de la leche y el lavavajillas (izquierda) suele encantar a los niños. Podemos preparar todo en una bandeja, lo que facilitará el orden, la reposición y la limpieza posterior.

El experimento de la vela (derecha) es también espectacular, los niños pequeños elaborarán sus propias conclusiones de por qué el agua sube por el vaso al apagarse la vela, cuando sean más mayores, podrán investigarlo en profundidad, de momento solo están absorbiendo.

Números de lija: Con la misma función que las letras de lija, se pueden asociar a las tarjetas numéricas.

Caja de husos: Tiene el objetivo de asociar número y cantidad, y enseñar la noción del cero como conjunto vacío. Se puede hacer con husos, palitos o cualquier otro objeto. Es autocorrectiva, tiene el número justo de objetos para repartir.

Contadores y numerales: También para asociar número y cantidad y primera introducción de los números pares o impares.

Otros: Perlas (cadenas cortas, juego de la serpiente, cadenas largas, cuadrados, cubos, etc.), tablas de Seguin (conteo lineal y no lineal), juego del banco, juego de los sellos, juego de los puntos, ábacos, tableros de la suma, la resta, la multiplicación y la división, etc.

La mayoría son materiales sencillos de fabricar en casa. Aunque puede que no queden tan bellos, si será bello el tiempo invertido con los niños en hacerlos juntos.

Área de cultura y ciencia

Los materiales más significativos de una escuela Montessori empleados en esta área (realmente son extensiones del material sensorial y de lenguaje) que podemos llevar a casa son:

Globo Tierra-Agua: Para ofrecerles la primera noción de geografía.

Globo de continentes: Una primera aproximación a los continentes.

Puzzles de mapas: Puzzles con po-mos con los que aprender primero los continentes.

Formas de la Tierra: Primero se trabajan de forma sensorial con arcilla o plastilina, se rellenan con agua y después se trabajan en tarjetas de tres partes.

Banderas del mundo y mapamundi de banderas: Para introducir la geografía política.

Puzzles de botánica y biología: Aunque siempre procuraremos ofrecer primero la naturaleza y lo concreto, pueden ser un buen material.

Gabinete de botánica: Para clasificar las hojas, no para aprender los nombres de las plantas; para estudiar y distinguir las muestras, para aprender a aprender.

También suele haber una zona de experimentos, que son una pequeña introducción a lo que podrán ver los niños cuando pasen a taller (primaria) y se zambullan en la educación cósmica. Teniendo en cuenta estos materiales podremos preparar para nuestros niños actividades que fomenten las mismas destrezas y habilidades.

Ya has visto los requisitos necesarios para que una actividad determinada se pueda considerar inspirada en la pedagogía Montessori, aunque no se utilice ningún material original. De lo que se trata al realizarla es de fomentar la autonomía y la libertad del niño y seguir sus periodos sensibles.

Recuerda que antes de empezar a realizar las actividades con los niños,

¿Cómo verificar que una actividad es Montessori?

1. El niño dirige la actividad, no el adulto. El adulto se limita a hacer una presentación y observar cómo realiza la actividad el niño. Solo interviene si fuera necesario por seguridad o el niño lo solicitara.

2. Tiene control del error, lo cual desarrolla la libertad, la autonomía y el autoaprendizaje, al tiempo que valora el error como herramienta pedagógica y no como algo que conviene evitar.

3. Incluye el uso de los sentidos, especialmente de las manos, porque los niños en su primer plano del desarrollo aprenden a través de los sentidos. Produce un aprendizaje vivencial, que ya se sabe que es el único que permanece y se interioriza.

4. Aísla los conceptos, de forma que la dificultad sea única y le permita la bondad de ajuste (que algo no sea demasiado difícil para que se frustre, ni demasiado fácil para que se aburra; con niños pequeños serán un par de pasos).

5. Fomenta la autonomía y la independencia, que en el fondo es el objetivo del método. Las actividades y los materiales no dejan de ser una forma de acercarnos al conocimiento.

6. Favorece la concentración y la repetición, que son clave para poder desarrollar más adelante tareas complejas.

7. Es simple, de diseño sencillo, pero muy bella y atrayente. En Montessori siempre se busca la belleza, las cosas bonitas que desarrollen el sentido estético de los niños y les atraigan e interesen para trabajar con ellas.

8. Va de lo concreto a lo abstracto, centrándose en conceptos con los que podemos generalizar a posteriori.

9. Tiene sentido, tiene un propósito directo y otro indirecto para un momento de aprendizaje posterior. En Montessori está todo entrelazado y las partes forman un todo.

10. Está realizada con materiales naturales siempre que sea posible, especialmente si es para los más pequeños, y tiene un tamaño y un peso adaptados a los niños.

es preciso haber interiorizado mucho la filosofía Montessori y haber preparado a conciencia el ambiente para que los pequeños tengan realmente la posibilidad de elegir lo que les hace falta. No obstante, si de verdad has detectado una necesidad, no tengas reparos en lanzarte aunque acabes de aterrizar en este sistema pedagógico.

La educación cósmica

Para concluir, me gustaría hablar de lo que para mí es lo más bonito de la pedagogía Montessori: la educación cósmica, que es la manera que ideó Maria Montessori para presentar a los niños la ciencia y la cultura de una forma global y no separada en compartimentos estancos, con el objetivo de construir el pensamiento crítico de los niños y lograr así una verdadera educación para la paz: una ayuda para la vida.

En las casas de niños Montessori (que corresponden a las escuelas de infantil), podemos encontrar materiales, actividades y experimentos que suponen una pequeña introducción a la educación cósmica, en la que se sumergirán los niños en el siguiente plano de desarrollo. Pero donde se ofrece realmente esta educación cósmica es en taller (primaria), cuando los niños están emocionalmente preparados para recibirla, pues ya han entrado en el segundo plano de desarrollo.

Una de las herramientas que se utilizan son las llamadas «grandes lecciones». Con ellas, que tienen un carácter intencionadamente impresionista, se busca ofrecer una mirada amplia de los distintos momentos históricos y evolutivos y relacionarlos con nuestro conocimiento y desarrollo universal.

Asimismo, como los niños ya están en el segundo plano de desarrollo, se los motiva para que ejerciten la imaginación partiendo de los hechos concretos que les facilitamos y continúen investigando. Estos hechos concretos no son otra cosa que fábulas que narran historias con un lenguaje apropiado para su nivel de desarrollo (la fábula es la misma para los niños de seis y los de doce, pero cada vez que la escuchen interiorizarán más información).

Estas historias se basan en hechos reales y científicos. Algunas de ellas son *Dios sin manos* (la creación del Universo, por la que cada elemento obedece a ciertas leyes de la naturaleza), *La fábula de la gota de agua* (la creación de nuestro planeta, las plantas, los animales y, al final, en el último momento, el hombre) o *La línea negra* (la aparición de los homínidos), entrelazadas con otras lecciones complementarias. Las historias van acompañadas de recursos visuales, como una tela negra que se extiende al ritmo de la narración, un volcán que erupciona o metales que se funden. Otras fábulas son *La historia de la escritura* y *La historia de los números*. El conocimiento no se ofrece desmembrado en asignaturas sino formando relaciones, de manera integral.

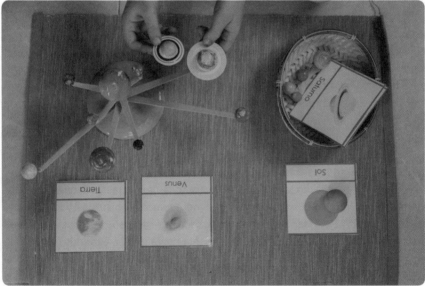

Cuando los niños van creciendo podemos ir siguiendo sus intereses, facilitándoles apoyo y materiales para sus investigaciones y proyectos.

Paralelamente a la narración de las fábulas, se les muestran a los niños ciertos experimentos, como los que permiten descubrir los tres estados de la materia (sólido, líquido y gaseoso) o la fuerza de la atracción (mediante trocitos de papel en un cuenco de agua que se juntan los unos con los otros) y se les hacen preguntas abiertas para que expresen sus conocimientos y sus intuiciones.

Nuestra función como padres no es meter conocimientos en la mente del niño, sino sacar y pulir todo lo que este lleva dentro, acompañarlo cuando investiga y muestra curiosidad. Por si no hubiera quedado claro, para ello no es necesario tener materiales Montessori en casa; he enumerado los más significativos de las escuelas Montessori dirigidos a niños de esta etapa a modo de orientación para buscar juegos o juguetes que puedan ayudarlos a satisfacer las necesidades percibidas por la doctora Montessori. Si detectas una necesidad en el niño, quizá te den ideas para ayudarlo a investigar o descubrir lo que más le interesa, o te resulten útiles como material sensorial y manipulativo de apoyo para afianzar los conocimientos. Nuestra tarea es, sobre todo, animar a los niños a que vivan y experimenten nuestra cultura, pues en el fondo lo que precisan es conocerla bien para poder adaptarse a ella: ese es el objetivo de la neotenia o larga infancia de los seres humanos.

La cultura se puede transmitir a través de la palabra, también por la radio y los discos fonográficos; se puede dar mediante las imágenes de las proyecciones y del cine. Pero sobre todo se debe dejar que se adquiera mediante la actividad, con la ayuda de materiales que permitan al niño adquirir la cultura por sí mismo, impulsado por la naturaleza de su mente que busca, y dirigido por las leyes de su desarrollo. Estas demuestran que la cultura es absorbida por el niño a través de experiencias individuales, con la repetición de ejercicios interesantes, a lo que contribuye siempre la actividad de la mano, órgano que coopera al desarrollo de la inteligencia.

MARIA MONTESSORI,
La formación del hombre

CONCLUSIONES

Todas las madres aman a sus hijos por naturaleza, entonces los niños reciben este amor que necesitan. El amor de los padres es la seguridad que necesitan los niños a temprana edad. Su alegría en la vida depende del amor que toda la gente les dé y el que puedan compartir entre ellos.

MARIA MONTESSORI, *Conferencias, Londres 1946*

Gracias por haber compartido conmigo las líneas de este libro. Desde que lo empecé a escribir hasta que ha llegado a tus manos han pasado muchos meses, casi dos años.

Lo he escrito, mientras mis niñas jugaban a mi alrededor o en mis brazos, con la mejor de las intenciones, de madre a madre —o padre—, de corazón a corazón. Ojalá te haya acompañado en tu tarea de criar a tus hijos, gracias por haberlo elegido.

Me gustaría resumir lo que he querido transmitir con el libro sobre los siguientes tres puntos:

1. La mente absorbente del niño

Permite al niño aprender sin esfuerzo y con gran alegría, interiorizando y aprendiendo al mismo tiempo, e implica:

• Amor por el orden y la belleza.
• Autodisciplina, indiferencia respecto a los premios y castigos.
• Concentración y repetición voluntaria.
• Interés por la pertenencia y la contribución al medio.
• Interés por el aprendizaje y el mundo que lo rodea.

2. Ambiente preparado

Para que esto suceda, para que se produzca la llamada normalización —cuando el niño se alinea con su maestro interior, con su naturaleza más profunda, adquiriendo concentración y amor por el trabajo, lo que lleva a la paz y la calma durante largos espacios de tiempo—, deberá disponer de un ambiente adecuado:

• Con mobiliario funcional y a su altura.
• Simple, sencillo, que siga la máxima «menos es más».
• Que le permita moverse y elegir libremente.
• Ordenado y bello, con materiales apropiados para su momento de desarrollo (no es necesario que sean Montessori).
• Que le permita absorber su cultura.

3. El adulto

El niño estará acompañado por un adulto que ejercerá de guía, que modelará lo siguiente:

• Se responsabiliza de sus acciones y agradece los errores.
• Observa sin juzgar, siendo consciente de que cada día es un nuevo día.
• Practica la escucha activa y presente, y la comunicación no violenta.
• Escucha a los demás, adultos y niños, de forma asertiva y empática.
• Celebra las diferencias y acepta las opiniones y características de los demás.
• Predica con el ejemplo, en el ambiente, fuera de él, siempre.

En resumen, esta es la trilogía que vas a trabajar a partir de ahora. Recuerda que la mente absorbente la lleva «de serie» los niños, pero recuerda también que la mente absorbente no tiene filtros, absorbe tanto lo positivo como lo negativo, no juzga si lo que toma es positivo o negativo, simplemente lo asimila y lo hace suyo, de modo que el niño se construirá basándose en ello.

El ambiente preparado y el adulto acompañante van de la mano, el uno no puede existir sin el otro en una casa. Por eso es de crucial importancia nuestra actitud. ¿Qué recibe el niño de nosotros? ¿Un tono amoroso o un tono iracundo? ¿Entusiasmo o cansancio? Y respecto al ambiente, ¿cómo son los objetos que tiene cerca? ¿Los puede tocar o le gruñimos si lo hace? ¿Puede moverse libremente o lo retenemos para que no moleste? ¿Cómo contribuimos a cuidar el ambiente, a garantizar el orden y la belleza?

No podemos olvidar tampoco que favorecer la autonomía no tiene nada que ver con forzar la independencia. Los niños deberían crecer con la idea de que pase lo que pase pueden contar con nuestro apoyo: si necesitan un poco de aliento o se han quedado atascados en algún punto, ahí estaremos, no para dar una ayuda que resulta de más, ni para dejarlos desamparados ante la adversidad, sino para orientarlos a que hagan las cosas por sí mismos. Amor incondicional.

Cabe decir que la primera vez que nos acercamos al planteamiento Montessori podemos hacerlo de tres maneras: a través de los materiales y actividades, a través del ambiente o reeducándonos a nosotros mismos. Lo ideal sería empezar durante el embarazo, que trabajáramos primero nuestra actitud, que interiorizáramos la filosofía, continuar después preparando poco a poco el ambiente y, finalmente, le mostráramos actividades al niño. De lo contrario puede que no salga bien. El ambiente cojeará de algún modo si no hay actividades adecuadas ni un adulto que acompañe siguiendo la filosofía de esta pedagogía, y nuestras expectativas respecto a las actividades se pueden ver empañadas si no conocemos la filosofía ni dónde disponer los materiales de forma que el niño pueda ser autónomo. Es posible que acabemos en un plano de superioridad y lucha de poder. Tomar materiales del método como referencia para fabricar en casa los nuestros puede ser muy divertido, pero solo si lo vivimos en familia con alegría. Los materiales caseros no serán precisos, y la precisión es muy necesaria; tampoco serán especialmente bellos, y la belleza es también muy importante. Pero lo valioso no será el material, será el tiempo que hemos pasado haciéndolo. El propósito es importante, sin duda, pero no te pierdas el verdadero aprendizaje, el que llega con el camino, con el proceso.

Tampoco es imprescindible tener materiales Montessori específicos en casa. A veces incluso pueden resultar contraproducentes, pues su objetivo, que es llevar a los niños a un estado de concentración, puede ser más fácil de lograr con otro tipo de materiales más sencillos. Simplemente con un poco de menaje adecuado al tamaño del niño será suficiente. Un bebé de año y medio puede empezar a hacer trasvases por puro placer sensorial, un niño de tres años puede hacerlo para construirse a sí mismo, uno de cinco probablemente te servirá un vaso de agua con mucha alegría porque le gusta contribuir y sentirse útil, y uno de siete puede utilizar la habilidad que aprendió en estos años para realizar un experimento científico de forma autónoma. Y así es como sentamos las bases de la autenticidad, la autoeducación y el aprendizaje crítico e independiente.

Por supuesto, no hace falta mantenerse en la inacción mientras interiorizamos la filosofía Montessori. Sin duda conoces este dicho: «Hecho es mejor que perfecto». Así, basta con ser conscientes de que los errores son el motor del aprendizaje y de que el niño tiene un maestro interior que sabe lo que necesita mucho mejor que los adultos. Lo que debemos hacer es observar mucho y decir poco. Al final la magia llegará sola, si esperamos en calma. Quizá lo más difícil sea eso, encontrar la calma en un mundo con prisas.

Por eso, aplicar el método Montessori en el hogar tiene mucho que ver con predicar con el ejemplo y poco con comprar, de modo que lo que nos puede aportar en esta sociedad consumista es inmenso. Gracias a él somos el cambio que queremos ver en el mundo y nos esforzamos por ser las mejores personas posible; asimismo, nos proporciona compasión, sanación y perdón cuando pulimos todo aquello que no fue respetuoso con nosotros en nuestra infancia para no repetir las mismas pautas, nos ayuda disfrutar más, a vivir más en el presente, a pasar más tiempo de calidad y vivir en plenitud. A los niños les aporta sin duda más felicidad, porque se sienten respetados y más conectados con sus padres, que son un espejo mucho más puro y coherente en el que mirarse. Realmente el enfoque Montessori en casa se basa en eso, en que los niños sepan que pertenecen a su familia, que pueden contribuir, que son escuchados, que tienen autonomía y libertad y, sobre todo, que reciben amor incondicional y que su poder y sus capacidades están por encima del control y el miedo de sus padres.

Ser auténticos, seguir nuestra naturaleza a la vez que respetamos las normas de nuestro grupo social, pensadas por y con nosotros, y obedecernos a nosotros mismos es un regalo que todos merecemos, un regalo que es una verdadera ayuda para la vida.

No debemos tener miedo a equivocarnos. Criar con miedo es una de las experiencias más duras que pueden experimentar los padres, es mucho más positivo criar con tranquilidad. Diría con amor, pero no todos entendemos el amor de la misma manera, por eso me gusta hablar de criar con respeto mutuo, porque usando el respeto como modo de crianza es imposible hacer daño a los niños.

Decimos que los materiales no son necesarios en una casa porque los niños solo necesitan pasar tiempo con sus padres. Dando tiempo nunca te confundes. El amor incondicional y el instinto nunca fallan. El error es el motor del aprendizaje, debemos celebrarlo como la increíble oportunidad de mejorar que es. Si nos han criado relacionando el error con la culpa y el fracaso, quizá tengamos miedo de educar de esta forma, pero pensémoslo de otra manera: ¿te acuerdas del ejercicio que hicimos al principio sobre nuestro hijo del futuro? Los niños no hacen lo que decimos, hacen lo que hacemos, y si queremos que nuestros hijos sean adultos creativos y valientes, tenemos que empezar por serlo nosotros mismos. Y, por favor, no te olvides de ser amable contigo mismo y con el niño que fuiste y aún llevas dentro.

Dice Maria Montessori en sus libros que los grandes obstáculos del maestro, y por ende de los padres como primeros maestros de sus hijos, son el orgullo y la ira. Ambos nos van a impedir comunicarnos con nuestros hijos con amor. El orgullo nos hará pensar que nosotros, como adultos, sabemos más que ellos, y su defecto complementa-

rio, la ira, surgirá cuando los niños quieran seguir su naturaleza y no hacer lo que los adultos queramos. En definitiva, el mayor error de la crianza es el control excesivo, el control originado por la creencia de que nosotros sabemos más y la consecuencia de no obtener los resultados esperados cuando lo aplicamos, el control que deriva de nuestro ego, de entender que los niños son de nuestra propiedad y no simplemente ellos. Ya lo decía Khalil Gibran: «Tus hijos no son tus hijos».

Por supuesto, no debemos tolerar todos los comportamientos de los niños, pero el amor y la protección de nuestro vínculo deben estar siempre presentes en nuestra relación con ellos, siendo amables y firmes a un tiempo. De lo contrario, las consecuencias pueden ser desastrosas, a tal punto que nuestros hijos se pasen el resto de su vida intentando recomponerse. Decía Frederick Douglass que es más fácil construir niños fuertes que reparar adultos rotos, y creo que tenía mucha razón.

Un hijo nos da la oportunidad de repararnos gracias a los sentimientos opuestos al orgullo y la ira: la humildad y la paciencia, los grandes regalos que nos trae la paternidad si estamos preparados para recogerlos. Maria Montessori decía que la educación era una ayuda para la vida, y en ocasiones pienso que la verdadera ayuda para la vida la ponen nuestros hijos en nuestras manos cuando nacen.

Nuestra tarea es acompañarlos en ese proceso que va desde conocerse a sí mismos, a sus iguales, a su cultura y a su sociedad hasta llegar a conocer el universo y lograr descubrir ellos solos cuál es la tarea que van a realizar.

A lo largo de estas páginas he explicado que la infancia es el periodo más importante en el desarrollo de la vida de un ser humano, especialmente la etapa de los cero a los tres años. He explicado cómo funciona el cerebro de los niños, cómo se encarga la mente absorbente de acumular conocimientos y qué podemos hacer para favorecerlo. He reiterado lo importante que es ser un buen ejemplo para los niños y así poder educar las emociones y los sentimientos. Y también lo importante que es estar alerta, siempre al lado de los niños para traducir sus expresiones, para investigarlos como detectives hasta entender cuáles son sus necesidades y cómo satisfacerlas.

No obstante, ahora quiero que lo olvides todo por un momento. Todo lo que te he comentado es fundamental para el desarrollo de los niños, pero lo más valioso eres tú, y lo que haces y cómo te sientes.

Puedo decir, sin temor a equivocarme, que lo que más necesitan los niños pequeños, además de tiempo, es armonía, que tiene mucho que ver con el orden, con la forma en que cada familia entiende el orden y el equilibrio, que en los primeros años de nuestros hijos pueden ser todo un reto. Y es que

durante la primera infancia criar tiene mucho que ver con nutrir, acompañar y querer sin condiciones. Dormir poco y soñar mucho. Mimar a dos bandas, o a tres o a más. Ser cueva, casa, hogar. Vivir para los demás sin olvidarnos de nosotros. Aprender para hacerlo lo mejor posible. Escuchar nuestro instinto. Ser conscientes de que los años más importantes son los primeros y olvidarlo un poco para relativizar la enorme presión.

Deja a un lado todo lo que te he contado y hazte el favor, o házselo a tu hijo, de hacer lo posible por disfrutar de tu niño mucho, muchísimo, porque los días pasan muy despacio y muy deprisa a la vez. Transmítele a tu hijo cada día que lo amas. Todo lo demás es importante pero secundario. Saber que es amado, y por ende, valioso y capaz, es el pasaporte con el que tu hijo podrá llegar a donde quiera llegar. Los niños nacen completos, puros, en paz, alineados con su maestro interior. Solo tenemos que permitir que sigan siendo auténticos.

Así que olvídalo todo menos una cosa: incluye a tu hijo en tu vida, en las actividades de vida práctica, en los recados, en las comidas, en los paseos. Rodeaos de belleza y naturaleza siempre que podáis, compartid, conectad, conversad, buscad juntos las respuestas, esto es realmente lo esencial. El tiempo que pasáis juntos es el regalo más valioso para ambos.

Quizá en algún momento te hayas sentido abrumado, incapaz, desalentado. Déjame decirte que lo que necesitas lo tienes en tus manos, pues las tienes llenas de amor y de voluntad. Si la voluntad te falla y decides abandonar este camino, ¿en quién vas a delegar? Si no inicias enseguida tu proceso de cambio, ahora que la mente de tu hijo es más absorbente que nunca, ¿cuándo lo harás? Solo con tus manos y tu mirada puedes cambiar el mundo. Esto te basta. Y el mundo te necesita a ti, necesita tu luz, tus ganas, tu fuerza, tu impulso, tu ejemplo.

Tal vez la lectura de este libro te haya hecho reflexionar, o tal vez en algún momento mis palabras te hayan hecho sentir mal, impotente o culpable. En este caso, lo siento. Cuando un comportamiento de nuestros hijos nos altera es buena idea pararnos un momento y analizar qué es lo que nos roba la serenidad. ¿Algún suceso de nuestra infancia? ¿Algún suceso actual que nos conecta con ello? ¿Estar cansados y estresados y con tendencia a utilizar el cerebro inferior en vez del superior? ¿Sentir que no se están cumpliendo las expectativas de nuestro ego? El comportamiento que nos perturba es una señal para zambullirnos en nuestra conciencia. Del mismo modo, si algo de lo que has leído en este libro te perturba, quizá sea también una invitación a lanzarte de cabeza a descubrirlo. No tengo todas las respuestas, ni la verdad universal, y si lo que has elegido para tu familia funciona, ningún libro tiene que mediatizar tu comportamiento. Solo siente, fluye, reflexiona, vive.

Estoy segura de que tienes muchos frentes abiertos, muchas ganas de mejorar y hacer las cosas bien, y a la vez infinidad de tareas que realizar y muchos deseos de hacerlas todas con excelencia. Déjame decirte que te entiendo, porque he estado ahí, y vuelvo al mismo lugar de vez en cuando, aunque cada vez menos. No somos perfectos, ni queremos serlo, pero somos lo bastante valientes para reconocerlo. La mayoría del tiempo tenemos que conformarnos con sobrevivir, pues criar a los seres humanos que van a cambiar el mundo es un trabajo tan serio, tan cansado, tan continuo que en ocasiones no podemos hacer otra cosa que dejarnos mecer. Cuando además la sociedad no acepta un modelo de cuidados que sea respetuoso con los niños y los padres, y nos falta la imprescindible red de soporte, porque para criar a un niño hace falta una tribu entera, como dice el viejo proverbio africano, la tarea se torna titánica. En ocasiones, en vez de aceptar que hacemos lo que podemos en esta situación, nos hundimos por la culpa.

La culpa nos ancla, nos retiene, nos impide avanzar y mejorar. No te culpes, hazlo por ti, pero también por tu hijo o hijos. Si yo te preguntara: ¿te gustaría que tus hijos se sintieran mal por algo que ya no tiene solución? Seguramente responderías que no. Quieres que disfruten la vida, que subsanen los errores pero que no permitan que estos los hundan en el mar. Los errores son oportunidades grandiosas que nos regala la vida para construirnos a nosotros mismos, para ser quienes somos. Hoy soy la madre que soy por los errores que he cometido con mis hijas. Gracias a estos errores, además, tú estás leyendo este libro.

Tampoco te animo a que sustituyas la culpa —quizá un sentimiento inherente al hecho de ser madre o padre— por la autocomplacencia y el «todo vale» por amor. Únicamente te pido que seas amable contigo mismo y cambies la culpa por la responsabilidad consciente de ofrecer a nuestros hijos la mejor versión de nosotros mismos.

Durante todo el libro te he animado a que te centres en el largo plazo, en el objetivo, en el propósito, en el adulto del mañana. Olvídalo. El propósito es esencial, pero no pienses más en él. Disfruta el proceso, igual que los niños, que se concentran en la tarea y no en el resultado, y observa su plenitud mientras trabajan: verás la vida. Diviértete, porque si lo disfrutas, si tratas de hacer que el viaje y no solo el destino merezca la pena, acabarás consiguiendo lo que buscas: ser el padre o la madre que quieres ser.

Igual has intentado probar cosas y no han funcionado. Ten presente que la crianza no es matemática. No tengo todas las respuestas y aunque las tuviera no te las podría dar, porque te estaría privando del privilegio que es encontrarlas, lo orgullosa, feliz y empoderada que te sientes cuando algo funciona por fin. Todas las respuestas están en ti y solo en ti.

Cuando nació mi primera hija no podía imaginarme el poco tiempo que podría dedicar a ser la mejor persona posible y mostrarle esta persona como ejemplo. Al principio me pareció que mi tiempo desaparecía, que pasaba a pertenecerle a otra persona, y en cierto modo me sentía abrumada porque ya no sujetaba las riendas de mi vida. Después me di cuenta de que realmente en eso consiste la vida, en soltar y sentir, en darnos a los demás y olvidar nuestros egos. Cuidar a mis hijas estos años ha sido intenso, pero sin duda he aprendido a vivir el presente, el aquí y el ahora, y eso me ha aportado un crecimiento espiritual inmenso. Al atenderlas de forma respetuosa, como iguales, he logrado dar un paso hacia la humildad y la sabiduría, y eso me produce una inmensa gratitud.

Ahora sé que el verdadero regalo de tener hijos es volver a vivir a un ritmo más lento, olvidar la prisa y practicar la paciencia. Ahora sé que el tiempo que pasamos juntas es un instante, pues los días son largos pero los años, muy cortos. Ahora sé que me equivoco, y mucho, pero no tengo miedo de reconocerlo, repararlo y probar cosas nuevas. Ahora sé las huellas que quiero dejar en la tierra y las palabras que quiero lanzar al viento. Ahora sé que quiero plantar sólidas raíces y

Con estos «pergaminos mágicos» o de caligrafía china, los bebés pueden pintar con sus hermanos mayores; una forma de encontrar el equilibrio entre el respeto de sus necesidades y las nuestras (se pinta con agua, así que no ensucian nada).

ver volar preciosas alas, y sé que para cuidar tengo que cuidarme.

Y espero que después de haber leído este libro tú también sepas que todo empieza en ti. Lo estás haciendo genial. Genial. No me cabe duda. Y a tu peque tampoco: mira cómo se ríe cuando pasa la tormenta, fíjate en cómo te mira, como si fueras la estrella más importante de su universo. Ellos han venido a enseñarnos, a mostrarnos todo lo que teníamos que trabajar para ser más conscientes, más felices.

Cuídate, y no olvides que si no te cuidas no puedes cuidar. Tú eres quien da forma a la paz que te gustaría que tuvieran tus hijos. Los días malos pasarán, no tienes que llegar a todo, permítete ser humano, humana. Un suspiro y todo esto serán recuerdos difusos.

Encontrarás tu forma de seguir adelante y será maravillosa porque es la tuya. Si piensas cada día en cómo mejorar, lo estás haciendo bien. Muy bien. Infinitamente bien. Créetelo de una vez: lo estás haciendo bien. No me creas a mí, no me necesitas, mira esa carita que está cerca de ti, mírala, la respuesta está en sus ojos.

ANEXOS

Debe ser obvio que el estado psíquico del niño merece nuestro respeto y ayuda. Un niño comienza con nada y desarrolla su razón, la característica específica del hombre. Y empieza su camino.

MARIA MONTESSORI, *El secreto de la infancia*

BIBLIOGRAFÍA

Libros de Maria Montessori (por orden cronológico)

1909

· *El método de la pedagogía científica.* Un libro indispensable, pero también denso. Quizá no sea el mejor para empezar, porque es muy largo, y sea más recomendable iniciarse con los dos siguientes, que son pequeños resúmenes de este.

> Es muy importante para la técnica de la educación de los sentidos el detalle que consiste en aislar el sentido que se trata de ejecutar. Así, por ejemplo, la educación del oído se hace bien en un ambiente de silencio y mejor todavía si se hace en la oscuridad. Para la educación de la sensibilidad general: táctil, térmica, bárica y estereognóstica, hay que vendar los ojos del niño.

· *El manual personal de la doctora Montessori.* El método Montessori que se aplicaba en las casas de niños explicado de forma muy sintetizada, breve y concisa. Un repaso muy esquemático de los principios del método. Lo recomiendo para comenzar.

> En las necesidades del niño no se ve la humanidad y las necesidades urgentes del alma infantil. El hombre que guarda en secreto el niño, queda desconocido; vemos solamente en él sus reacciones de defensa y su enérgica protesta, sus gritos, sus quejas, sus caprichos, la timidez, la desobediencia, la mentira, el egoísmo, el espíritu de destrucción. Así hemos cometido el error de juzgar las reacciones de defensa como la psicología característica de los niños, y nos hemos apresurado a corregirlas duramente, muchas veces hasta con castigos corporales.

1915

· *Manual práctico del método Montessori. Ideas generales sobre el método.* Similar al anterior, con más contenido, aunque no llega a ser tan denso como *El método de la pedagogía científica*. Ideal para empezar a adentrarse en el método.

> La importancia de la personalidad humana reside en el hecho de que puede construir por medio de la inteligencia y del trabajo el mundo de la libertad individual, que sustituye al instinto, y atribuye al hombre la tarea de obrar sobre el mundo exterior con una máquina compleja que nosotros llamamos hoy civilización.

1916

· *La autoeducación en la escuela elemental.* Los primeros escritos de Maria Montessori sobre el aprendizaje de los niños en el siguiente plano de desarrollo, continuación del método de la pedagogía científica aplicado a la educación de la infancia en las Cosas de los Niños, en este caso para primaria.

Cuando yo era niña y asistía a la clase elemental tuve una maestra muy amable que me quería mucho. Ella naturalmente nos mantenía prisioneras e inmóviles en los bancos y hablaba continuamente, aunque parecía pálida y cansada. Su idea fija era la de hacernos aprender de memoria la vida de las mujeres ilustres y especialmente de las «heroínas» para inducirnos a imitarlas; y nos hacía estudiar un gran número de biografías para que nos enteráramos de todas las posibilidades que existen de llegar a ser ilustre y también para que nos convenciéramos de que no es imposible llegar a serlo desde el momento que se encuentran en tan gran número. La exhortación que acompañaba estos relatos era siempre la misma: «También tú debes tratar de llegar a ser célebre, ¿te gustaría serlo?», «Oh, no», le contesté un día, fastidiada, «quiero demasiado a los niños del porvenir para ser causa de que tengan que aprender otra nueva».

1917

· *El método avanzado (7-11 años).* Vol. I Actividades espontáneas en educación. Ed. Shocken Books. Vol. II El material elemental Montessori. Ed. Shocken Books. The Advanced Montessori Method, Vol. I: Spontaneous Activity in Education; Vol. II: The Montessori Elementary Material.

1934

· *De la infancia a la adolescencia.* Un interesante ciclo de conferencias impartidas por Maria Montessori sobre los tres últimos periodos (según los cuatro planos del desarrollo): niño (6-12 años), adolescente (12-18 años) y universitario (18-24 años).

Cuántas veces el ánimo del hombre —especialmente el ánimo del niño— se ve menguado precisamente porque no se pone en contacto con la naturaleza. Y cuando se da este contacto se hace solo con un fin material. ¿Cómo podría un chico describir la diferencia entre la naturaleza vista de día o de noche, si desde el momento en que apenas se oscurece, se va a dormir? He escuchado a un chico de ocho años decir esta frase que me ha impresionado profundamente: «Daría cualquier cosa por poder ver las estrellas una noche». Había oído hablar de las estrellas pero no las había visto.

- **Psico-aritmética y Psico-geometría.** Dos libros para profundizar en la comprensión de las matemáticas, siempre desde el punto de vista manipulativo y sensorial. La autora expone todos los materiales de forma sencilla, con ilustraciones frecuentes. Muy explicativos e interesantes.

Cada individuo se ejercita por sí solo con vivo interés y el progreso sobreviene en cada discípulo según el dictamen interior de la necesidad de desarrollo, y de aquí al nivel de madurez propio de cada uno, y, como consecuencia de la libre selección, se alcanza un progreso mental lógico y sistemático. En veinte años de amplia e ininterrumpida experiencia, ninguna disciplina consiguió en nuestras escuelas entusiasmar a los niños tanto como la aritmética, ni en ninguna disciplina hemos alcanzado progresos tan sorprendentes como los alcanzados en el campo de las matemáticas.

1936

- **El niño, el secreto de la infancia.** Un libro increíble en el que Maria Montessori hace una defensa maravillosa de cuál debería ser el estatus del niño en nuestra sociedad.

Nos defendemos de aquel amor que pasará y no encontraremos otro que lo iguale. Decimos con agitación: «No tengo tiempo, no puedo, tengo que hacer» y pensamos en el fondo: «El niño ha de corregirse, de lo contrario yo seré su esclavo». Queremos librarnos de él para hacer lo que nos plazca, para no renunciar a nuestras comodidades.

- **El niño en la familia.** Resumen de un ciclo de conferencias de 1923, probablemente este sea uno de los más indicados para entender la filosofía Montessori en el hogar, pues habla en profundidad del papel de los padres y el resto de la familia. Este párrafo siempre me emociona y entristece a partes iguales porque sigue de plena actualidad.

Algunos padres tienen diferentes principios pedagógicos: no consuelan al niño porque saben por experiencia que a final de cuentas dejará de llorar y se calmará él solo. Piensan que si intervienen con caricias y cariños para consolarlo se volverá caprichoso y terminará por tomarlo por costumbre, con el único fin de obtener atención con cada berrinche. Yo les respondo que todas las lágrimas sin razón aparente comienzan a aparecer mucho antes de que el niño pueda darse cuenta de que con ellas puede obtener atención. Esas lágrimas son el indicio de la angustia que padece su espíritu.

1943

- **Educación de las potencialidades humanas.** Este libro de la doctora Montessori se centra en la educación cósmica, que es el programa que preparó para los niños de taller (primaria), en el que todo está interconectado, y nosotros formamos parte de ese todo.

Los descubrimientos de los hombres inteligentes fueron lo único que nos permitió reconstruir en la imaginación la historia del planeta y sus seres vivientes. Y tales descubrimientos no fueron obra de una inteligencia aislada sino que contaron con el apoyo de la ciencia sistemática.

· **Educar para un mundo nuevo.** En este libro, la doctora Montessori nos explica cuáles son los principios de su método, y cómo llegó a descubrirlos y desarrollarlos mediante la observación de los niños.

La observación científica ha demostrado que la educación no es lo que el maestro les da a sus alumnos; la educación es un proceso natural que el individuo lleva a cabo espontáneamente y que no es resultado de oír palabras, sino que se basa en la experiencia que brinda el contacto experimental con el medio. Por lo tanto, la tarea del docente consiste ahora en preparar una serie de motivaciones para realizar actividades culturales en un medio especialmente preparado y evitar toda intromisión en dicho proceso. Lo único que pueden hacer los maestros es ayudar a que se realice la gran tarea y actuar como sirvientes ante su gran señor.

1948

· **What You Should Know About Your Child.** Transcripción de conferencias en las que trata temas como los tres primeros años de vida, los cuatro planos del desarrollo, la intendencia, el lenguaje y en definitiva la relación entre el adulto y el niño. Sin traducir.

1949

· **Formación del hombre.** El niño es un hombre en potencia y solo podrá convertirse en tal conviviendo y compartiendo el entorno con otros adultos. La doctora Montessori nos habla en este libro sobre cuál es nuestro rol como adultos.

Se asombra el misionero de que las mujeres bantúes puedan prolongar tanto tiempo la lactancia, que casi generalmente dura dos años enteros; es decir, que se prolonga durante la época que hoy interesa tanto a nuestros psicólogos modernos. Estos testimonios naturales no los consideramos, seguramente, revolucionarios. Nosotros los contemplamos con admiración y estamos dispuestos a reconocer, en mérito a tales costumbres, el carácter tranquilo de esos niños que no son difíciles y no presentan «problemas», como los nuestros. El secreto se encierra en dos palabras: leche y amor.

- **La mente absorbente del niño.** Este es uno de mis preferidos. Aunque sea largo, es indispensable, pues desarrolla toda la teoría sobre la mente absorbente de los niños pequeños (0-6 años), su primera etapa como embrión espiritual y la segunda como embrión social. Muy, muy recomendable.

Es la mente absorbente del niño la que absorbe las características de la raza. Las características que presenta el niño cuando vive como «embrión espiritual» no son descubiertas por el intelecto, ni por el trabajo humano, sino que son aquellos caracteres que se encuentran en la parte cohesiva de la sociedad. El niño los recoge y los encarna, y por medio de ellos construye su propia personalidad; de ese modo se convierte en un hombre con un lenguaje particular, con una religión particular y un tipo de costumbres particular.

1950

- **Educación y paz.** En este libro la doctora Montessori nos explica el fin último de su programa educativo, una educación para la paz que permita la hermandad y no la guerra entre los hombres. No es fácil de encontrar, ni en español, ni en inglés.

Debemos estudiarlo no como una criatura dependiente, sino como una persona independiente que ha de ser considerada en términos de su propio ser individual. Debemos tener fe en el niño como si fuera un Mesías, un salvador, capaz de regenerar la raza humana y la sociedad.

- **The discovery of the Child.** Este es el último libro que escribió la doctora Montessori, uno de los que más me han gustado y en el que se puede ver en cierta medida cuál fue la evolución de sus ideas sobre el método a lo largo de cuarenta años. Sobre las funciones del guía dice:

En su tarea de guiar al niño en el uso del material, el maestro debe distinguir entre dos periodos. En el primero, pone al niño en contacto con el material y le anima a usarlo. En el segundo, interviene iluminando al niño que ya ha tenido éxito distinguiendo las diferencias a través de sus propios esfuerzos espontáneos. Es entonces cuando puede determinar qué ideas ha adquirido el niño y, si fuera necesario, ofrecerle el vocabulario para describir estas diferencias que ha percibido por sí mismo.

- **Dios y el niño y otros escritos inéditos.** Es una recopilación de escritos inéditos de Maria Montessori sobre Dios, la fe y el niño. Me parece clave para los padres que desean informarse más acerca de este aspecto.

Bibliografía de otros autores sobre Montessori

> **Cómo educar niños maravillosos con el método Montessori, de Tim Seldin.** Un compendio genial de todos los fundamentos del método aplicados a la educación de los niños.

> **Jugar y aprender con el método Montessori, de Lesley Britton.** Un libro sobre cómo aplicar el método Montessori, adaptado al hogar, organizado por edades y ámbitos.

> **Enséñame a hacerlo sin tu ayuda, de Maja Pitamic.** Similar al anterior, pero más sencillo, más esquemático, en color y mejor organizado.

> **Ayude a sus hijos a leer y escribir con el método Montessori, de Lynne Lawrence.** Explica cómo facilitar el aprendizaje de la lectoescritura con sencillos juegos, para que los más pequeños aprendan cuando estén preparados para hacerlo, a su ritmo.

> **Un ser humano, de Silvana Quattrocchi Montanaro.** Visión del método Montessori respecto de los tres primeros años de vida, aunque algunos conceptos están quizá un poco obsoletos teniendo en cuenta los conocimientos actuales sobre lactancia y alimentación complementaria.

> **Montessori: The Science behind the Genious, de Angeline Stoll Lillard.** Un recorrido por las últimas investigaciones científicas que confirman lo que Maria Montessori descubrió de los niños antes de tener la tecnología actual.

> **La revolución Montessori, de E. Mortimer Standing.** Un testimonio crucial acerca de las escuelas Montessori y el trabajo de la doctora, escrito por uno de sus colaboradores más cercanos.

> **Cuidar de la vida interior de tu hijo, de Mary Ellen Maunz.** Un libro muy especial sobre cómo podemos ayudar a los niños a desarrollar su parte espiritual, encontrando la paz, la armonía y el propósito.

> **Maria Montessori, de Renato Foschi.** Contextualiza la biografía de la doctora, en especial algunos pasajes confusos de su vida.

> **The Tao of Montessori.** Un libro muy bonito para leer pequeños fragmentos cuando necesitemos inspiración, acerca de una de las características más importantes de un maestro y por ende de todos los padres, la compasión. En inglés.

> **Child of the World y The Joyful Child, ambos de Susan Mayclin Stephenson,** No están traducidos, pe-

ro ofrecen una visión muy inspiradora del método.

> **Children Who Are Not Yet Peaceful: Preventing Exclusion in the Early Elementary Classroom, de Donna Bryant.** Tampoco está traducido, pero ayuda mucho a comprender cómo es el niño en el segundo plano de desarrollo y sobre todo cómo se solucionan los conflictos en un ambiente Montessori.

Otros libros interesantes

- *Aprender a educar sin gritos, amenazas ni castigos*, de Naomi Aldort.
- *Aprender a vivir con niños. Ser para educar*, de Rebecca Wild.
- *Cómo educar con firmeza y cariño*, de Jane Nelsen.
- *Cómo hablar para que nuestros hijos escuchen y cómo escuchar para que nuestros hijos hablen*, de Adele Faber y Elaine Mazlish.
- *Comunicación no violenta*, de Marshall Rosenberg.
- *Comprender la vida*, de Alfred Adler.
- *Con el cariño no basta*, de Nancy Samalin.
- *Crianza incondicional*, de Alfie Kohn.
- *Children the challenge*, de Rudolf Dreikurs.
- *Disciplina sin lágrimas*, de Dan Siegel y Tina Bryson.
- *Educar sin miedo a escuchar*, de Yolanda González Vara.

- *El amor maternal*, de Sue Gerhardt.
- *El cerebro del niño*, de Dan Siegel y Tina Bryson.
- *El cerebro del niño explicado a los padres*, de Álvaro Bilbao.
- *El concepto del continumm*, de Jean Liedloff.
- *El niño bien equilibrado*, de Sally Goddard Blythe.
- *La escuela más feliz*, de Rosa Jové.
- *La familia, la primera escuela de las emociones*, de Mar Romera.
- *Hermanos no rivales*, de Adele Faber y Elaine Mazlish.
- *Inteligencias múltiples*, de Edward Gardner.
- *Las leyes naturales del niño*, de Céline Alvarez.
- *Lo que hacen las madres*, de Naomi Stadlen.
- *Moverse en libertad*, de Emmi Pikler.
- *Neuroeducación para padres*, de Nora Rodríguez.
- *Ni rabietas, ni conflictos*, de Rosa Jové.
- *Nuestros hijos y nosotros*, de Meredith Small.
- *Padres conscientes*, de Shefali Tsabary.
- *Punished by rewards*, de Alfie Kohn.
- *Querer a todos por igual*, de Nancy Samalin.
- *Ser padres conscientes*, de Dan Siegel y Mary Hertzell.

GLOSARIO

> **Adulto conectado:** Padre, madre, maestro/a o cuidador/a del niño que pone todo su empeño en favorecer el desarrollo de este en todos los aspectos: la autonomía, la voluntad y las destrezas. Para esta labor debe estar entrenado en la observación activa y reconocer los periodos sensibles por los que pasan los niños.

> **Ambiente preparado:** Tipo de ambiente que responde a las necesidades de los periodos sensibles para favorecer su desarrollo lo mejor posible. Es ordenado y seguro, permite la autonomía y es interesante y versátil para el niño (pero no lo sobreestimula).

> **Control del error:** Capacidad del material que está diseñado de forma que el niño pueda recibir *feedback* por sí mismo sobre el modo en que trabaja. Permite al niño detectar el error él solo, asimilarlo y subsanarlo sin darle un valor negativo, y sin que un adulto se lo indique. Le otorga independencia, autonomía y autoconfianza

> **Embrión espiritual:** Término usado por Maria Montessori para distinguir al niño de los cero a los tres años, dentro del planteamiento del doble periodo embrionario que viven los seres humanos, uno común al resto de los mamíferos (la gestación) y otro en el exterior, durante el cual asimilan la cultura, la moral y las costumbres de su raza.

> **Embrión social:** Término usado por la doctora Montessori para explicar el periodo que sigue al del embrión espiritual. En esta etapa el niño continúa asimilando la cultura, pero ya no de forma inconsciente, sino consciente, y desea empezar a participar en la sociedad en la que vive.

> **Mente absorbente:** Tipo de mente que tiene el niño en el primer plano de desarrollo (de los cero a los seis años) y que le permite una capacidad de aprendizaje inconmensurable en todos los ámbitos, tanto en el de los conocimientos como en el de la asimilación de la moral y la cultura de la sociedad en la que vive inmerso.

> **Modelar:** Ofrecer a los niños nuestro ejemplo de conducta para que puedan interiorizar aquellas habilidades que nos gustaría que aprendieran en un futuro, a través de la imitación y el aprendizaje por observación.

> **Observación:** Proceso por el cual el adulto que está a cargo del niño (guía, padre, familiar o responsable del cuidado del niño) analiza de forma OBJETIVA el comportamiento del niño para poder inferir en qué periodo sensible está y qué necesita en cada momento.

> **Periodos sensibles:** Tiempos concretos de aprendizaje que actúan como ventanas de oportunidad para desarrollar una serie de habilidades concretas. Son guiados inconscientemente (por el maestro interior del niño) y le permiten realizar con pasión una actividad de forma repetida hasta que logran dominarla.

> **Planos del desarrollo:** Planteamiento pedagógico ideado por la doctora Montessori según el cual una persona pasa, de los cero a los veinticuatro años, por cuatro periodos sucesivos, variables y dispares de desarrollo en los que la escuela debe adaptarse al niño y no al revés.

> **Presentación:** Proceso a través del cual el guía o adulto consciente le muestra al niño mediante el ejemplo el uso de un material determinado o una actividad concreta. Puede haber una presentación principal, una serie de variaciones (presentar el material de una forma distinta en función de la práctica del niño) y también extensiones (cuando el material o la actividad se combinan con otros).

> **Tendencias humanas:** Características universales comunes a toda la especie humana que nos permiten guiarnos hacia lo que necesitamos en cada momento de nuestra vida.

GRÁFICOS

Estas cuatro láminas que reproducimos a continuación son recordatorios de lo que os he intentado transmitir en este libro: un abrazo lleno de gratitud, aliento y ánimo. Necesitamos practicar lo aprendido para integrarlo y la mejor forma de hacerlo es tenerlo siempre visible, por eso lo podéis imprimir y enmarcar o pegar en la nevera.

Los otros imprimibles están más encaminados a la práctica de la observación y preparación del ambiente preparado y de actividades para los niños.

Entra en www.montessorizate.es/libro
Y podrás:

- Descargar estos gráficos para imprimir.
- Dejarnos tu opinión.
- Consultar las dudas frecuentes.
- Acceder a actualizaciones, artículos y fe de erratas.
- Apuntarte al club de lectura del libro, para leer y reflexionar en grupo.
- Revisar nuestros cursos online, gratis y de pago (tendrás descuento por haber comprado el libro, ¡conserva el tíquet!).

Educar con sentido siguiendo a Montessori

Sigue al niño, sigue a tu familia.

Confía en el proceso, el resultado es secundario.

Sé un buen ejemplo a seguir.

Niño observando, niño absorbiendo.

Menos es más.

Rodeaos de belleza y comparte tu cultura.

Sé respetuoso siempre, con el niño, con los demás
¡y contigo!

No hay caprichos, hay un periodo sensitivo que no
estamos viendo.

Respeta siempre las formas de actividad razonables.

Toda conducta inadecuada es un grito de ayuda,
tiene detrás una creencia equivocada.

En cada petición de ayuda piensa cómo puedes cambiar
el ambiente para ofrecer autonomía.

Los premios y castigos ofenden el alma del niño, busca
soluciones y acuerdos.

Cada día es un nuevo día, el niño es un nuevo niño.

Los primeros años de vida son los más importantes, cuídalos,
cuídate.

Los errores nos ayudan a aprender, son el motor
del aprendizaje.

Empodera sin rescatar, alienta sin halagar.

DISEÑO: ESTELA LÓPEZ

Frases para sustituir automatismos

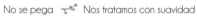

No se pega		Nos tratamos con suavidad
No se muerde		Necesito protegeros
No empujes		Usa tus palabras
No le grites		Hablamos bajito
No llores		Estás (enfadado, triste, frustrado), ¿te ayudaría sí...?
Estoy harto, no os peleéis		Confío en vuestro criterio para solucionar este conflicto, estaré aquí si necesitáis ayuda.
Muy bien		Lo hiciste por ti mismo
No me gusta cuando (no recoges los juguetes)		¿Recuerdas nuestra norma sobre (recoger las cosas después de usarlas)?
Haz esto		Necesito tu ayuda para...
Haz esto otro		¿Cómo podemos hacer para...?
Ponte (las botas de agua)		¿Qué podría pasar si (sales sin botas de agua)?
Te he dicho mil veces que no.... (cruces solo)		¿Prefieres (darme la mano izquierda o la derecha)?
Si no..., no haremos (comes, no iremos al parque)		En cuanto terminemos todos de comer iremos juntos al parque.
Un grito		Necesito tomarme un tiempo fuera positivo para poder hablar contigo sin hacerte daño.
Haz lo que yo digo y punto		Estás (jugando felizmente) y es hora de (dormir) + Alternativa (¿te ayudo a ponerte el pijama o lo haces tú?)
Obedece ya		Necesito un abrazo. Aquí estaré cuando estés dispuesto a dármelo.

Nota: En niños muy pequeños (menores de tres-cuatro años, el acompañamiento físico cercano es indispensable)

Diseño: Estela López

Frases de aliento
para momentos difíciles

No se porta mal, se siente mal. Y necesita tu ayuda.

No existen los caprichos, hay necesidades insatisfechas que no hemos sabido ver.

Solo es un niño y solo quiere pertenecer.

El mal comportamiento es solo la punta del iceberg, es la respuesta del niño
ante, situación que lo desalienta, ¡búscala!

No te olvides que actuamos de acuerdo a nuestra lógica privada,
a través de unas lentes que deforman la realidad.

Necesitamos aliento tanto como las plantas agua y luz,
especialmente cuando nos sentimos mal.

Demuestra tu amor incondicional cuando parezca que no lo merece,
será cuando más lo necesite.

Recuerda a los tres enemigos de la felicidad: Miedo, vergüenza y culpa.[1]

Retirarse para calmarse y poder acceder al cerebro racional no es egoísmo,
es autocuidado. Y no podemos cuidar sin cuidarnos.

Todo esto también pasará. Mañana saldrá el sol.

Lo estás haciendo bien, solo es un mal día. Lo que haces es lo más importante
y debes sentirte valioso.

Conexión antes que corrección, ¿cuánto hace que no tenéis un tiempo especial?

Recuerda que estamos educando en el largo plazo,
cuida vuestro vínculo por encima de todo.

Deberías estar orgulloso/a por todo lo que has conseguido.

El tiempo juntos es mucho más valioso que cualquier objeto.

Pocos errores son irreparables, recuerda las tres R y sé amable, ¡contigo mismo!

Recuerda como olía la primera vez que lo tomaste en brazos; sigue siendo ese bebé.

Si tiene solución no es un problema, y si no tiene solución, ¿por qué preocuparse?[2]

Somos los recuerdos de nuestros hijos.[3]

Los días son largos, los años son cortos.[4]

Respira, serás madre toda tu vida, él solo será niño una vez.[5]

Ningún premio o castigo puede competir con la sensación de logro,
propósito o autonomía.

1 - J. Bucay   2 - Proverbio chino   3 - Película Interstelar   4 - Gretchen Rubin   5 - Jessica Gomez Álvarez

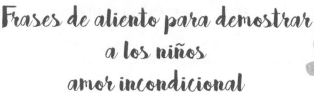

Frases de aliento para demostrar a los niños amor incondicional

Me encanta pasar
tiempo contigo

Debes estar orgulloso/a

Lo siento

Acepto tus disculpas

Te quiero

Gracias

Eres capaz

Confío en tu criterio

Cuéntame, te escucho

¿Nos damos un abrazo?

DISEÑO: ESTELA LÓPEZ

Hoja de observación - Actividades

¿Cómo verificar que una actividad es Montessori?

Actividad	Si	No
¿El niño dirige la actividad?		
¿Tiene control de error?		
¿Incluye el uso de los sentidos, especialmente de las manos?		
¿Aísla ls conceptos o las habilidades?		
¿Fomenta la autonomá y la indipendencia?		
¿Favorece la concentración y la repetición?		
¿Es simple de diseñosencillo, pero muy bella y atrayente?		
¿Produce un aprendizaje vivencial?		
¿Tiene sentido y un propósito?		
¿Tiene un prpósito directo y otro indirecto para un momento de aprendizaje posterior?		
¿Es relevante para el niño a la hora de entender su cultura?		
¿Va de lo concreto a lo abstracto, centrándose en conceptos con los que podemos generalizar a posteriori?		
¿Se realiza con materiales naturales siempre que sea posible y especialmente para los más pequeños?		
¿Tiene materiales apropiados para el tamaño del niño?		

MONTESSORIízate

★ikinina

Hoja de observación - Ambiente preparado

Estancia	Sin obstáculos a la altura del niño	Propicia la autonomía	Mobiliario a la altura del niño	Simple, bello y despejado
Entrada				
Baño				
Cocina				
Dormitorio				
Salón				
Exterior				

SIN OBSTÁCULOS A LA ALTURA DEL NIÑO: Si nos sentamos en el suelo, gateamos o andamos en cuclillas, ¿qué encontramos? ¿Obstaculiza su seguridad e independencia?

PROPICIA LA AUTONOMÍA: Nuestra forma de disponer el espacio, ¿favorece o perjudica su autonomía? ¿Le permite seguir a su maestro interior?

MOBILIARIO A LA ALTURA DEL NIÑO: ¿Tenemos mobiliario de pequeño tamaño, hemos adaptado el ambiente? ¿Se siente el niño integrado en la familia? ¿Puede contribuir y cooperar?

SIMPLE, BELLO Y DESPEJADO: ¿El ambiente cumple la máxima menos es más? ¿Está despejado? ¿Es posible la rotación de materiales o utensilios? ¿Es bello?

MONTESSORIzate

★ikinina

ÍNDICE ALFABÉTICO

AGRADECIMIENTOS

> El niño, con su enorme potencial físico e intelectual, es un milagro frente a nosotros. Este hecho debe ser transmitido a todos los padres, educadores y personas interesadas en niños, porque la educación desde el comienzo de la vida podría cambiar verdaderamente el presente y el futuro de la sociedad.
>
> MARIA MONTESSORI

Sentir gratitud y no expresarla es como envolver un regalo y no darlo.

WILLIAM ARTHUR WARD

Gracias a ti, lector, lectora, por tener este libro en las manos. Gracias por tu curiosidad, tu interés y tu espíritu crítico. Gracias por dedicarle tus ratos de autocuidado.

Gracias a Maria Montessori por poner de relieve que los niños merecen todo nuestro respeto, que son magníficos tal y como nacen y que nuestra tarea cósmica no debería ser otra que no equivocarnos demasiado y estropear su esencia.

Gracias a mis hijas por ser el máster más exigente en el que he podido matricularme, gracias por alentarme a ser lo mejor posible, gracias por dar sentido a todo lo que suponía salir de mi zona de confort, gracias por prestarme un trocito de lo que pertenece a vuestra intimidad con tanta alegría, gracias por vuestro amor incondicional y por alegrarme cada día de mi vida. Gracias, Abril, por hacerme olvidar la vergüenza. Gracias, Emma, por hacerme olvidar el miedo. Gracias, Vega, por hacerme olvidar la culpa. Gracias a Ariel por recordarme cada día que la vida puede ser un suspiro, pero el amor es para siempre. Gracias al nuevo miembro de la familia por ayudarnos a cumplir nuestro sueño.

Gracias a todas las personas que leyeron las primeras versiones de este libro y también a las que me acompañaron durante los diecinueve días y quinientas noches que tardé en escribirlo. Gracias a las tierras de Asturias, donde terminé de encontrar la inspiración.

Gracias a todos los lectores del blog por darme aliento y tener siempre una palabra dulce de ánimo, y por las risas que unen en la distancia. Gracias también a los que desalientan, porque me ayudáis a ser mejor persona mediante la compasión.

Gracias a todas las guías que tanto me habéis enseñado sobre el sistema Montessori: Colette, Martha Graciela, Mati, Pati, gracias por vuestra humildad y cariño, gracias por enseñar lo que significa realmente Montessori.

Gracias a Jennifer, Estela, Laura y Nitdia por preparar los gráficos de este libro.

Gracias a Sara por presentarme a Isabel, gracias, Isabel, por confiar en mí y en este proyecto.

Gracias a Teresa y a su equipo de Penguin Random House por hacerme más fácil este proceso tan complejo que es escribir un libro siendo madre de casi cuatro.

Gracias a Montessori Village por acogerme durante los meses que duraron mis prácticas; gracias por permitirme ser parte de la escuela y de la vida de los maravillosos niños que allí aprenden. Gracias a los niños por dejarme disfrutar a vuestro lado momentos inolvidables. Gracias por la confianza y el cariño.

Gracias a todos los centros que me han dado la oportunidad de observar a los niños; gracias por darles un sitio donde ser felices y ser parte del cambio del paradigma educativo.

Gracias a todas las personas con las que me he formado en el campo de las pedagogías alternativas y han contribuido a enriquecer mi visión de la infancia, a entender mejor a los niños y a confiar en su esencia.

Gracias a Marisa Moya por ayudarme a descubrir la pieza que le faltaba a mi puzzle. La disciplina positiva llegó para complementar mi visión de la infancia y poner nombre a todas las intuiciones que tenía. Gracias por recordarme dónde tengo que poner el foco, gracias por ser un modelo de humildad, coherencia y cariño.

Gracias también a toda la comunidad de Disciplina Positiva España.

Gracias, Miguel, por ser no mi mitad, pero sí mi equipo. Gracias por todas las palabras dichas y los silencios, gracias por tu particular forma de alentar y por picarme cuando quise darle a la tecla de DELETE, gracias por tu sinceridad y tu humor, gracias por los trocitos del libro que te pertenecen y ahora ya son de la eternidad. Gracias por modelar lo que significa realmente olvidarse del orgullo y el ego en un aula. Gracias por buscarme atardeceres.

Gracias a mi niña interior por impulsarme a vencer a la batalla contra el miedo, la vergüenza y la culpa que ha supuesto escribir este libro, por ayudarme a ser más feliz, por recordarme mi propósito, por recordarme la necesidad de ser.